Radwandern rund um Bremen

Harald Witt

Radwandern rund um Bremen

Die schönsten Touren zwischen Hunte, Weser und Wümme

35 Touren, mit 129 Abbildungen und 39 Karten

EDITION TEMMEN

Impressum

Die Deutsche Nationalbibliothek verzeichnet diese Publikation in der Deutschen Nationalbibliografie; detaillierte bibliografische Daten sind im Internet über www.dnb.de abrufbar.

Alle in diesem illustrierten Reisehandbuch beschriebenen Radwanderungen hat der Autor nach bestem Wissen und Gewissen erkundet und ergänzend recherchiert. Autor und Verlag weisen darauf hin, dass inhaltliche Fehler und Änderungen nach Drucklegung dennoch nicht auszuschließen sind. Aus diesem Grund übernehmen Verlag und Autor keine Verantwortung und Haftung, alle Angaben erfolgen ohne Gewähr. Eine Haftung für Schäden oder Unfälle wird aus keinem Rechtsgrund übernommen. Änderungs- und Verbesserungsvorschläge seitens der Leser nimmt der Verlag gern entgegen.

Fotos: Harald Witt
Kartografie: Juri Wolf

6., korrigierte Auflage 2022

© EDITION TEMMEN E.K.
Hohenlohestr. 21
28209 Bremen
Tel. 0421-34843-0

info@edition-temmen.de
www.edition-temmen.de

Alle Rechte vorbehalten

ISBN 978-3-86108-869-1

Printed in the EU

Inhalt

Vorwort	8
Tipps und Informationen	10
Die Radwanderungen	13
Hermann Gutmanns Leitfaden für vergnügliches Radfahren	308
Orts-, Namens- und Sachregister	314

Die Radwanderungen	Tourlänge	Seite
1 Durch Wald und Moor zum Hohen Berg	27 km	13
2 Von der Hachestadt nach Vegesack – durch das grüne Bremen	52 km	23
3 Vom Hasbruch zur Klosterruine in Hude	22 km	37
4 Ostrittrum – Osenberge – Barneführerholz – Huntlosen	33 km	47
5 Vom Hohen Ufer zur Bremer und Leuchtenburger Schweiz	26 km	55
6 Entlang der Ollen und Hunte nach Elsfleth	38 km	63
7 Durch bewaldete Geest und Bachtäler nach Heiligenrode	52 km	69

8	Links der Weser – von Vegesack nach Syke	47 km	77
9	Auf dem Wümmedeich durch Nieder- und Oberblockland	36 km	89
10	Achim – Badener Berge – Daverden – Thedinghauser Marsch	34 km	97
11	Lilienthal – Teufelsmoor – Worpswede – Sankt Jürgensland	51 km	103
12	Längs der Hache und Weser zur Bremer Altstadt	52 km	113
13	Auf dem Hollerdeich und durch die Wümmewiesen nach Fischerhude	39 km	123
14	Durch Geest, Bruch und Marsch zur Badener Weserschleife	52 km	131
15	Verdener Altstadt – Wesermarschen – Alveser See – Sachsenhain	50 km	141
16	Von Syke zum Wachendorfer Geestrand und Süstedter Bruch	31 km	149
17	Durchs Hachetal zum Holschenböhl	41 km	159
18	Papenhuser Sunder – Benser Schweiz – Quellental	23 km	169
19	Bruchhausen-Vilsen – Sellingsloh – Martfeld	36 km	177
20	Bücken – Warper Heide – Schweringen	31 km	185
21	Vom Syker Amtshof zur Alten Oberförsterei in Neubruchhausen, zum Scheunenviertel und durchs Finkenbachtal	32 km	191

22	Sulinger Moor – Kuppendorfer Heide – Siedener Bruch	44 km	201
23	Von Syke zum Tierpark am Petermoor	26 km	207
24	Heiligenloh – Huntetal – Hartensbergsee	27 km	213
25	Zu den Großen Steinen von Kleinenkneten	20 km	219
26	Von Bassum zur Hünenburg	36 km	225
27	Sager Heide – Ahlhorner Fischteiche – Urwald Baumweg	37 km	231
28	Engelmannsbäke – Visbek – Großsteingräber – Wassermühlen	20 km	241
29	Wildeshausen – Dötlingen – Ostrittrum	32 km	247
30	Vier-Täler-Fahrt zu historischen Stätten	48 km	253
31	Berne – Brake – Harriersand	44 km	263
32	Blumenthal – Bremer Schweiz – Meyenburg	44 km	273
33	Durch die Hammewiesen ins Teufelsmoor und nach Worpswede	35 km	283
34	Wümmeauen – Bullensee – Ahauser Mühle	45 km	293
35	Kirchdorfer Heide – Großes Moor – Große Aue	47 km	301

Vorwort

Ende der 90er Jahre war ich vom Ristedter Moor nach Syke unterwegs und nahm meinen Weg nichts ahnend über den Hohen Berg. Ich gewann stetig an Höhe und passierte bald das letzte Haus. Plötzlich tat sich auf, was mir den Atem raubte: Tief unter mir breiteten sich die Vorgeest, das Wesertal und die Hansestadt Bremen aus. – Der völlig unerwartete, grandiose Anblick überwältigte mich.

Die Gegend war mir nicht fremd – umso mehr ergriff und erstaunte mich das entdeckte Landschaftsjuwel. Von der Kuppe wanderte mein Blick zum Hasbruch und vom Hohen Ufer der Lesum zur Osterholzer Geest, zum Weyerberg im Teufelsmoor und zu den Badener Bergen.

Dieses Erlebnis inspirierte mich, die faszinierende Aura des Hohen Berges per Rad zu erkunden. Die spontane Anregung, auf der freien Gipfelkuppe eine Schutzhütte, einen Rastplatz- und Kinderspielplatz sowie eine Aussichtsplattform zu errichten wurde verwirklicht.

Blick vom Hohen Berg auf Bremen

Doch mit Radwanderführern hatte ich meine Erfahrung. Ich nahm sie gern zur Hand. Aber viele Dutzend Vorschläge ließen mich mühsam forschen, welche Strecken denn zu den schönsten zählen mochten. Oft konnte ich erst am Ende einer Exkursion beurteilen, ob sie überhaupt lohnend war. Ich fand nicht, was ich suchte. Allein dies motivierte mich, selbst zu schreiben und auch den Fotoapparat mal wieder in die Hand zu nehmen.

Dieses in fünfjähriger Arbeit entstandene und im Jahre 2003 erstmals erschienene Buch wurde inzwischen vollständig überarbeitet, ergänzt, aktualisiert sowie mit weiteren Touren und Bildern bereichert. Die Routenbeschreibung stimmt Sie bereits vor dem Ausflug auf den Charakter der Tour ein und erleichtert Ihnen damit die Wahl Ihres Zieles. Ich wünsche Ihnen viel Erlebnisfreude!

Harald Witt

Tipps und Informationen

Wegecharakter:
Die Radwanderungen werden jeweils auf der landschaftlich schönsten Strecke und möglichst auf autofreien, verkehrsarmen Wegen geführt.

Karten:
Der beschriebene Routenverlauf ist vor Ort nicht zu verfehlen. Zur allgemeinen Orientierung ist es jedoch ratsam, eine geeignete Radwanderkarte mitzuführen.

Bewährt haben sich die Regionalkarten des ADFC: Bremen und Umgebung 1:75.000, Oldenburger Land sowie Rotenburg / Wümme jeweils 1:75.000.

Fahrradtransport:
Die Mitnahme von Fahrrädern mit der Bahn oder mit dem Auto ist heute problemlos möglich. Fast alle Nahverkehrszüge – im Fahrplan ersichtlich – sind mit einem Fahrradwagen ausgestattet. Beim Transport mit dem Pkw haben sich neben Dachträgern auch Heckträger bewährt. Besonders einfach lassen sich Mini-, Klapp- oder Falträder im Kofferraum eines Autos mitführen. Heute sind auch diese Velos mit einer Gangschaltung ausgestattet.

Höhenunterschiede:
Die sanften Steigungen und Gefälle der Geest sind ohne größere Mühe zu bewältigen. Bei entsprechenden Touren genannte Höhenunterschiede haben daher eher den Charakter zusätzlicher Information.

Wissenswertes:
Informationen über Sehenswürdigkeiten und zu geschichtlichem Hintergrund sind innerhalb der Tourenschilderung kursiv geschrieben.

Unterwegs finden sich immer lauschige Plätze für eine Rast, wie hier in Dammsiel an der Wümme

Einkehrmöglichkeiten:
Die am Wege einladenden Gaststätten sind zeitlich nicht darauf berechnet, unbedingt in der Mittagszeit einkehren zu können. Ein idyllisches Plätzchen zur Rast ist aber immer zu finden. Es empfiehlt sich, Verpflegung mitzunehmen.

Veränderungen:
Maßnahmen im Bereich der Land- und Forstwirtschaft, der Verkehrsplanung oder des Naturschutzes können mitunter die Wegführung verändern. Für entsprechende Hinweise sind Verlag und Autor dankbar.

1 Durch Wald und Moor zum Hohen Berg 27 km

Nur einen Katzensprung liegt der Hohe Berg von Syke entfernt. Wer den lohnenden Ausflug aber mit einer abwechslungsreichen Rundtour durch die Wälder Westermark, Hülsenberg und Bradenholz verbinden möchte, kann sich der Aussichtskuppe entlang des Hombachs, durch das Ristedter Moor und vorbei am »Krummen Schneider« nähern. Der Gipfel bietet einen grandiosen Ausblick auf das Urstromtal der Weser und die Stadt Bremen. Die Fernsicht reicht bis zum Weyerberg im Teufelsmoor. Abwärts erreichen wir das Wäldchen Gesseler Spreeken und das Hachetal.

Am Bahnhof in **Syke** starten wir zur Nordwohlder Straße. »Auf der Höhe« biegen wir ab und folgen bei nächster Kreuzung dem leicht aufwärtsstrebenden Wanderweg. Linker Hand beherrscht die weiße »Finkenburg« das Panorama, während halb rechts Hillmanns Buchen vor der Westermark zu sehen sind.

Die Schlangenbuche im Bradenholz

Von der Anhöhe lohnt ein Blick auf die Stadt und das ansteigende Friedeholz. Inmitten der **Westermark** treffen wir auf den Acker Evers' Kamp, an dem wir geradeaus entlangradeln. Am Ende, etwas nach rechts versetzt, erreichen wir den Waldsaum.

Das vor uns liegende bäuerliche Anwesen umfahren wir links, schwenken hinaus in die Feldmark und halten uns bei der nächsten Kreuzung rechts. Nach einem Buchengehölz erreichen wir **Pestinghausen**, dessen erste

Erwähnung (1237) auf einem stattlichen Findling dokumentiert ist. Wir überqueren die Dorfstraße und folgen dem von einer Eichenrinde umwucherten Hinweisschild Sörhausen. Nach dem Riengraben treffen wir auf das Forstgebiet **Hülsenberg** und wählen waldeinwärts die erste Abzweigung. Vorbei am Waldklassenzimmer der Nordwohlder Grundschule stoßen wir auf eine Kreuzung, an der sich mehrere Wege treffen.

Rechts passieren wir einen Schlagbaum, gewahren alsbald rechter Hand einen Findling, dessen Inschrift an die Sturmkatastrophe vom 13. November 1972 erinnert, und radeln durch Birkenspalier und Nadelwald bis zum Feldrain vor Ristedt und Sörhausen. Von hier führt uns der Hauptweg durch das **Bradenholz** in Richtung Fahrenhorst.

Nach knapp 2 km entdecken wir rechts die »Durchblickeiche«, deren Stamm sich (wegabgewandt) in Kopfhöhe teilt, etwa ein »Schlüsselloch« bildet und wieder zusammenwächst.

Hier führt uns ein Abstecher nach 250 m zur **Schlangenbuche**. Das bizarre Naturdenkmal, aus drei verwachsenen Buchen entstanden, hat durch Windbruch stark gelitten.

An der Warwer Straße schwenken wir nach links, überqueren den Hombach und biegen in die Turmstraße ein. Hier passieren wir das Spritzenhaus mit der über 100 Jahre alten Turmuhr und kommen am **Fahrenhorster Dorfplatz** zu einer geräumigen Rasthütte. Die kleine, sich rechts abgabelnde Feiner Straße schlängelt sich an der Gaststätte Zur Linde (mit Biergarten) vorbei, wechselt den Namen in Wulfhooper Straße und setzt sich durch bunte Felder, Wiesen und Weiden fort. Sie führt vorbei an Einzelhöfen und prächtigen Eichen.

Nach einer flügellosen Windmühle, einem reetgedeckten Haus und dem Ortsschild von Wulfhoop biegen wir vor einem Grundstück rechts in den Feldweg ein und gelangen über den Hombach ins **Ristedter Moor**.

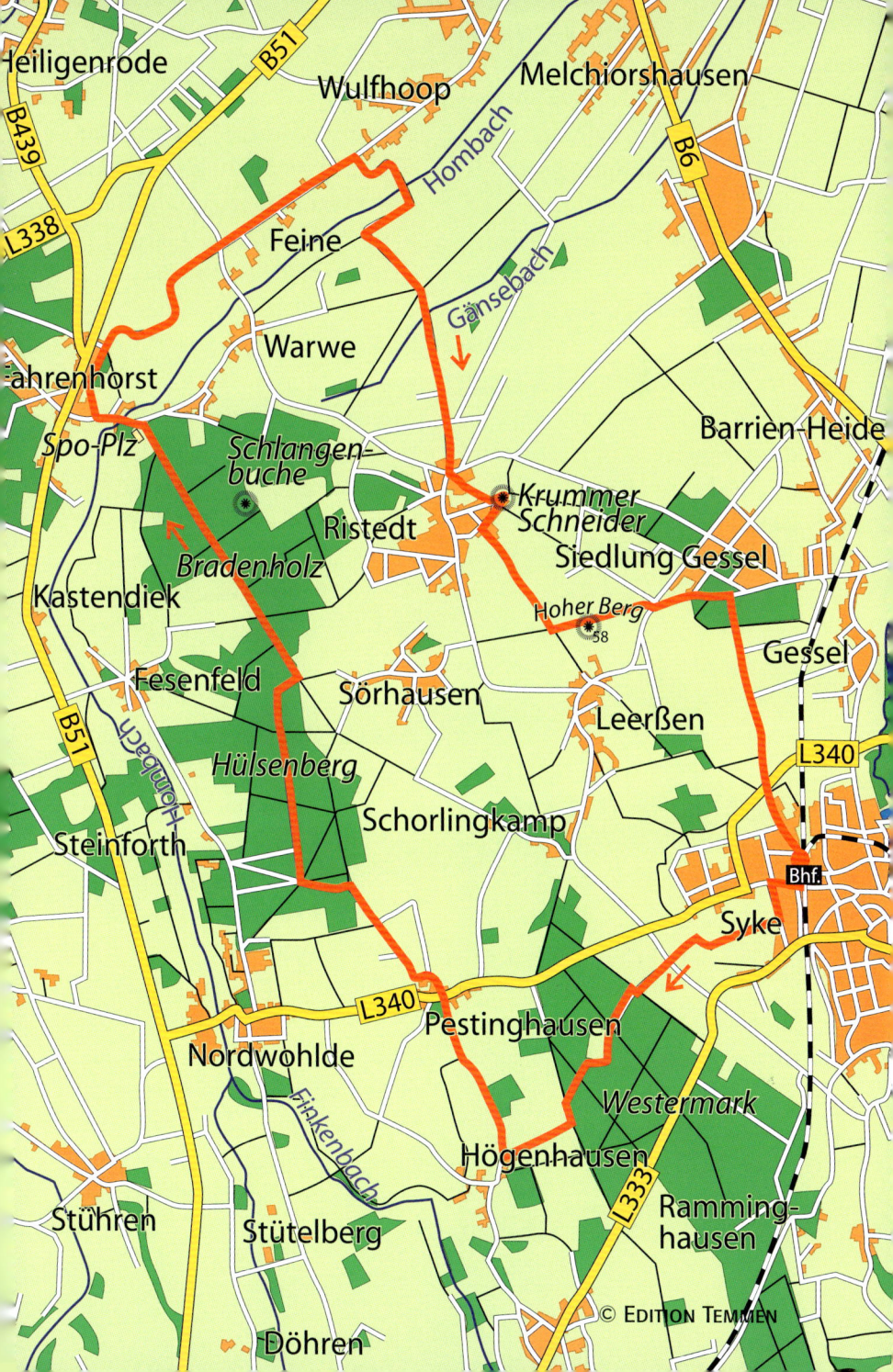

Dort halten wir uns nach rechts und schwenken kurz darauf in den befestigten Heudamm ein. Die urwüchsige Szenerie ist von vielfältigen Busch- und Baumarten, von Gräben und Tümpeln geprägt. Der Abzweigung Zum Heidkönig folgen wir nicht, sondern wechseln am Dorfrand halb links zur »**Ristedter Kämpe**«, die leicht ansteigend zum »**Krummen Schneider**« führt. Gegen Ende führt die querende Sandstraße links zum eigentümlich geformten und sagenumwobenen Findling. Die Legenden über den zu Stein gewordenen »Snieder« kann man am Rastplatz in hoch- und plattdeutscher Sprache nachlesen.

Am anderen Ende der Straße, Zum Hesternlande, nehmen wir den **Hohen Berg** direkt in Angriff. Bereits bei den Windkrafträdern öffnet sich der Ausblick auf die unter uns liegende Vorgeest, über das Wesertal und auf die Hansestadt Bremen, in der wir viele markante Gebäude und Türme erkennen. Die beste Fernsicht genießen wir von den höchsten Punkten der Kuppe. Dort befindet sich der trigonometrische Stein (58,2 m über NN) und die Aussichtsplattform mit einer Höhe von 62,95 m über dem Meeresspiegel.

Bei klarem Wetter empfiehlt sich die Mitnahme eines Fernglases, mit dessen Hilfe Orte, Objekte und Landschaftspartien in einer Entfernung von mehr als 36 km entdeckt werden können. Der Weyerberg in Worpswede ist rechts neben dem Bremer Fallturm erkennbar, der Wister Berg – 2 km hinter Osterholz-Scharm-

Der Krumme Schneider

Die Schutzhütte am Hohen Berg

beck – wird zwischen dem Bremer Fernsehturm und dem Weser Tower deutlich. Nordwestlich erkennen wir die Silhouette von Delmenhorst und auf der östlichen Geestkante leuchten die hellen Häuser und die Windmühle von Achim sowie das Terrassenhaus am Badener Berg.

Der Hohe Berg lädt zum Verweilen. 2010 wurde ein 13 m hoher **Naturerlebnisturm** errichtet, der in 75 m Höhe einen Rundblick über die Geestlandschaft bis nach Bremen bietet.

Ein Hoher-Berg-Besucher glaubte gar, die bis zu 90 m hohen Getreideanlagen an der Braker Pier auszumachen. Eine solche Fernsicht (50 km) liegt zweifellos im Bereich des Möglichen, doch sollten wir dies, ob mit oder ohne Hilfe des Aussichtsturms, selbst herausfinden.

Vom nordwestlichen Rand des Teufelsmoores grüßt immerhin der 43 km entfernte Fernsehturm von Wallhöfen.

Die Äolsharfen der Oldenburger Künstlerin Jutta Kelm am Hohen Berg

Die Syker Geest mit dem Hohen Berg ist eine Moränenlandschaft, die bereits vor der letzten Eiszeit geprägt wurde. Denn während der Weichseleiszeit, die vor etwa 117.000 Jahren begann und vor etwa 12.000 Jahren endete, gelangten die Gletscher nicht mehr über die Elbe.

Die Vorgeest, eine Talterrasse über den Marschen und Bruchlandschaften, die sich von Delmenhorst über Stuhr und Weyhe bis Barrien zieht, ist nicht durch die Weser aufgeschwemmt worden, denn Steine und Sande, die der Strom mit sich führt, hat man in der Vorgeest nicht gefunden. Vielmehr muss angenommen werden, dass die Vorgeest im Laufe der Jahrtausende durch die Geestbäche aufgeschwemmt wurde – Delme, Dünsener Bach, Klosterbach, Hombach, Hache und Süstedter Bach. Hierfür spricht auch das hohe Alter der Geest, die noch vegetationsfrei war. Bodenfrost, Wasser und Wind wirkten auf die schutzlosen Flächen ein, sodass der unbefestigte Boden besonders im Frühjahr bei der Schnee- und Eisschmelze mitgerissen wurde.

Einer alteingesessenen Bauernfamilie in Ristedt soll über viele Generationen überliefert sein, dass der Hohe Berg Ort einer germanischen Thingstätte war. Die Altvorderen hätten alle Kleinheiten hinter sich gelassen und sich auf den erhabenen Punkt zurückgezogen, um von Hoher Warte weitsichtig urteilen zu können.

Der **Hohe Berg** hat sich zu einem beliebten Naherholungsziel entwickelt und in der Silvesternacht trifft sich hier Jung und Alt, um bei ringsum sprühendem Feuerwerk das neue Jahr zu begrüßen.

Abwärts nähern wir uns **Gessel**, biegen vom Radweg an der Straße Zum Spreeken in den asphaltierten Waldweg ein und kehren unterhalb des **Leerßer Berges** (54,7 m) geradeaus

72 Stufen, die sich lohnen – besonders bei guter Fernsicht

zu unserem Ausgangspunkt zurück.

Anfahrt:
Syke ist Bahnstation der Strecke Bremen – Osnabrück und der Kleinbahn De Kaffkieker, die von Mai bis September jeden 1. und 3. Sonntag im Monat sowie an Sondertagen zwischen Eystrup, Hoya, Bruchhausen-Vilsen und Syke verkehrt; mit dem Auto von der B 6, Bremen – Nienburg, Abfahrt Syke, über die Nord- bzw. Südumgehung zum Bahnhof

Karten:
ADFC Regionalkarte Bremen und Umgebung, 1:75.000

Höhenunterschied:
44 m, nur sanfte Steigungen und Gefälle

Wissenswertes:
Der *Hohe Berg* (58,2 m) ist sowohl die höchste Erhebung im Naturpark Wildeshauser Geest als auch die höchste Erhebung und Aussichtskuppe zwischen Nordsee und Steinhuder Meer. Der Ausblick auf das Urstromtal der Weser und die Stadt Bremen ist einmalig.

Zu einer weiteren Attraktion haben sich die Astro-Abende auf dem Hohen Berg entwickelt. Hobbyastronomen aus Bremen und umzu errichten regelmäßig ihre Teleskope und lassen Besucher zu fernen Galaxien in die Tiefen des Weltalls blicken.

Der in den frühen 1970er Jahren zur Aufstellung von Radaranlagen aufgeschüttete Wall erinnert an die einstige Nato-Flugabwehr-Raketenstellung, die 1989 aufgelöst wurde. Im Jahre 2004 erwarb die Stadt Syke das 4,8 ha große Gelände und widmete es dem von der EU geförderten Projekt »Kulturlandschaft der Geest«.

Das am Fuße des Hohen Berges gelegene Wasserwerk Ristedt der Harzwasserwerke, im Herbst 1963 im Beisein von Bürgermeister Wilhelm Kaisen eingeweiht, bereitet in der Syker Vorgeest gefördertes Grundwasser auf, das als Trinkwasser hoher Qualität in das Versorgungsnetz der Stadt Bremen und an Haushalte in

Stuhr, Weyhe und Syke fließt. Der Bedarf der Hansestadt wird zu ca. 40 % aus Ristedt gedeckt. Besichtigungen für Gruppen nach Voranmeldung.

Der Hohe Berg liegt zum Teil in der Gemarkung Gessel, in der 2011 der *Gesseler Goldschatz* geborgen wurde. 117 Goldobjekte, in einem Leinenbeutel vergraben, lagen ca. 3400 Jahre unter der Ackerkrume und kamen beim Bau der Erdgaspipeline zu Tage. Der sensationelle Fund aus der Bronzezeit wird im Kreismuseum Syke im eigens dafür errichteten Gebäude »*Forum Gesseler Goldhort*« gezeigt.

Verschollen bleibt Barwinkel. Der Ort lag vermutlich am nördlichen Rand des Hohen Berges und ist neben Gessel und Ristedt in der Weserbrückenliste von 1250 verzeichnet. Die Bewohner mussten mit Geld und Naturalien zur Unterhaltung der damals einzigen Bremer Weserbrücke beitragen.

Ob Barwinkel, in erhaltenen Quellen zuletzt 1375 genannt, im späten Mittelalter zerstört oder Opfer der Pestwellen wurde, lässt sich nur erahnen.

Einkehrmöglichkeiten:
Gaststätte Zur Linde, Fahrenhorst, Tel. 04206/373; Gasthaus Spreekenhoff, Gessel, Tel. 04242/98110, www.spreekenhoff.de; Bioland Hof-Restaurant Voigt, Gessel, Tel. 04242/8363, www.biovoigt.de

Auskünfte:
Stadtverwaltung Syke, Tel. 04242/1640, www.syke.de; Kreismuseum in Syke, Tel. 04242/2527; www.kreismuseum-syke.de; VGH Verkehrsbetriebe Grafschaft Hoya, Hoya/Weser, Tel. 04251/93550, www.kaffkieker.de; Harzwasserwerk Ristedt, Tel. 04242/98100; www.astroberg-syke.de

Von der Hachestadt nach Vegesack – durch das grüne Bremen   52 km

Das Hachetal, die Leester Marsch, der Werdersee und die Weser markieren die erste Etappe dieser reizvollen und abwechslungsreichen Radwanderung. Die Wallanlagen und der Bürgerpark, der Stadtwald und der Stadtwaldsee reihen sich an. Durch das Blockland, entlang der Wümme und Lesum erreichen wir Vegesack. Der alte Hafen, Großsegler »Schulschiff Deutschland« und der Stadtgarten mit der Weserpromenade laden zum Bummeln und Verweilen. Die Bahn bringt uns zum Ausgangspunkt zurück.

Auf der Westseite des **Syker Bahnhofs** starten wir zum Ristedter Weg und fahren am Fuße des Leerßer Berges dem Wald Gesseler Spreeken entgegen. An der querenden Straße schwenken wir nach links und radeln »Am Waldrand« durch die Siedlung Gessel zur verkehrsberuhigten Lindenallee Bremer Straße. Dort halten wir uns bis zum Ende wieder links und wechseln bei den nächsten Häusern zur Grenzstraße hinüber. Auf der

Im Blockland

»Böttcherei« passieren wir das Große Moor (genannt Böttchers Moor) und überqueren die Leester Hauptstraße zum Schlader Weg.

»Am Weißen Moor« schwenken wir ein, berühren den Weyher Bruch und gelangen durch den Horstkamp in die von Wiesen und Weiden geprägte **Leester Marsch**. Wir folgen dem Radfernweg und legen am Ochtumsteg vielleicht eine kurze Rast ein. Der Fluss hat den nahen Kirchweyher See verlassen und führt die Wasser der Hache und des Süstedter Bachs zur Weser.

Mit der Fähre geht es zum Osterdeich

Inzwischen haben wir uns der Skyline Bremens deutlich genähert. Nach dem Autobahntunnel halten wir uns rechts, überqueren die Arster Heerstraße und folgen im Grüngürtel dem Radweghinweis Zur Innenstadt. Wir passieren die Unterführung und erobern mit Schwung den befahrbaren Weserdeich.

Nahe dem Bootshafen und bei den großen Weidenbüschen der Korbinsel kann man im Frühjahr der Nachtigall lauschen. Am Deichschart, unmittelbar vor Beginn des **Werdersees**, rollen wir wiesenwärts und wählen gleich nach der Seespitze den Uferweg.

Jenseits der Karl-Carstens-Brücke, im Volksmund »**Erdbeerbrücke**« genannt, erweitert sich der von Möwen und Haubentauchern belebte See. Die Vogelinsel kommt in Sicht und im Hintergrund schimmern die Turmspitzen des Bremer Doms.

»Zum Krähenberg«, in Höhe des Weser-Stadions, verlassen wir den Deich, nehmen den Olgaweg und begleiten die Weser bis zum Café Sand. Die Fähre Hal över bringt uns zum **Osterdeich**. Stromabwärts achten wir auf den erhöht stehenden Wegweiser zur Innenstadt und erreichen durch den Rad- und Fußgängertunnel den Altenwall.

Wir passieren die Kunsthalle und gelangen durch die **Wallanlagen** zur Stadtgrabenbrücke am Präsident-Kennedy-Platz hinunter. An der Contrescarpe halten wir uns unter den Linden links, rollen vor dem Siemens-Hochhaus zum Breitenweg, unterqueren die Hochstraße und fahren am Bahnhof vorbei zum Gustav-Deetjen-Tunnel. »Am Stern« erreichen wir den Südzipfel des **Bürgerparks**.

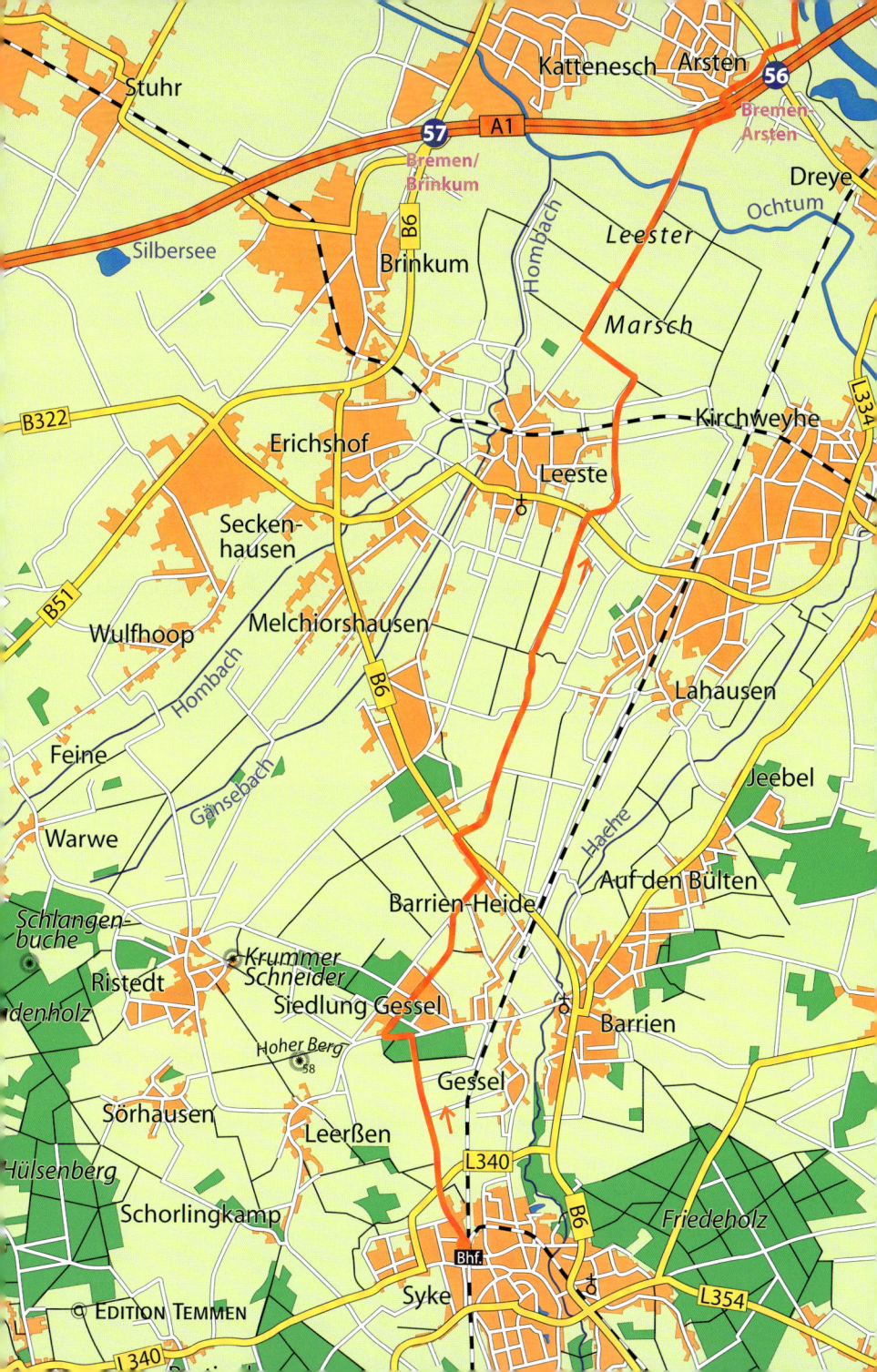

Die Marie-Bergmann-Brücke aus dem Jahr 1938 im Bremer Bürgerpark

Auf erlaubten Wegen tauchen wir in die herrlichen Parkanlagen ein und folgen dem querenden Asphaltweg Richtung Tiergehege, das wir nach der **Melchersbrücke** erreichen. Anschließend genießen wir vor der Terrasse der Meierei den schönen Ausblick in die Tiefe des Bürgerparks – von den nahe weidenden Kühen bis zum Park Hotel. Hinter der nächsten Brücke folgen wir dem Wasserlauf nach links und treffen auf die Waldbühne nebst Biergarten. Am späten Sonntagmorgen gibt es hier Frühschoppen mit Musik.

Auf dem Radweg der nahen Parkallee schwenken wir

zum Eisenbahntunnel und biegen danach in den **Stadtwald** ein. An der Gabelung bleiben wir halb rechts, gelangen durch eine Wiese und über eine hölzerne Kanalbrücke zum **Stadtwaldsee** (Unisee) mit Strandbad und Liegewiesen. Das Gewässer kann man sowohl in Ufernähe umfahren als auch parallel zum **Torfkanal** passieren. Am Ende kommen wir zum Hochschulring, wechseln links zur Hemmstraße und radeln rechts entlang der Kleinen Wümme durch die weite, grüne **Blocklandniederung**.

Der Fluss ist anfangs von hübschen Wochenendhäuschen und bunten Gärten flankiert. Zunehmend kommen Teichrosen, Rohrkolben und Schwertlilien ins Bild, ebenso Pappeln, Espen und Erlen. Auf den von Wasserläufen durchzogenen Wiesen und Weiden suchen Graureiher, Schnepfen und Austernfischer ihre Nahrung. Nach etwa 7 km erreichen wir die von wogenden Schilfgürteln gesäumte **Wümme** und genießen bei der Schleuse **Dammsiel** und unter Apfelbäumen der gleichnamigen Gaststätte die wunderschöne Aussicht auf die imposante Schleife des Flusses.

Die Deichkrone lädt ein zur Weiterfahrt nach **Wummensiede** und **Wasserhorst**, vorbei an Höfen mit schmucken Fachwerkhäusern. In den Auen, in de-

Die Wasserhorster Kirche von 1185

nen der Weißstorch vorkommt, drängt die Wümme mit starker Windung der Hamme entgegen: Beide Flüsse vereinigen sich bei Wasserhorst zur Lesum.

Die **Kirche »up'r Horst«**, 1185 erstmals erwähnt, liegt malerisch auf einer Wurt. Sie steht auf der Höhe der Düne inmitten des von einer Flutmauer geschützten Kirchhofs. Im Turm hängt eine der ältesten Bremer Kirchenglocken aus dem Jahre 1474.

Es war Hochzeit in der Kirche von up'r Horst. Der Gottesdienst hatte begonnen und das Brautpaar hatte schon Einzug in die Kirche gehalten. Da öffnete sich die Tür und ein Knecht kam herein. Vor dem Taufbecken blieb er stehen, zog seine Pistole und erschoss die Braut.

Dieses dramatische Geschehen ereignete sich im 18. Jh. Heute erinnert eine Grabplatte rechts neben der Kirche an das tragische Geschehen. Auf ihr ist die Braut abgebildet.

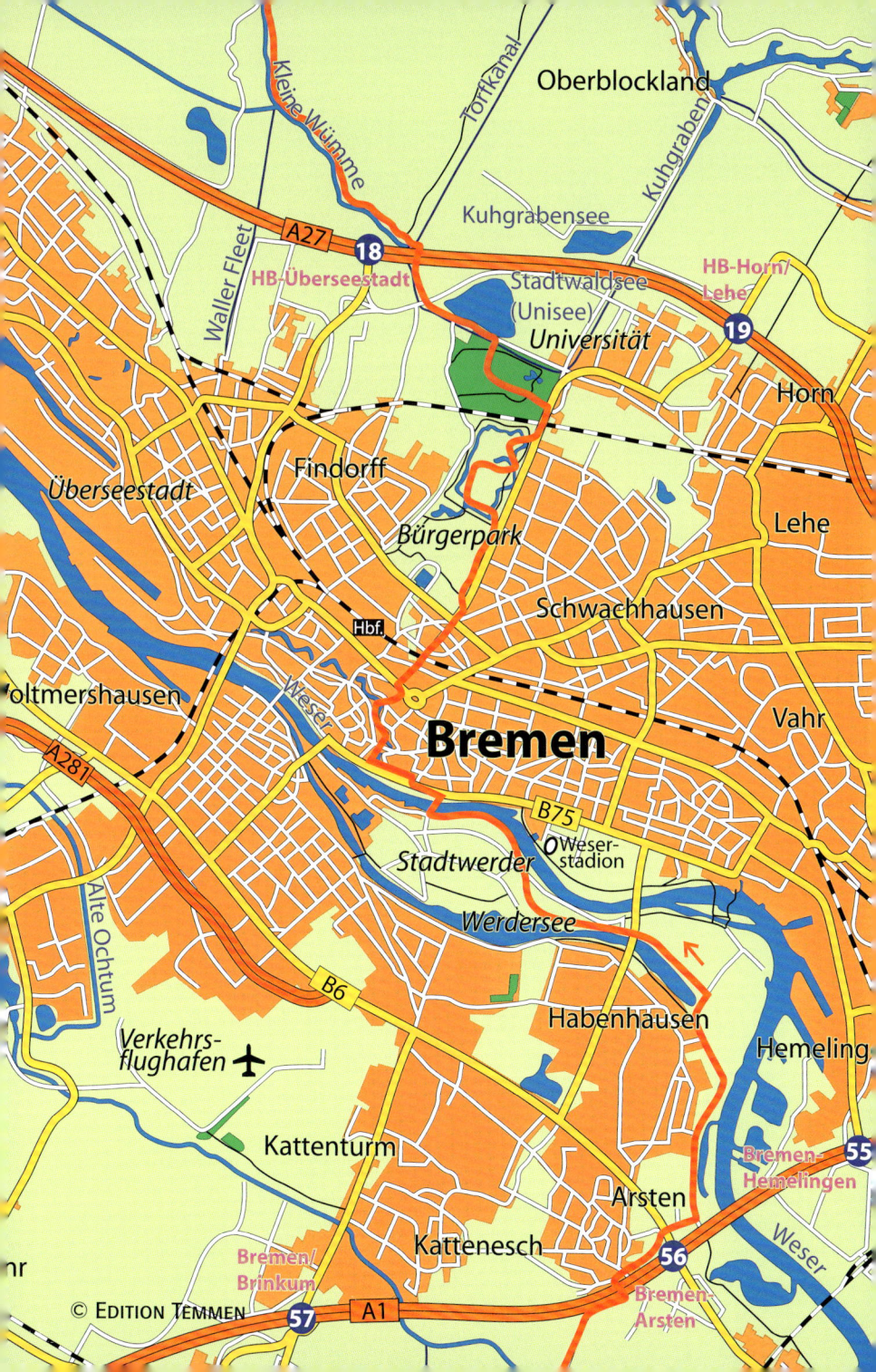

Für Radfahrer hervorragend geeignet: der Lesumdeich

Es war eine unglückliche Romanze, denn die Braut von einem Wümmehof hatte sieben Jahre lang auf den Knecht gewartet. Er war in die Fremde gegangen, um für ihre geplante Ehe etwas zu lernen. Als sie lange Jahre nichts von ihm hörte, willigte sie ein, den Hoferben von der anderen Wümmeseite zu ehelichen. Einen Tag vor der Hochzeit kehrte der Knecht zurück.

Dies war nicht das einzige dramatische Ereignis. Im Dreißigjährigen Krieg (1618-48) kam Pastor Baning 1627 bei dem Versuch, die Kirchenbücher vor den Feinden zu retten, mit seiner ganzen Familie ums Leben, als das Boot auf der Wümme kenterte und auch die Kirchenbücher in den Fluten versanken.

Wir folgen der **Lesum** an dem alten, 1862 erbauten Schöpfwerk vorüber zur Grambker-

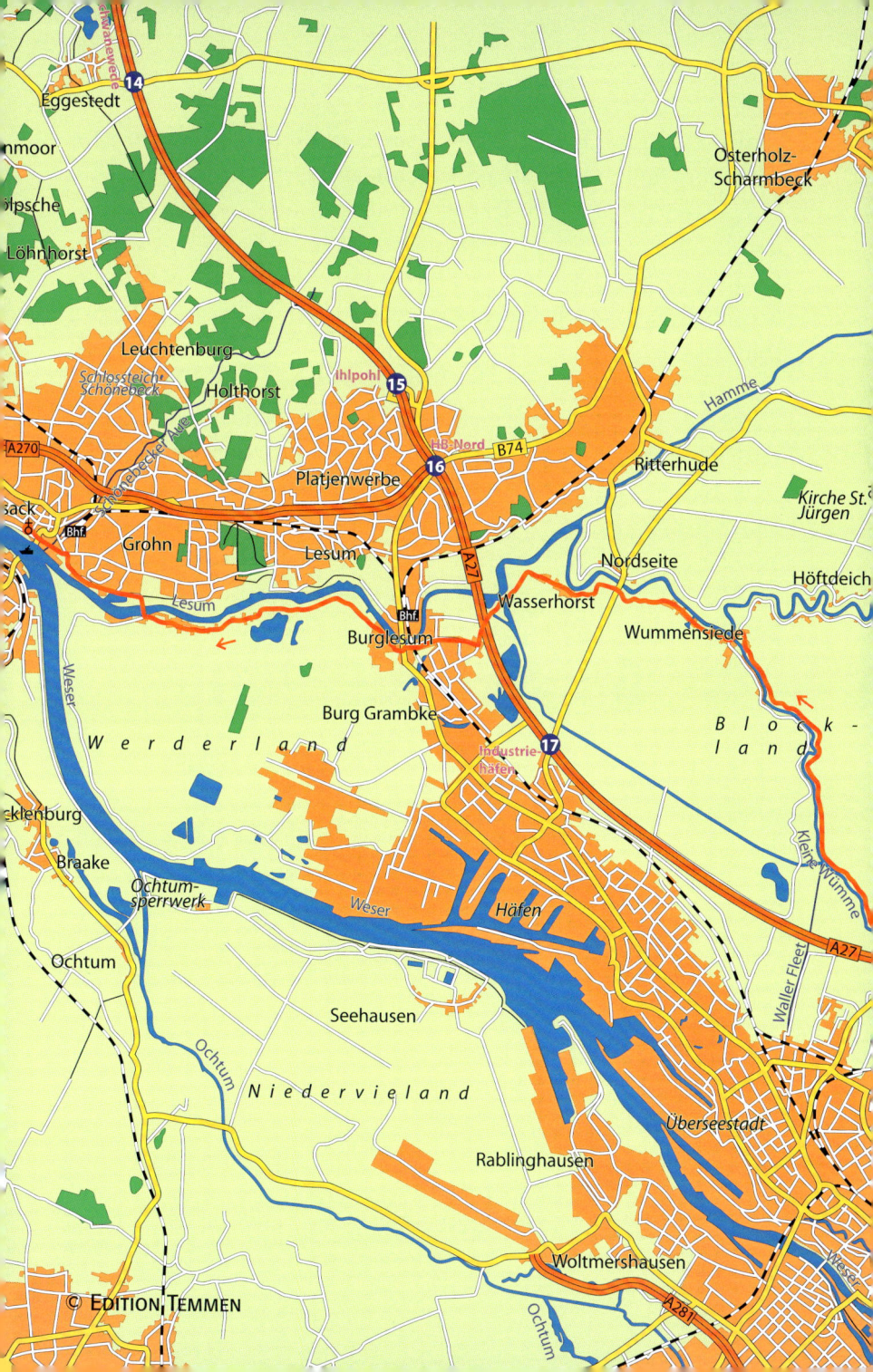

moorer Landstraße, die uns nach Burg führt. Gegenüber der Heerstraße treffen wir wieder auf den befahrbaren Lesumdeich. Bootsstege und Segelyachten vermitteln der naturbelassenen, romantischen Uferlandschaft einen maritimen Hauch.

Gegenüber erhebt sich malerisch das hohe Nordufer. Prächtiger Baumbestand, stattliche Villen und Parkanlagen prägen eine bezaubernde Kulisse.

Wir überqueren den Fluss am Sperrwerk und erreichen nach dem Sporthafen Grohn die Mündung der Lesum und den ehemaligen Liegeplatz der »**Schulschiff Deutschland**«. Der benachbarte, 1619 angelegte und von einer modernen Fußgängerbrücke überspannte **Vegesacker Hafen** beherbergt alte Fischerboote, Yachten und Traditionsschiffe.

Die **Walkiefer** am Weser-Utkiek, heute aus Bronze, erinnern an den früheren Erwerb heimischer Seefahrer. Einige Schritte weiter pendelt die Fähre zum niedersächsischen Lemwerder und gleich hinter der Strandlust beginnt der reizvolle **Stadtgarten** mit der Weserpromenade und den Steiltreppen zur Innenstadt.

Die **Maritime Meile** erstreckt sich bis zum Schlepper »Regina«. Hier befand sich die Vulkan-Werft, auf der seit 1805 über 1300 Schiffe gebaut wurden. Der Bockkran der Werft war vom Hohen Berg bei Syke mit bloßem Auge zu erkennen.

Im Stadtgarten finden wir gemütliche Rastplätze und können das Treiben auf dem Strom bequem beobachten. Kaum sonst irgendwo fahren Ozeanriesen so nahe vorbei.

Zur Rückfahrt wählen wir die Bahn. Vom Vegesacker Bahnhof, gegenüber dem Hafen, verkehren halbstündlich Züge mit Fahrradwagen zum Bremer Hauptbahnhof. Dort steigen wir in einen entsprechenden An-

Die »Schulschiff Deutschland« liegt jetzt im Neuen Hafen in Bremerhaven

Die Mühle in den Bremer Wallanlagen

schlusszug um und erreichen kurz darauf unseren Ausgangspunkt.

Anfahrt:
Syke ist Bahnstation der Strecke Bremen – Osnabrück und der Kleinbahn De Kaffkieker, die von Mai bis September jeden 1. und 3. Sonntag im Monat sowie an Sondertagen zwischen Eystrup, Hoya, Bruchhausen-Vilsen und Syke verkehrt; per Auto von der B 6 über die Nord- oder Südumgehung zum Bahnhof

Karten:
ADFC-Regionalkarte: Bremen und Umgebung, 1:75.000

Wissenswertes:
Wo heute die grünen *Wallanlagen* die Bremer Altstadt umschließen, wurde vor 800 Jahren eine Stadtmauer errichtet. Der 1866 geschaffene *Bürgerpark* wird hauptsächlich durch Spenden Bremer Bürger unterhalten. In der

Waldbühne wird sonntags von Ostern bis September – bei gutem Wetter im Garten – ab 11 Uhr ein Jazz-Frühschoppen mit wechselnden Jazzbands angeboten.

In der *Wasserhorster Kirche* sind die flache Balkendecke mit der bäuerlichen Malerei und die bemalten Hausmarken sehenswert, mit denen früher das Anrecht einer Familie auf ihren Stammplatz in der Kirche deutlich gemacht wurde. Der *Vegesacker Hafen* wurde 1619–22 als erster seiner Art in Europa gebaut. Restauriertes *Havenhaus* von 1645. Der *Stadtgarten in Vegesack*, vor rd. 75 Jahren von engagierten Bürgern gegründet, ist aufgrund seiner Lage am Fluss und seiner seltenen Pflanzen außergewöhnlich.

Einkehrmöglichkeiten:
Café Sand (Weser); Meierei und Waldbühne im Bürgerpark; Gasthaus Dammsiel in Niederblockland, Tel. 0421/640733, www.dammsiel.de sowie Angebote am Lesumdeich, am Vegesacker Hafen und Stadtgarten.

Tipp:
Hin- oder Rückfahrten sind zwischen Vegesack und Martinianleger an der Schlachte auch per Schiff möglich. Die Touren Nr. 2 Von der Hachestadt nach Vegesack – durch das grüne Bremen und Nr. 8 Links der Weser – von Vegesack nach Syke lassen sich jeweils abkürzen oder in Höhe Bremen-Arsten zu einer Rundtour (67 km) vereinigen.

Auskünfte:
Bremer Touristik-Zentrale, Tel. 0421/3080010, www.bremen-tourism.de; Bürgerparkverein Bremen e.V., Tel. 0421/342070, www.buergerpark.de; Reederei Hal över, Tel. 0421/338989; www.haloever.de; VGH Verkehrsbetriebe Grafschaft Hoya, Hoya/Weser, Tel. 04251/93550, www.kaffkieker.de; www.vegesack.de

3 Vom Hasbruch zur Klosterruine in Hude
22 km

Durch den Hasbruch mit seinen 1000-jährigen Eichen und entlang des Geestrandes am Nordenholzer und Hudermoor gelangen wir zum ehemaligen Zisterzienserkloster in Hude. Dem Flüsschen Berne folgend, passieren wir das Skulpturenufer und kommen vorbei am Vielstedter Bauernhaus zum Forsthaus Hasbruch zurück.

Am Parkplatz Liebesallee bei der **Försterei Hasbruch** starten wir und fahren am ehemaligen Forstamt vorbei auf dem Hohenbökener Weg. Bald führt ein Urwaldpfad zur »**Friederikeneiche**«, deren Alter auf 1200 Jahre geschätzt wird. Der Baumriese, nach einer Prinzessin aus dem großherzoglichen Hause benannt, ist eine der ältesten Eichen in Deutschland.

Kurz nach dem Abstecher folgen wir dem Hinweis zur **Jagdhütte** und finden dort unter prächtigen Buchen und Eichen einen idyllischen Rastplatz vor der Brookbäke. Am Anfang des schönen Forstweges bemerken wir zwei Skulpturen des Bildhauers Wolf E. Schultz aus Hude, »Caia's Tochter« und »Der Halbbewusste«.

Die 1858 gebaute Jagdhütte, ein viel besuchtes Ziel, diente seinerzeit als Ausspann und Unterkunft für Forstleute und Mitglieder der herzoglichen Familie, wenn sie sich zur Jagd im Hasbruch aufhielten. Die mächtige, den Vorplatz beherrschende Blutbuche, die im Jahr des Hüttenbaus gepflanzt wur-

Der Förster vom Hasbruch vor seiner dicksten Hainbuche

Der Elefantenbaum im Hasbruch

die heute fast am gleichen Platz steht, zwischen der Jagdhütte und der Brookbäke.

Nachdem unser Weg den Bach überquert, halten wir uns rechts und biegen in den nächsten (»Krummen«) Weg des Laubwaldes ein. Am Ende passieren wir den Klingenbergteich, schwenken nach links und stoßen gleich am Anfang eines **Urwaldpfades** auf die 1982 im Alter von 1250 Jahren gestürzte **Amalieneiche**. Sie galt als die mächtigste und zugleich schönste aller Hasbrucheichen. Sie war benannt nach der oldenburgischen Prinzessin und späteren Königin von Griechenland (1818–1875).

In Waldsaumnähe radeln wir zur Dicken Eiche. Sie war die stärkste aller Hasbrucheichen. Reste des 1923 durch Unachtsamkeit ausgebrannten Stammes sind noch erhalten. Wir schwenken forsteinwärts, zweigen sogleich in den Gebrüderweg ab und behalten die Richtung nach einem kleinen Linksknick bei. Während

de, erkrankte und musste vor neun Jahren gefällt werden. Zuvor versammelten sich an die hundert Freunde des Hasbruchs zur letzten Tasse Tee unter ihrem Blätterdach. Der jüngste Förster brachte den von Weißfäule angegriffenen Riesen zu Fall und vertraute dem Waldboden sogleich eine junge Blutbuche an,

der **Sumpf** des Eichenbruchs im Frühjahr von einem Blütenteppich weiß leuchtender Buschwindröschen bedeckt ist, erinnern knorrige Hainbuchen an die frühere Kopfholz- und Hutewaldnutzung.

Die nächste Abzweigung führt wieder zum Hohenbökener Weg, dem wir in Richtung **Landhaus Hasbruch** folgen. Auf der Alten Allee gelangen wir zum Müllerweg, halten uns sowohl hier als auch an der Huder Straße nach links und biegen »An der Imbäke« ab.

Am Geestrandgraben macht uns ein Rastplatz auf den hier beginnenden Wanderweg aufmerksam. Der idyllische, vor der urwüchsigen **Moorniederung** verlaufende Pfad überquert den Wasserlauf und bietet weitere Ruhebänke. An der Birkenallee Klosterweg schwenken wir orteinwärts, halten uns am Ende links und biegen in die Kirchstraße ein. Unvermittelt und eindrucksvoll erhebt sich vor uns die in einem Park gelegene Ruine des 1232 in Hude errichteten **Zisterzienserklosters**, das 1536 abgebrochen wurde. Erhalten ist die gotische Südwand des Kirchenmittelschiffes und die gegenüberliegende St. Elisabeth-Kirche, ehemals Torkapelle des Klosters. Zur alten **Wassermühle** und der Klosterschänke sind es nur wenige Schritte.

Oberhalb des Wasserrades der früheren Klostermühle (heute Galerie) überqueren wir die Berne und schlagen den reizvollen **Huder Bachweg** ein. Der Weg schlängelt sich nach der Bahnunterführung unter alten Buchen, Eichen und Kastanien mit dem Flüsschen und wechselt über kleine Holzbrücken die Uferseiten. Im Verlauf des Wanderweges passieren wir das Skulpturenufer, eine Freilichtausstellung des Bildhauers Wolf E. Schultz.

»Am Sandfang« halten wir uns rechts, überqueren die **Kimmer Bäke** und schwenken »Zum Wendenkamp«. Danach lenkt uns der »Nabbenkamp« zum **Vielstedter Bauernhaus**, das mit Spieker, Backhaus, Göpel und Ziehbrunnen als Heimatmuseum dient. Auf der Ahorn-

Die Klosterruine in Hude

allee Kirchkimmer Straße und durch den Brummelkamp kehren wir zum Forsthaus Hasbruch zurück.

Das Heimatmuseum Vielstedter Bauernhaus

Anfahrt:
A 28, Ausfahrt Hude; zweiter Parkplatz am Hasbruch

Karten:
ADFC-Regionalkarte Bremen und Umgebung, 1:75.000

Wissenswertes:
Im *Hasbruch,* einem Laubmischwald mit uralten Eichen und bis zu 400-jährigen Hainbuchen, wurde früher Vieh gehütet. Hierdurch entstanden bizarre Formen der »Urwald«-Bäume. Knorrige Hainbuchen verraten die noch bis vor 160 Jahren angewandte Kopfholznutzung. Im Hasbruch steht heute die *dickste und älteste Hainbuche Deutschlands* mit einem Umfang von 5,75 m.

Nach dem Abbruch des *Zisterzienserklosters* in Hude dienten die Ruinen als Stein-

bruch für Häuser und Wege der Umgebung. Zur Klosteranlage gehörten eine Brauerei (heute Klosterschänke), eine Wassermühle (heute Ausstellungsraum) sowie das noch bewohnte Abthaus. Die um 1300 erbaute *St. Elisabeth-Kirche* enthält gotische Wandmalereien und einen Altar mit 24 geschnitzten Bildern aus dem 14. Jh.

Das Heimatmuseum *Vielstedter Bauernhaus* mit alter Inneneinrichtung zeigt zahlreiche Geräte und Gegenstände aus früherer Zeit.

Einkehrmöglichkeiten:
Klosterschänke in Hude, Tel. 04408-7777 und 7778; Gasthaus Vielstedter Bauernhaus, Tel. 04408-369, www.vielstedter-bauernhaus.de; Nordenholzer Hof, Tel. 04408-9847320
Hotel u. Restaurant Burgdorf, Hude, Tel. 04408-7575
Vielstedter Melkhus, Tel. 04408-2865, www.vielstedter-melkhus.de

Auskünfte:
Gemeinde Hude, Tel. 04408-92130; Touristik-Palette Hude, Tel. 04408-8090950, www.touristik-palette-hude.de; Gemeinde Ganderkesee, Tel. 04222-44412, www.hasbruch.de; www.klosterhude.de

4 Ostrittrum – Osenberge – Barneführerholz – Huntlosen   33 km

Jede Jahreszeit verlockt zu diesem Ausflug – doch im Mai, wenn Rhododendron-, Apfel- und Kastanienblüte bezaubern, wenn Weißdorn, Raps und Ginster leuchten und vielstimmiger Vogelgesang erklingt, ist diese Radwanderung besonders reizvoll. Das idyllische Ostrittrum stimmt trefflich auf die Rundfahrt ein. Die Route führt zum Saum der Osenberge und geht entlang des wildromantischen, bewaldeten Steilufers der Hunte ins Herz des urigen Barneführerholzes, wo wir Feuchtwiesen, die Alte Jagdhütte, bizarre Buchen und Eichen und die älteste Douglasie finden. Über den Huntesteg Kampbruch-Brücke treffen wir in Westerburg auf den Meerweg, erreichen den Hegeler Wald und besuchen in Huntlosen den Mammutbaum sowie die St. Briccius-Kirche. Durch Westrittrum und das Huntetal kehren wir zum Ausgangspunkt zurück.

An der Alten Wassermühle in Ostrittrum, nahe dem Tierpark und Märchenwald, starten wir talwärts und biegen rechts in den Hunteweg ein. Eichenumstandene **Bauernhöfe**, strohgedeckte Fachwerkhäuser, Streuobstwiesen, Schaf- und Pferdekoppeln prägen das Ortsbild. Ein Findling mit der Jahreszahl 1069 verrät die Gründungszeit des Dorfes.

Die hügelige, teils bewaldete Geest fällt zur Hunte ab und bietet weite, herrliche Ausblicke über die bunten Felder. Hinter Schohusen und einer Waldsied-

Vorige Doppelseite:
Frühling in Ostrittrum

Die Kirche St. Briccius in Huntlosen

lung bleiben wir »An der alten Schule« in Sandhatten geradeaus und schwenken am Riesenfindling in den Mühlenbergweg ein.

Vorbei am Waldcafé rollen wir den Bulder-Berg-Weg hinunter und folgen rechts dem Heideweg. Huntewärts, vor den bewaldeten **Osenbergen**, lädt die »Püttenhütte« zu gemütlicher Rast ein. Das Schutzhäuschen steht in der niedermoorigen Gemarkung Pütten, in der wegen des hohen Grundwasserstandes häufig Pfützen (niederdeutsch: Pütten) auftreten.

Die Osenberge, vor Jahrtausenden aus dem Huntetal aufgewehte Dünen, erstrecken sich von Sandhatten bis vor die Tore Oldenburgs und erreichen mit der Steilen Wand bei Sandkrug ihre höchste Erhebung (23 m). Die bis dahin ständig wandernden Flugsanddünen wurden seit Ende des 19. Jh. mit Kiefern aufgeforstet.

Wir passieren einen Schlagbaum und wählen an der Gabelung den grasbenarbten Weg, der vorbei an Altwässern und über eine kleine Brücke zur **Hunte** verläuft. Der eilige Fluss drängt unmittelbar an das Barneführerholz und windet sich, hier und da Sandabbrüche auslösend, in zahlreichen Schleifen am bewaldeten Steilufer fort. Unser Pfad schlängelt sich zwischen urigen Buchen und Eichen dicht am Saum der Strömung und bietet eine eindrucksvolle, pittoreske Szenerie. Die Wasseramsel oder gar den scheuen Eisvogel anzutreffen, sollte uns nicht überraschen.

Der ruffreudige Kleiber bleibt jedenfalls kaum verborgen. Sein schallendes »Tuit, Twiet« begleitet uns. Nach einer markanten Hunteschleife und weitem Ausblick in die gegenüberliegende Niederung folgen wir dem ersten Pfad waldeinwärts und treffen inmitten des Barneführerholzes auf ausgedehnte **Feuchtwiesen**. Viele Tier- und Pflanzenarten finden in den ehemaligen Rieselwiesen üppigen Lebensraum.

Über eine Fahrwegbrücke gelangen wir zum romantischen Rastplatz vor der **Alten Jagdhütte**. Die Lichtung wird zunehmend von der Krone einer stattlichen

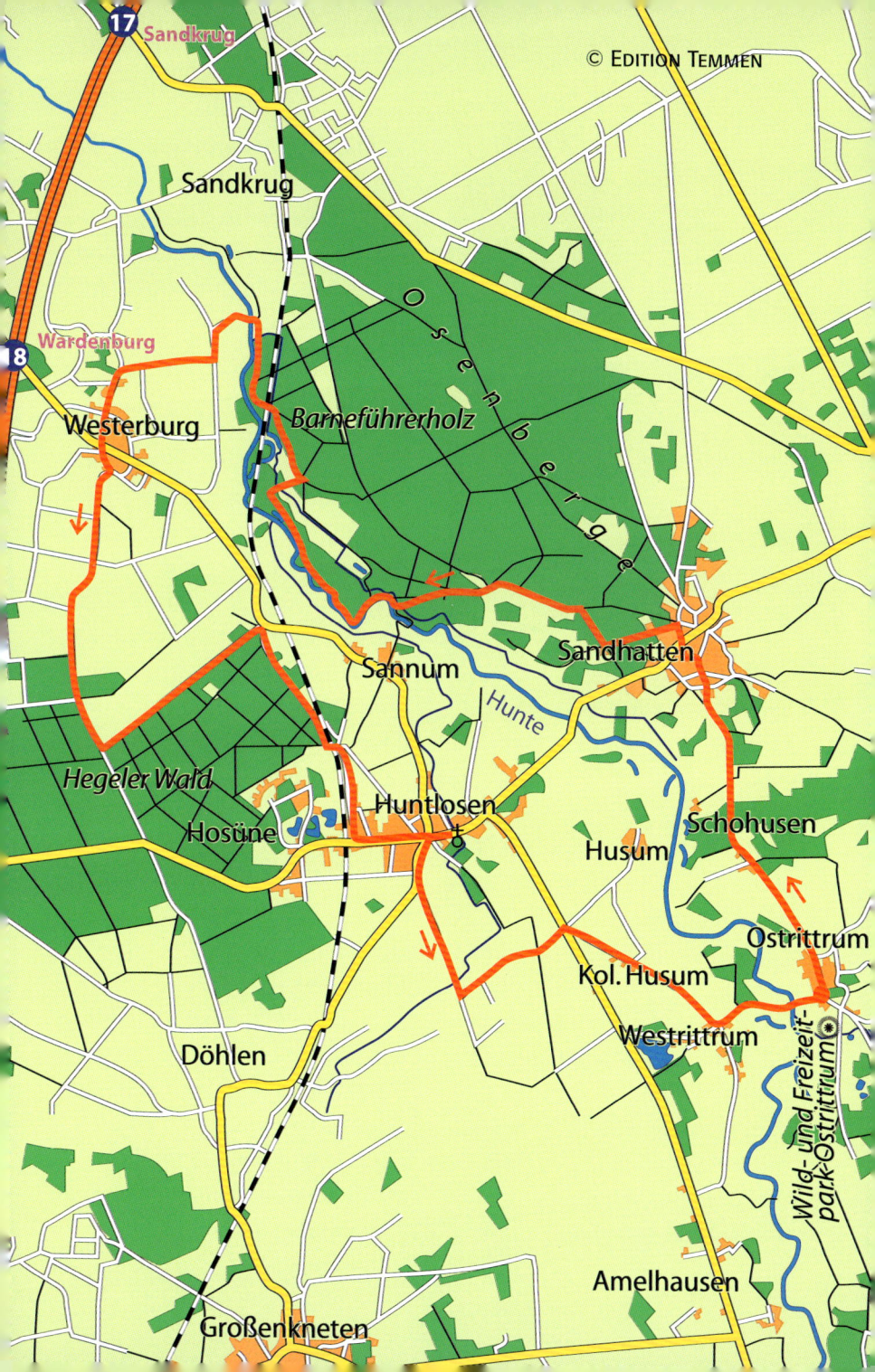

Die Alte Douglasie im Barneführerholz

Buche eingenommen. Gegenüber ragt die mächtige, fast 180 Jahre alte **Douglasie** empor: Sie gilt als älteste ihrer Art auf dem europäischen Festland.

Die Alte Jagdhütte im Barneführerholz wurde 1842 erbaut und diente der großherzoglichen Familie vermutlich als Aufenthaltsort bei Ausflügen und Jagden mit Gästen und Gefolge.

Die Hütte wurde später für forstwirtschaftliche Zwecke genutzt und dient heute vogelkundlichen Beobachtungen im Zusammenhang mit dem Feuchtgebiet.

In Europa während der Eiszeit ausgestorben, wurde die Douglasie von dem Schotten David Douglas 1827 aus dem amerikanischen Nordwesten wieder nach Europa gebracht. Aus diesem Ursamen gezogene Pflanzen wurden 1841 auf der Versammlung deutscher Land- und Forstwirte in Doberan vorgeführt. Hier wurde erstmals der Name dieses Baumes öffentlich genannt. Um 1900 waren nur noch drei aus diesem Ursamen gezogene Bäume bekannt: ein 1882 in Flottbek gefällter Baum, ein Exemplar bei Wolgast in Pommern, das um 1993 durch Blitzschlag eingegangen ist, sowie die Douglasie im Barneführerholz bei Oldenburg. Dieser Baum wurde nach sechsjähriger Setzlingszeit nahe der im gleichen Jahr erbauten Jagdhütte gepflanzt und steht heute unter Naturdenkmalschutz.

Der Hunteweg führt uns vor einem Urwaldstreifen an Sumpfgewässern und alten Hunteschleifen vorüber zur Bahnlinie und zur Fußgängerbrücke am **Kampbruch**, wo wir einen schönen Ausblick auf den Wald und über die Flussniederung genießen. Jenseits der Brücke finden wir unter knorrigen Eichen einen weiteren Rastplatz.

Durch Wiesen und Felder der Marsch und an Pferdekoppeln vorbei erreichen wir am Rande des Huntetals das deutlich höher liegende **Westerburg**. Auf schöner Klinkerstraße radeln wir dorfeinwärts und folgen ab einer Kreuzung dem Meerweg.

Nach einer Baumschule und einem Windenergiepark tauchen wir in den ersten Zipfel des **Hegeler Waldes** ein. Wir passieren eine Feldzunge, biegen in den nächsten Forstrandweg ein und fahren an der von Birken bestandenen Wallhecke entlang bis zu einer Schutzhütte. Von dort führt der Saumweg nach Huntlosen.

Vor dem Ort überqueren wir den Bahnübergang, folgen so-

Der Mammutbaum in Huntlosen

gleich dem rechts abzweigenden Pfad und entdecken kurz darauf den imposanten, frei auf einer Weide stehenden und als Naturdenkmal ausgewiesenen **Mammutbaum**. Hier betrieb die Großherzoglich Oldenburgische Eisenbahn einst eine Gärtnerei.

Der Huntloser Mammutbaum stammt vermutlich aus den ersten Samen, die 1853 aus Kali-

fornien in Europa eintrafen und über London und Berlin nach Oldenburg kamen. Der Baum hatte 1987 eine Höhe von 26 m und einen Stammumfang von etwa 5 m erreicht, als ihm ein Blitzschlag fast 6 m seiner Krone raubte. Schon vorher, beim großen Orkan am 13. November 1972, wurde die Baumspitze beschädigt. Eine der gewaltigen Sturmböen brach den Endtrieb so weit ab, dass er vertrocknete. Doch zwei Seitentriebe, die sich unterhalb der Bruchstelle bildeten, hatten die Funktion des Endtriebs übernommen.

Auf dem Radweg der Bahnhofstraße fahren wir zu der kleinen, um 1250 auf einem Feldsteinsockel errichteten Backsteinkirche **St. Briccius**. Sie war eine Wehrkirche mit sehr kleinen Fenstern. Besonders sehenswert sind der in seiner oberen Hälfte achteckige Turm und das überlebensgroße Triumphkreuz aus dem 15. Jh.

Am Verkehrskreisel schlagen wir den Radweg nach Döhlen ein, zweigen in den Brookweg ab und folgen seinem Verlauf auch beim Linksknick vor dem Huntloser Moor. Unter Eichen und an Höfen vorbei nähern wir uns wieder dem Huntetal. Nach querender Straße wählen wir rechts den eichenflankierten Weg zur Siedlung Husum und nach **Westrittrum**. Dort halten wir uns links und radeln durch die liebliche Hunteniederung zu unserem Ausgangspunkt zurück.

Anfahrt:
A 1, Bremen – Osnabrück, Ausfahrt Wildeshausen-Nord, Richtung Kirchhatten – Oldenburg, in Neerstedt Abzweigung nach Ostrittrum

Karten:
ADFC Regionalkarte Oldenburger Land; Radwanderkarte Naturpark Wildeshauser Geest 1:75.000

Wissenswertes:
Die *Wassermühle in Ostrittrum*, deren Vorgängerbauten bis ins 16. Jh. zurückgehen, wurde restauriert und wird heute für kulturelle Zwecke

genutzt. Das Dünengebiet *Osenberge* wurde aufgeforstet, um weitere Verwehungen zu verhindern. Die *älteste Douglasie* auf dem europäischen Festland steht im Barneführerholz und wurde unter Naturdenkmalschutz gestellt. Zurzeit ist unbekannt, ob aus dem von David Douglas nach Europa gebrachten Ursamen gezogene Bäume noch in Schottland existieren.

Die früher landwirtschaftlich genutzten *Rieselwiesen* wurden im Herbst und Frühjahr mit nährstoffreichem Huntewasser versorgt. In den Altwässern der Hunte leben *Kiemenfußkrebse.* Der als Naturdenkmal ausgewiesene *Mammutbaum* in Huntlosen ist das älteste Exemplar in Niedersachsen. In der Tertiärzeit, die vor rund 65 Millionen Jahren begann und bis vor zwei Millionen Jahren währte, gab es im Niedersächsischen Raum viele Mammutbäume. Dies bezeugt die bei Helmstedt lagernde Braunkohle, die zum großen Teil aus dem Holz dieser Baumriesen entstanden ist. Doch in der Eiszeit wurden die Mammutbäume in Europa ihrer Lebensmöglichkeiten beraubt. Sie überstanden diese für viele Pflanzen und Tiere feindliche Zeit nur an den Westhängen der Sierra Nevada in Kalifornien. Dort erreichen sie Höhen bis zu 100 m und Stammdurchmesser bis zu 12 m.

Einkehrmöglichkeiten:

Freizeitpark Ostrittrum; Waldcafé und Gasthof Alte Post Sandhatten, Tel. 04482/1559, www.altepost-sandhatten.de; mehrere Angebote in Huntlosen

Auskünfte:

Gemeinde Hatten,
Tel. 04482/9220;
Gemeinde Großenkneten,
Tel. 04435/600117; Wild- und Freizeitpark, Ostrittrum,
Tel. 04487/7166,
www.freizeitpark-ostrittrum.de

Vom Hohen Ufer zur Bremer und Leuchtenburger Schweiz 26 km

Entlang der Lesum, durch Knoops Park und auf dem »Thüringer Weg« führt dieser reizvolle Ausflug ins Auetal, zum Wasserschloss Schönebeck und zur Maritimen Meile in Vegesack. Am Sporthafen Grohn vorbei und am Saum des Werderlandes kehren wir vor der Kulisse des Hohen Ufers zum Ausgangsort zurück.

Am Bahnhof Bremen-Burg oder nahe der Lesumbroker Landstraße (Südufer) starten wir und radeln auf dem nördlichen **Lesumdeich** flussabwärts. In den lauschigen, ufernahen Admiral-Brommy-Weg, der vor den ansteigenden Villengrundstücken mit ihren parkartigen Gärten verläuft, biegen wir ein.

Nach einem Rastplatz am Wasser schwenken wir »An **Knoops Park**« aufwärts und schieben das Rad für kurze Zeit. Der großzügige, mit prächtigen Bäumen bestandene Park lädt zum Bummeln und Verweilen ein. Linker Hand entdecken wir eine kleine Brücke und schauen wenig später vom Vegesacker Balkon auf die Lesum und über die weite Niederung des Werderlandes, ein Dorado für seltene Tiere und Pflanzen.

Der vom Zaren geadelte Bremer Baumwollindustrielle Ludwig Knoop errichtete hier 1871 ein Schloss im Tudorstil. Infolge der russischen Revolution verlor die Familie ihr Vermögen und konnte den Herrensitz nicht mehr erhalten. Das Gebäude wurde in den dreißiger Jahren abgetragen.

Das Schloss Schönebeck

An der Lesum

Parkaufwärts erblicken wir die alte weiße **Villa Lesmona** (erinnernd an den Roman »Sommer in Lesmona«) des Chinakaufmanns Carl Theodor Melchers. In dem Haus, das von einem Skulpturenpark mit moderner Kunst umgeben ist, befindet sich heute eine Galerie.

»Auf dem Hohen Ufer« wechseln wir hinüber zum blumengerahmten Fachwerkhaus **Kränholm** und zum Raschenkampsweg. Unmittelbar nach den Überführungen am Bahnhof **St. Magnus** wählen wir den Wanderweg Kränholmwald und gelangen durch den kleinen Forst zum Holthorster Weg. Dieser führt uns zum **Friedehorstpark** mit seinen imposanten Buchen, Douglasien, Mam-

mutbäumen und Eichen. Auch hier finden wir Bänke und ruhige Plätze.

»Am Lehnhof« fahren wir unter schattigen Bäumen an hübschen Gartenanlagen sowie reetgedeckten Villen vorbei. Im Frühjahr, wenn die Rhododendren und Kastanien blühen, hat diese Partie ihren besonderen Charme.

Der Leuchtenburger Straße folgen wir auf dem Radweg ins Auetal und schwenken noch vor dem Bach aufwärts in die Holthorster Straße. Der kurze Anstieg lohnt sich nicht nur wegen der schönen Aussicht vom nahen Unterstand: vielmehr entschädigt später eine angenehme und längere Abfahrt.

An einer Eiche folgen wir dem Pfeil zum Wäldchen hinab und zum verschwiegenen Thüringer Weg. Der Saumpfad führt ins Herz der **Leuchtenburger Schweiz**. Vor dem Holzsteg an der Aue steht eine Rastbank. Im Sommer umweht uns hier der Duft frischen Heues. Mitunter ist sogar der Fischreiher zu beobachten.

Vor der Kulisse bewaldeter Anhöhen gelangen wir zum jenseitigen Forst Kleine Hahnhorst und zum Mühlenweg. Wir biegen links ab und stoßen bald auf das reetgedeckte, 1775 erbaute Fachwerkhaus der Gaststätte **Bruns Garten**. Davor stehen mächtige Eichen, darunter die Friedenseiche. Auch von hier bietet sich ein schöner Ausblick über die Wiesen und Weiden der Aueniederung.

Im Park gegenüber entdecken wir hinter Teichen, Büschen und Grünflächen das im 19. Jh. erbaute und einem irischen Schloss nachempfundene Herrenhaus des früheren Baumwollkaufmanns Albrecht. Die Familie des ehemaligen niedersächsischen Ministerpräsidenten Ernst Albrecht hat hier gewohnt.

Vorbei an baumgesäumten Pferdekoppeln treffen wir wieder auf die Leuchtenburger Straße und rollen zur Aue hinunter. Nach der Brücke, doch vor dem Wald, folgen wir dem Wasserlauf und erreichen durch die offene Auenlandschaft das

Der Thüringer Weg führt in die Leuchtenburger Schweiz

idyllisch gelegene, von Wasser und alten Bäumen umgebene **Schloss Schönebeck**. Der ehemalige Adelssitz dient heute als Heimatmuseum und Veranstaltungsort. Insbesondere sind hier Sammlungen aus den Bereichen Schifffahrt, Schiffbau und Walfang zu besichtigen.

Von der Schlosszufahrt aus überqueren wir das Flüsschen, radeln »An der Aue« bis zur Uthhoffstraße und begleiten die Aue entlang des Warnemünder Weges zum Vegesacker Hafen. Hier liegen neben alten Loggern Sportboote und Segelyachten vor Anker. Über das Hafenbecken spannt sich eine sanft geschwungene, asymmetrische Brücke, deren unterseitige Lamellen an eine gigantische Wirbelsäule erinnern. Der klappbare Teil der Brücke

Das Havenhaus in Vegesack

wird nicht mit Trossen hochgezogen, sondern der einem Segel nachempfundene Trägerpylon schwenkt nach hinten und öffnet Wasserfahrzeugen die Durchfahrt.

Wir bummeln auf der rechten Hafenseite zur Weser. Die mächtigen Walkiefer am **Utkiek**, heute aus Bronze, sind zum Vegesacker Wahrzeichen geworden. Vorbei am Havenhaus (1648) und der Fähre, die zum niedersächsischen Lemwerder pendelt, gelangen wir hinter der Strandlust zur **Weserpromenade** am beliebten **Stadtgarten**.

Der Park mit seiner vielfältigen Flora erstreckt sich bis zu dem in einem steinernen Meer liegenden Schlepper Regina vor der ehemaligen Vulkan-Werft.

Von gemütlichen Plätzen aus können wir den Schiffsverkehr auf dem Strom beobachten. Auf dem Rückweg gelangen wir über die moderne Fußgängerbrücke zur Lesumseite des Hafens und treffen an der Flussmündung auf den Liegeplatz des historischen Großseglers »**Schulschiff Deutschland**«. Der schmucke Dreimaster kann auch innen besichtigt werden. Wir bleiben in Wassernähe, kommen am Sporthafen Grohn vorbei und erreichen über das **Lesumsperrwerk** die Südseite des Flusses. Auf dem Deich, gegenüber dem malerischen Hohen Ufer und dem Werderland zur Rechten, radeln wir nach Burg zurück.

Anfahrt:
Bremen-Burg ist Bahnstation der Strecke Bremen-Hauptbahnhof – Bremen-Vegesack; A 27, Bremen – Bremerhaven, Ausfahrt HB-Industriehäfen – Burg-Grambke, Burger Heerstraße

Karten:
ADFC-Regionalkarte Bremen und Umgebung 1:75.000

Höhenunterschied:
20 m, nur sanfte Steigungen und Gefälle

Wissenswertes:
Der *Admiral-Brommy-Weg* erinnert an den 1860 in St. Magnus verstorbenen Begründer der ersten deutschen Flotte.

Das Festival *»Sommer in Lesmona«* lockt alljährlich zu Musik und Picknick in *Knoops Park*. Das *Schloss Schönebeck*, ein barocker Fachwerkbau der Adelsfamilie von der Borch, entstand um 1700. Heute gehört das Schloss der Stadt Bremen und dient mit seiner Sammlung zur Vegesacker Seefahrtsgeschichte als Heimatmuseum. Der *Vegesacker Hafen,* erster künstlicher Hafen Deutschlands, wurde um 1619 gebaut, als die stadtbremischen Anlegeplätze versandeten.

Einkehrmöglichkeiten:
Bruns Garten in Leuchtenburg, Tel. 0421/622644, www.bruns-garten.de; rund um den Vegesacker Hafen, am Lesumdeich und Stadtgarten

Auskünfte:
Bremer Touristik-Zentrale, Tel. 0421/3080010, www.bremen-tourism.de; Schloss Schönebeck, Tel. 0421/623432, »Schulschiff Deutschland«, Tel. 0421/6587373, www.schulschiff-deutschland.de

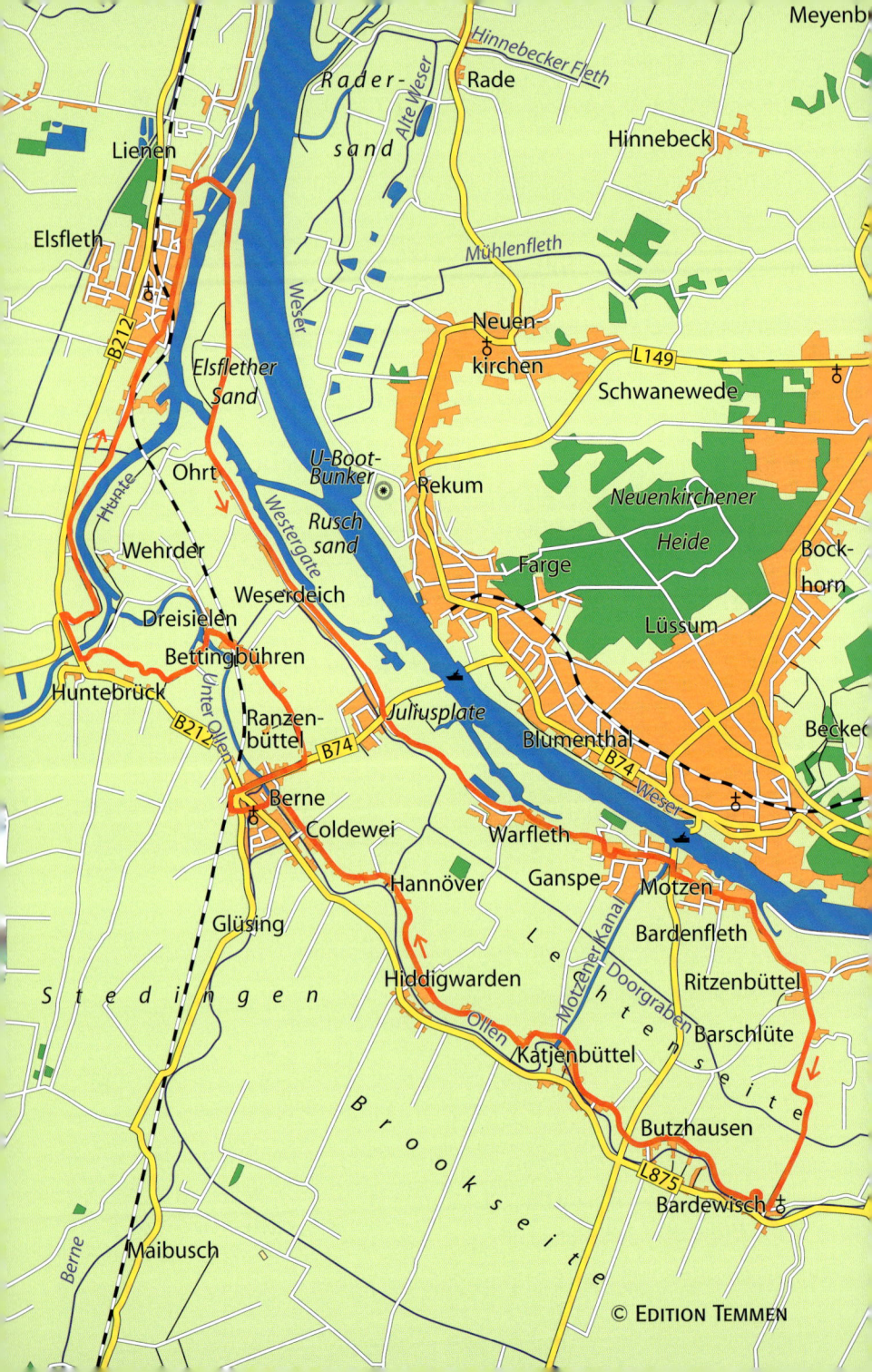

Entlang der Ollen und Hunte nach Elsfleth
38 km

Im Stedingerland folgen wir der Ollen über Berne nach Dreisielen und begleiten die Hunte bis zu ihrer Mündung in die Weser. Über die Insel Elsflether Sand und durch die Reihendörfer am Weserdeich kehren wir zum Ausgangsort zurück.

In **Bardewisch** parken wir rechts der Ollen und starten bei der Kirche in Richtung Berne. Auf kleiner, gemütlicher Allee, den Windungen des Flusses folgend, radeln wir durch die Niederung Lechterseite. Saftige Wiesen und Rinderweiden, idyllische Bauernschaften mit reetgedeckten Niedersachsenhäusern, Warfen, Streuobstwiesen, Schaf- und Pferdekoppeln prägen hier das Landschaftsbild.

Nach Butzhausen und Katjenbüttel erreichen wir Hiddigwarden und blicken von der Ollenbrücke auf die Dorfpartie. In Coldewei wählen wir den Uferweg, fahren Am Ollenufer zum Berner Holzbrückensteg und wechseln hier zur Westseite des Flusses. Den anmutigen Pfad setzen wir am Wasser fort und schwenken vor der Straßenbrücke in einem Linksbogen zum Durchlass für Radfahrer. Die Lange Straße überqueren wir zur Engen Straße und erreichen nach der Bernebrücke die **St. Aegidius-Kirche**, eine der wohl schönsten Kirchen im Oldenburger Land.

Der Platz vor der Kirche, Am Breithof, ist ähnlich einem Rundlingsdorf von sieben Häusern mit ihren zur Mitte gerichteten Giebelfassaden und dem Rathaus gesäumt. In der Mitte des Platzes steht die Friedenseiche. Wir orientieren uns in Richtung **Weserfähre Farge**, überqueren wieder die Ollen und zweigen kurz darauf nach Bettingbühren ab.

Die kleine, ruhige Ahornallee führt uns durch die von Gräben durchzogenen Wiesen und Weiden bis **Dreisielen**. In der wärmeren Jahreszeit werden wir neben dem Fischreiher auch dem Storch begegnen, denn Berne zählt zu den storchenreichsten Gemeinden Niedersachsens.

Beim »Stedinger Landhaus«, am **Denkmal Friedenseiche** (heute eine Birke), halten wir uns links und gelangen über die verzweigten Flussarme der Unteren Ollen zur befahrbaren Deichkrone am Sieltief. Bei der Gabelung schwenken wir rechts ab.

Die Friedenseiche in Dreisielen fiel 1945, kurz nach dem Krieg, der Brennstoffknappheit zum Opfer. In Ermangelung eines Eichensetzlings wurde stattdessen eine Birke gepflanzt.

Wasser und Wiesen, windschiefe Pappelreihen und die am Schlüterdeich aufgereihten **Kötnerhäuser** beherrschen die Szenerie bis zur Hunte, die wir auf der **Hubbrücke** überqueren. Am Ende der Brückenabfahrt biegen wir rechts in den Hunteweg ein und radeln vor dem Deich an Höfen, Weiden und Teichen vorbei gen **Elsfleth**. Die im Ort erkennbaren Deichaufsätze haben die Stadt 1962 vor verheerender Sturmflut bewahrt. Bei der nächsten Deichauffahrt folgen wir der Sielroute und gelangen auf der Huntepromenade zum Liegeplatz des Schulschiffes »**Großherzogin Elisabeth**«. Der Großsegler läuft zu Tages- und Wochenendfahrten aus und dient der Ausbildung junger Seeleute.

Zwischen dem Rathaus und der Kaje erinnert ein Denkmal an Herzog Friedrich Wilhelm von Braunschweig-Lüneburg-Oels, den »**Schwarzen Herzog**«, der sich 1809 auf der Flucht vor Napoleons Truppen mit seinen Getreuen von hier nach England einschiffte.

Wir bleiben geradeaus, kommen an der Seefahrtschule vorbei

Die »Großherzogin Elisabeth«, liebevoll »Lissy« genannt, ist in Elsfleth beheimatet

und gelangen nach dem Schöpfwerk über die Zufahrt »Am Yachthafen« zum imposanten **Huntesperrwerk**. Die geöffnete, steil aufgerichtete Klappbrücke gewährt den Schiffen Vorfahrt. Sie wird von 7–20 Uhr zu jeder vollen Stunde herabgelassen und als nördliche Verbindung zur Insel **Elsflether Sand** für Fußgänger und Radfahrer freigegeben.

Auch wir nutzen den interessanten Übergang, durchradeln die üppig grüne Weserinsel und folgen dem von Schafen beweideten Deich in den Ort **Weserdeich**. Hier und in den anschließenden Reihendörfern sehen wir zahlreiche Strohdachhäuser mit liebevoll gepflegten Gärten. In **Warfleth** schmiegt sich die kleine, aus Backsteinen errichtete und hinter einer Kastanie versteckte **St. Marien-Kirche** unmittelbar an den Deich. Hier lädt ein Stufenaufgang zu einem wunderschönen Ausblick über den **Warflether Sand** mit dem Altarm der Weser und dem Schilfmeer.

In **Motzen** lohnt der Weserblick zur Fähre. Anschließend weckt das Denkmal des Oldenburger Deichverbandes unsere Aufmerksamkeit. Auf der Bronzetafel ist der Deich- und Sielbau in seiner Technik seit dem 12. Jh. bis in die Gegenwart (1959) bildlich dargestellt.

Nach **Bardenfleth** erreichen wir Ritzenbüttel und biegen hier nach Bardewisch ab. Wir überqueren den Doorgraben und erkennen bald den Kirchturm unseres Ausgangsortes.

Anfahrt:
A 1, Abfahrt Autobahndreieck Stuhr zur A 28 (Oldenburg), Ausfahrt Ganderkesee-West (B 212) in Richtung Lemwerder – Bardewisch

Karten:
ADFC-Regionalkarte Bremen und Umgebung 1:75.000

Wissenswertes:
Die *Backsteinkirche Zum Heiligen Kreuz* in Bardewisch wurde Anfang des 14. Jh. errichtet. Dem gedrungenen Turm schließt sich eine dreischiffige Halle an. Die Priesterpforte (Laibung abgetreppt und mit Rundstäben versehen) wurde zugemauert; *Berne,* am Zusammenfluss von Berne und Ollen gelegen, ist der Hauptort des Stedingerlandes. Mit der Errichtung der *St. Aegidius-Kirche* (12./13. Jh., ein dreischiffiger frühgotischer Hallenbau, wurde nach der Schlacht bei Altenesch (1234) begonnen; Turm und Nordmauer bestanden bereits vor 1200; Altar und Kanzel aus den Jahren 1637–1639 stammen aus der Werkstatt von Ludwig Münstermann. Die große Orgel entstand nach Plänen Arp Schnitgers und ist mit 26 Registern die größte der Weser-

marsch und zugleich die älteste in der oldenburgischen Landeskirche.

Ob der zahlreichen Kanäle, Flüsse und Boote wird *Berne* nicht nur von den Einwohnern ein bisschen stolz als »Venedig der Wesermarsch« bezeichnet. Die günstige Lage *Elsfleths* am Zusammenfluss der Weser und der Hunte sowie die Nähe zur Nordsee begründeten die Verbundenheit der Stadt zur Seefahrt und zur Schifffahrt. *Nikolaikirche* (14. Jh.); *Rathaus* (1623), seinerzeit als Weserzollamt errichtet. Das *Huntesperrwerk* dient dem Schutz des Hinterlandes gegen Überschwemmungen.

Die *Kirche St. Marien in Warfleth* (15. Jh.) wird wegen der engen Verbundenheit der örtlichen Bevölkerung mit der Schifffahrt auch als Schifferkirche bezeichnet. Die Kirchenglocke von 1425 hat heute ihren Platz in einem Glockenhaus, das nachträglich an die Südostmauer des Chorabschlusses der Kirche angefügt wurde. In der Regel ist die Kirche im Sommer geöffnet.

Einkehrmöglichkeiten:
Mehrere Angebote in Berne; Stedinger Landhaus, Dreisielen; Zur Kogge, Elsfleth; Restaurant Bootshaus am Yachthafen, Lienen; Bischoffs Gasthof Zur alten Schänke, Deichstr. 183, Ganspe

Auskünfte:
Gemeinde Berne – Tourismus, Tel. 04406/9410; Elsflether Tourismus- und Wirtschaftsförderungsges., Tel. 04404/989081, www.elsfleth-tourismus.de; Storchenpflegestation Wesermarsch, Berne-Glüsing, Tel. 04406/1888

Durch bewaldete Geest und Bachtäler nach Heiligenrode 52 km

Waldreiche, wellige Geest, beschauliche Bauernschaften und die lieblichen Täler des Hombachs und des Klosterbachs charakterisieren diese Radwanderung von Syke nach Heiligenrode. Die Route führt zum schmucken Mühlenensemble und zur historischen Klosterkirche. Durch das Klosterholz, die Klosterwiesen und den Bürsteler Sand sowie über Winkelhof, Sieben-Berge, Stütelberg und Leerßer Berg erreichen wir das Hachetal.

Am Bahnhof in Syke starten wir zur Nordwohlder Straße. »Auf der Höhe« biegen wir ab und lenken bei nächster Abzweigung leicht aufwärts in den Wanderweg zur früheren Jugendherberge. Bei **Hillmanns Buchen** genießen wir einen schönen Rundblick – vom Kirchturm der Stadt und dem ansteigenden Friedeholz bis zur weißen Finkenburg und der vor uns liegenden **Westermark**.

Der Kuhteichweg am Klosterbach in Heiligenrode

Auf dem Finkenberg, einer der höchsten Erhebungen Sykes, ließ sich der bremische Kaufmann Wilhelm August Finke 1869 eine Sommervilla, genannt Finkenburg, errichten. Die Planungen lagen in Händen des Architekten Heinrich Müller, der klassizistische Wohnbauten auch am Osterdeich und an der Contrescarpe in Bremen konzipierte. Finke, so heißt es, soll seine Gäste auf die Aussichtsplattform des Turms geführt haben, um mit ihnen durchs Fernglas den Schiffsverkehr vor Vegesack zu beobachten.

Im Wald stoßen wir auf Evers' Kamp und umradeln den Acker auf der linken Seite, ebenso ein Gehöft am Waldsaum. An der nächsten Kreuzung folgen wir einer Kurve abwärts und überqueren in der Bauernschaft Högenhausen den Riengraben. Mit Blick auf das Finkenbachtal und vorbei an Einzelgehöften mit Schaf- und Schweinekoppeln bleiben wir geradeaus. Noch vor der **Nordwohlder Kirche** mit dem schönen Fachwerkgiebel biegen wir in die kleine Straße Fesenfeld ein, die uns am Rande des **Hombachtals** und des Waldgebietes Hülsenberg über die Bachbrücke nach Kastendiek führt, vorbei am Ortsstein **Fesenfeld** mit der Jahreszahl 1260.

Dem Alten Rasthaus gegenüber strebte vor wenigen Jahren ein mit Ginster und Birken besetzter Feldweg zur Kuppe, wo wir die Kätinger Windmühle erspähten und unser Blick über die Hombachniederung zum Bradenholz wandern konnte. Heute hindert uns eine mächtige Sandentnahme, und wir genießen die schöne Aussicht etwas weiter rechts, vom Anstieg der kurzen, nach **Gräfinghausen** hinüberführenden Straße.

Das schmucke, reetgedeckte Alte Rasthaus war einst eine Vorspannwirtschaft, die 1823 gegründet wurde. Hier konnten kurzfristig zusätzliche Pferde gegen Bezahlung ausgeliehen werden. Sie halfen, die schwer beladenen Fuhrwerke auf dem Weg von Bremen nach Osnabrück über den Wülfersberg (auch Wolfsberg) zu ziehen, der früher wesentlich höher war als heute. Oben angekommen, trotteten die ausgespannten Tiere ohne Begleitung zurück zu ihrem Stall, der bis heute erhalten ist. Vor dem Kraftakt konnten sich die Pferde der reisenden Händler ausruhen und wurden getränkt. Der stilisierte Kopf eines aus dem Wassereimer saufenden Pferdes ist das Logo des Gasthauses, dem Bremer Wanderer den Namen »Klein Thüringen« gegeben haben.

Wir fahren ins **Klosterbachtal** und radeln in Gräfinghausen an Bauernhöfen vorbei gen Kä-

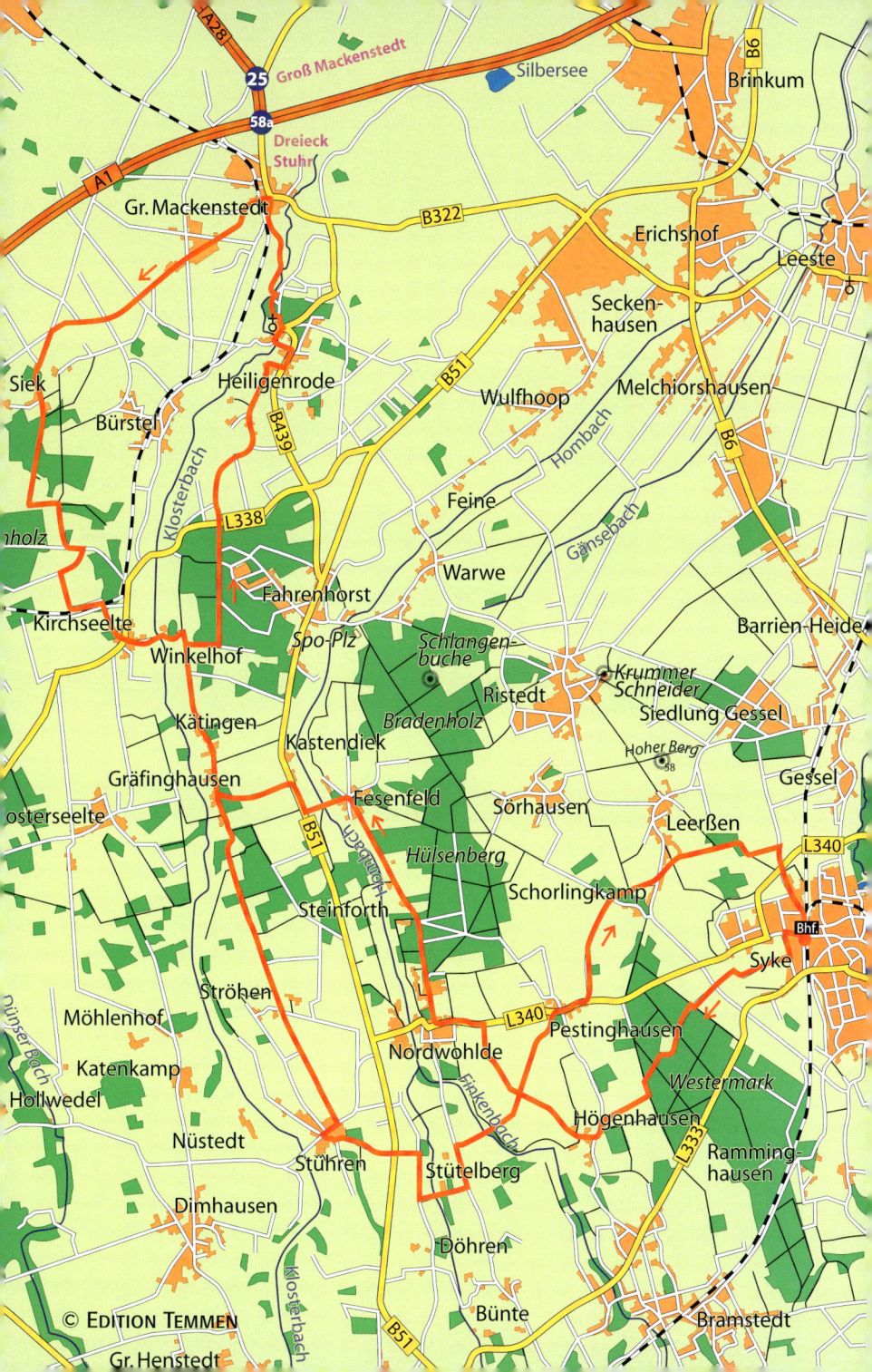

An der Wassermühle in Heiligenrode

tingen. Vor der Waldsaumhöhe schließen wir uns dem Radfernweg Osnabrück – Bremen an und durchradeln den Forst und den Kätinger Mühlenweg.

In **Heiligenrode** wählen wir den »Heckenweg« und halten uns hinter dem Bachsteg links zum Mühlenteich, in dem sich das malerische Ensemble der **Wassermühle** mit Müllerhaus, Scheune und Backhaus spiegelt. Rastbänke laden zum Verweilen ein und ein Findling erinnert an die Klostergründung im Jahre 1182. Im Müllerhaus werden wechselnde Ausstellungen gezeigt. Der Nonnengang führt zur **Klosterkirche**

Anfahrt:
Syke ist Bahnstation der Strecke Bremen – Osnabrück und der Kleinbahn De Kaffkieker, die von Mai bis September jeden 1. und 3. Sonntag im Monat sowie an Sondertagen zwischen Eystrup, Hoya, Bruchhausen-Vilsen und Syke verkehrt; per Auto B 6, Bremen – Nienburg, Abfahrt Syke in Richtung Bahnhof

Karten:
ADFC-Regionalkarte Bremen und Umgebung 1:75.000

Wissenswertes:
Die *Kätinger Windmühle*, einstöckiger Galerieholländer mit Steert, erbaut 1864, befindet sich in Privatbesitz. Mit dem Steert, zwei von der Mühlenkappe herabhängende Balken, wurde der Mühlenkopf in den Wind gedreht. Besondere Anziehungspunkte des Ortes *Heiligenrode* sind das *Wassermühlenensemble* und die im 13. Jh. errichtete *Klosterkirche*, die etwa 500 Jahre alte Fresken beherbergt.

Einkehrmöglichkeiten:
Gasthaus Zum Hombachtal, Nordwohlde, Tel. 04249/327, www.luedeke-hombachtal.de; Altes Rasthaus, Kastendiek, Tel. 04249/212; Meyerhof Heiligenrode, Tel. 04206/315, www.meyerhof-heiligenrode.de; DreiMädelHaus, Kirchseelte, Tel. 04206/831, www.drei-maedelhaus.de

Auskünfte:
Stadtverwaltung Syke, Tel. 04242/1640; Stadt Bassum, Tel. 04241/840; Gemeindeverwaltung Stuhr, Tel. 0421/56950; Wassermühle Heiligenrode, Tel. 04206/7394, www.muehle-heiligenrode.de; VGH Verkehrsbetriebe Grafschaft Hoya GmbH, Hoya, Tel. 04251/93550, www.kaffkieker.de; Delmenhorst-Harpstedter Eisenbahn, Tel. 04244/2380, www.jan-harpstedt.de

Am Saum des Buchholzes lenken wir aufwärts und biegen »Am Buchholz« ab. Bei der nächsten Kreuzung halten wir uns links und schwenken danach rechts in den Groß-Ippener Weg ein, den wir an der nächsten Abzweigung zur Kleinbahnstrecke verlassen.

Hinter den Gleisen, auf denen die **Museumsbahn Jan Harpstedt** verkehrt, fahren wir auf dem Lindbergweg zur Kirchseelter Dorfstraße hinunter und setzen unseren Weg schräg gegenüber »Bei der Friedenseiche«, die Anfang 2008 gefällt werden musste, fort. Der anschließende Wiesenpfad, der Klosterbachsteg und ein Gehölz leiten uns um den **Winkelhof** herum zur schmalen Straße nach **Stühren**.

Oberhalb des **Klosterbachtals** radeln wir durch die welligen, von Feldern, Kiefern- und Birkengehölzen geprägten Gemarkungen Sieben Berge und Große Heide. Bronzezeitliche Hügelgräber bekunden hier frühe Siedlungsspuren. Wo in Stühren ein Findling an die Gründung des Ortes erinnert, geht es gegenüber etwas aufwärts nach Stütelberg, jenseits der B 51 ins Hombachtal hinunter und dort rechts.

Bei einer Eiche, die sich auf mehr als Kopfhöhe in zwei Stämme gabelt, zweigen wir zur Hombachbrücke ab. Nach leichtem Anstieg erblicken wir das Finkenbachtal und die Westermark. Wir schwenken nur kurz gen Nordwohlde und halten uns nach dem Galloway-Hof auf dem nächsten, hier unbefestigten, aber befahrbaren Weg abwärts und überqueren den Finkenbach. Bald passieren wir den Dorfteich in **Pestinghausen** und radeln durch den Ort.

Auf der »Moorheide« gelangen wir an kleinen Schlatts vorbei zur Leerßer Straße und biegen etwa schräg gegenüber in die Georginenstraße ein. Am Wäldchen erreichen wir die Kuppe des **Leerßer Berges,** von dem wir einen herrlichen Ausblick über das Hachetal zu den gegenüberliegenden Geesthöhen, zum Friedeholz und bis nach Bremen genießen. Abwärts kommen wir zum Ristedter Weg und kehren zu unserem Ausgangspunkt zurück.

Sankt Marien, deren Glocken aus dem 14. und 15. Jh. zu den ältesten der hannoverschen Landeskirche gehören.

»An der Schule« vorbei treffen wir am Klosterholz erneut auf den idyllischen Klosterbach. Hinter der Brücke folgen wir dem von Kopfweiden flankierten Kuhteichweg durch die Klosterwiesen nach **Groß Mackenstedt**. Dort schließen wir uns der kleinen, streckenweise alleeartigen Siekstraße an, die an einem Reiterhof vorbeiführt. Auf dem Großen Heerweg durchradeln wir Siek und den bewaldeten **Bürsteler Sand**.

8 Links der Weser – von Vegesack nach Syke   47 km

Die Route beginnt an der Maritimen Meile in Bremen-Vegesack, verläuft durch Stedingerland über Altenesch zur Ochtum-Mündung und setzt sich auf dem Hasenbürener Weserdeich, am Seehauser Ufer und längs der Hafengebiete zum Park Links der Weser fort. Der Ochtum folgen wir entlang dem Bremer Flughafen und radeln am Kattenescher Fleet nach Arsten. Durch die Leester Marsch und vorbei am Weyher Bruch, an Böttchers Moor und durch den Gesseler Spreeken erreichen wir die Stadt im Hachetal. Für die An- oder Rückfahrt wählen wir die Bahn.

In Syke starten wir mit dem Zug und erhalten auf dem Bremer Hauptbahnhof bequem den Anschluss (halbstündlich) nach **Vegesack**. Die Fahrradfahrstühle auf dem Bahnsteig erleichtern den Umstieg. An der Endstation überqueren wir den Vorplatz zum Hafen, in dem liebevoll restaurierte Traditionsschiffe, Yachten und Fischerboote schaukeln. Halb links, an der nahen Lesummündung, ragen die Segelmasten der »Schulschiff Deutschland« empor.

Auf der nördlichen Hafenseite, vorbei an der eleganten, das Hafenbecken überspannenden Fußgänger-Klappbrücke, gelangen wir zum Utkiek an der Weser. Die Walkiefer, heute aus Bronze, sind zum Wahrzeichen von Vegesack geworden.

Bevor wir zum niedersächsischen Lemwerder übersetzen, sollten wir den reizvollen, am Steilhang und an der Weserpromenade gelegenen Stadtgarten nicht versäumen. Die **Maritime Meile** beginnt gleich hin-

Am »Utkiek« in Vegesack

ter der Strandlust und erstreckt sich bis zum Schlepper **Regina** vor der Gaststätte Zur Gläsernen Werft. Dort begann das Gelände der einstigen Vulkan-Werft.

Vom Ufer der **Wesermarsch**, das mit der Fähre rasch erreicht wird, blicken wir zurück auf die pittoreske Szenerie des Vegesacker Hafens und der Weserpartie. »Am Schaart« überqueren wir das Bahngleis und biegen vor dem Hotel zur Fähre in die ruhige, schmale Deichstraße ein. Reetgedeckte Häuser und liebevoll gepflegte Gärten reihen sich aneinander. In der anschließenden Johannesstraße und der abzweigenden Tecklenburger Straße bleiben wir in Richtung **Altenesch**. Nach der Bahnlinie folgen wir dem sich schlängelnden Weserdeich.

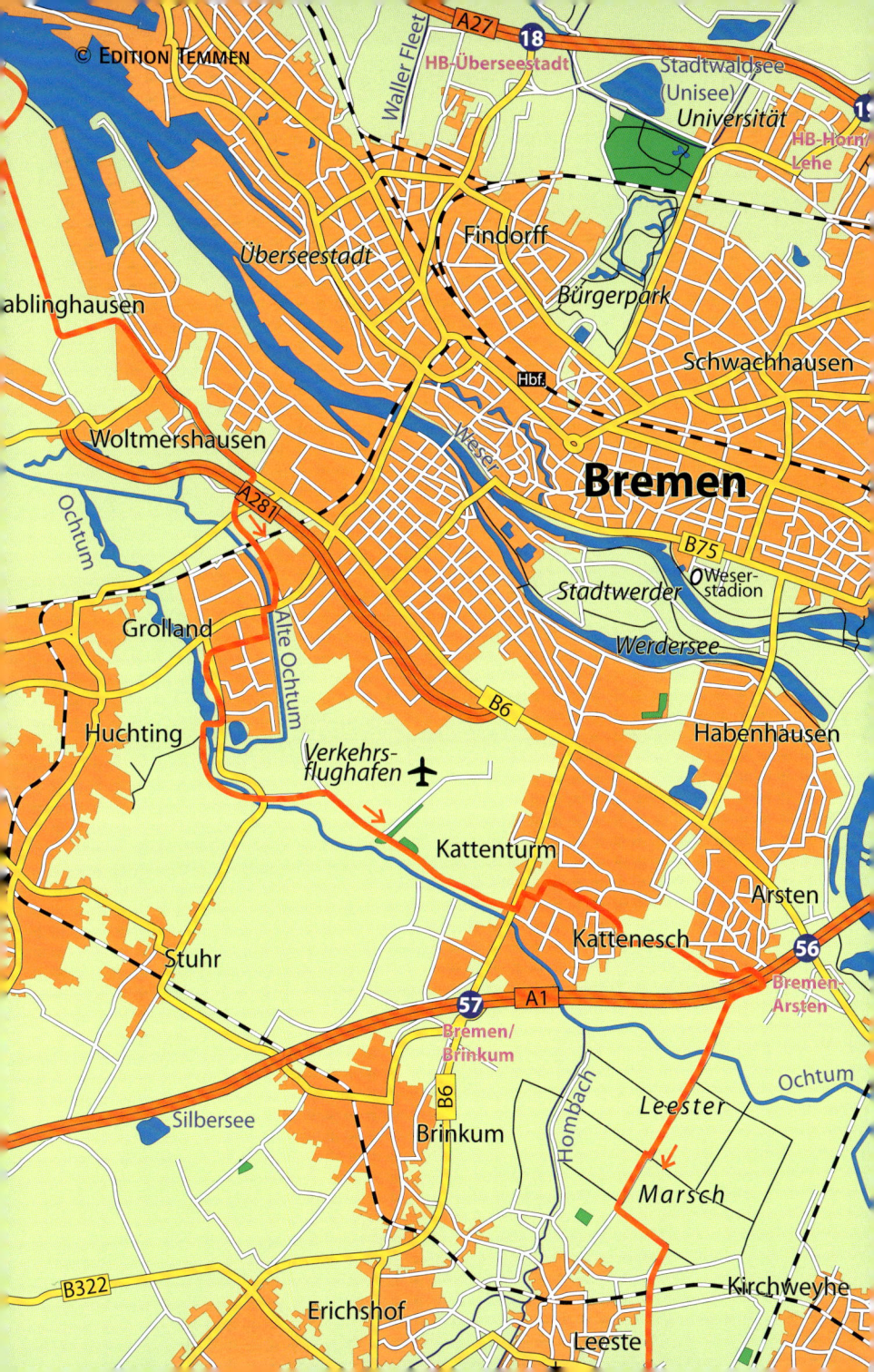

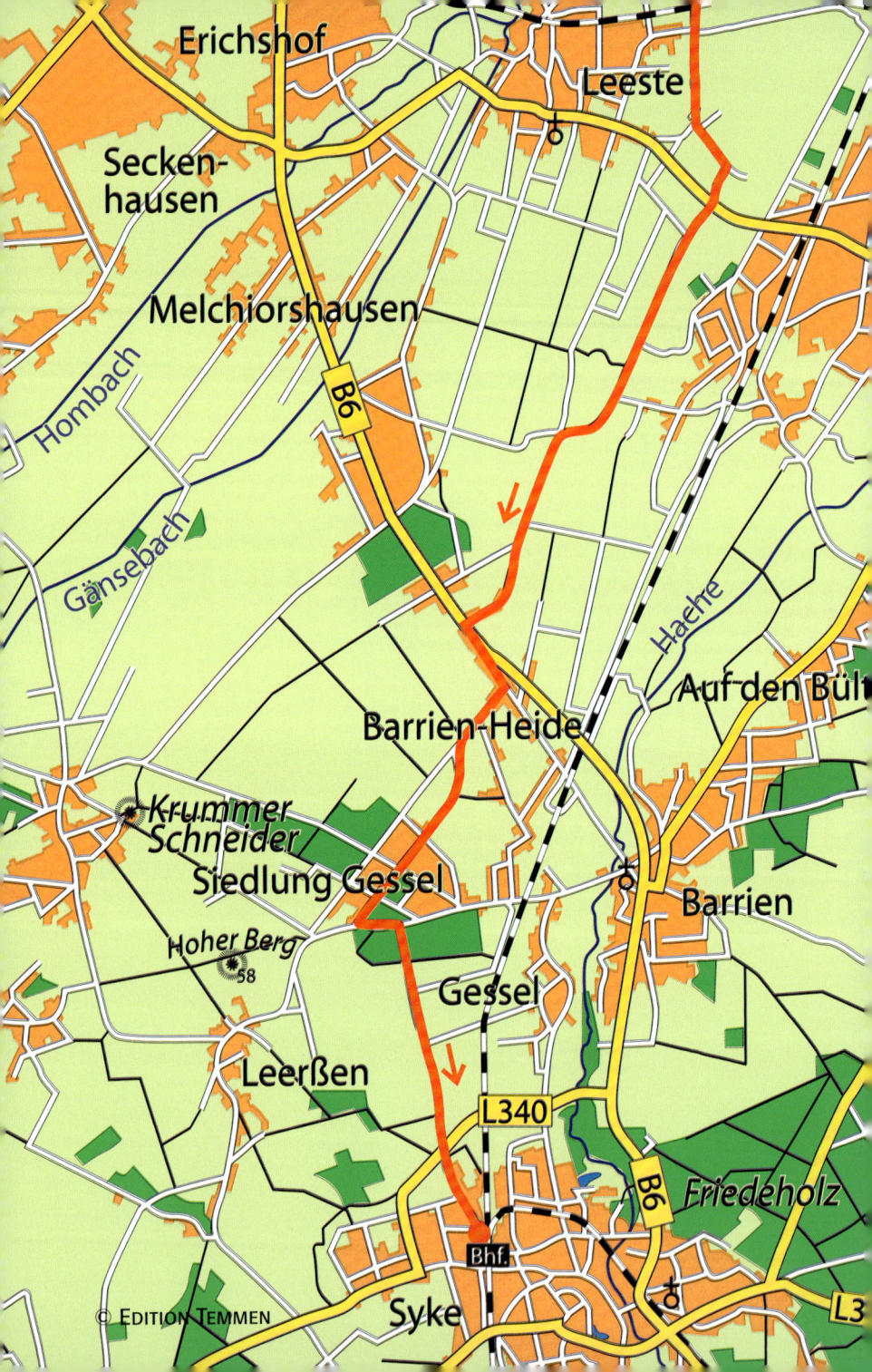

In Tecklenburg stoßen wir an die Hauptstraße, schwenken aber gleich darauf links in die »Meytagshörne« ein und umradeln den Kolk Nobiskuhle.

Hübschen Häusern und Gärten begegnen wir auch hier in Altenesch und Braake. Am Ortsrand biegen wir in den Radweg an der Landstraße ein. Nach einem halben Kilometer werden wir rechter Hand eine baumbestandene Warft gewahr. Hier erinnert eine Gedenkstätte an den **Freiheitskampf** der Stedinger Bauern und an die Schlacht bei Altenesch im Jahre 1234.

Noch vor dem Ort Ochtum zweigen wir in die Hafenstraße ab und gelangen über einen Altarm zum Sperrwerk der hier in die Weser mündenden **Ochtum**. Der nahe Rastplatz bietet eine schöne Aussicht auf Wasser, Wiesen und Weiden. Das Feuchtgrünland zieht viele Vogelarten an. Neben Graureihern und Kormoranen sind auch Rotschenkel, Kiebitze und Bekassinen anzutreffen.

Auf dem Weserdeich radeln wir am Sportboothafen **Hasenbüren** vorbei und bleiben geradeaus. Danach führt der Weg abwärts. Wir aber wählen den zur Deichkrone wieder ansteigenden Pfad. Zwischen den Häusern, den angelegten Gärten und Grünflächen erreichen wir auf idyllischem Weg bald eine schmale Straße und bleiben auf dem Deich.

Am Fährhaus Wessels schweift unser Blick hinüber zu den rostbraunen Industrieanlagen der **Bremer Stahlwerke**. Weitere Rastgelegenheiten bieten der Weser-Utkiek und der Hasenbürener Krug. Am anschließenden Seehauser Ufer kommen die Hafenreviere und der hohe Schornstein des Kraftwerks in Sicht.

Kurz vor dem **Lankenauer Höft** zieht sich der Deich landeinwärts und stößt an die Senator-Apelt-Straße, der wir auf dem begleitenden Radweg folgen. Nach dem Rangierbahnhof **Rablinghausen** und einer Rechtskurve verläuft der Weg entlang eines Grüngürtels und ist durch eine Schallschutzmauer zur Straße abgeschirmt.

Ca. 1,5 km nach der Kreuzung Stromer Landstraße/Stromer Straße mündet an einer Ampelanlage (Hempenweg) der von rechts kommende »Alte Schutzdeich«.

Zum dortigen Radweg wechseln wir hinüber und gelangen durch ein **Kleingartengebiet** zur Wartumer Heerstraße. Wir halten uns dort rechts und passieren die Alte Ochum bei der Gaststätte Zum Storchennest. Auf der gegenüberliegenden Straßenseite folgen wir dem am Ufer verlaufenden Storchenweg. Nach Unterführungen an der Bahnlinie und der Bundesstraße befinden wir uns unter hohen Pappeln auf dem Grollander Ochtumdeich.

Wir wählen die erste Abfahrt und gelangen im Zuge der für Radler durchlässigen Stichstraßen Landwührdener Straße – Ammerländer Straße – Brokmerländer Straße zum Achterfeldweg. Vor der Holzbrücke an der seeartig erweiterten Ochtum bleiben wir auf dem Deich nach links und genießen die anmutige **Wasser- und Parklandschaft**. Der nächste Brückensteg bringt uns zum Wiesenufer.

In den nahen Tümpeln siedeln Teichrosen, Röhricht und Rohrkolben. Wir passieren einen Wetterschutz bietenden Unterstand und treffen schließlich auf die Brücke Kladdinger Straße. Hier wechseln wir die Uferseite und radeln am Rande des **Bremer Flughafens** und entlang der Ochtum gen Kattenturm.

An der Kattenturmer Heerstraße halten wir uns auf gegenüberliegender Seite links und biegen unmittelbar vor einer Litfaßsäule in den kleinen Weg Soester Straße ein. Vor der Grabenbrücke wählen wir den »Wiesenpfad«, überqueren die nächste Brücke und bleiben am Wasserlauf. Der Weg schwingt in einem Rechtsbogen zum Rand eines Kleingartengebietes und führt im Grüngürtel des **Kattenescher Fleets** an etlichen Brücken vorbei und über die Alfred-Faust-Straße in Richtung Schöpfwerk und Krummhörens Kuhle. Doch vorher, vor einem

See, überqueren wir die blaue Brücke und radeln vor einem Neubaugebiet zum nächsten Steg.

Nach einer Sporthalle nebst Gaststätte umradeln wir die Endstation der Straßenbahn auf der rechten Seite und gelangen, uns links und dann wieder rechts haltend, zur Ahlker Dorfstraße in **Arsten**. Dort unterqueren wir die Hansalinie (A 1) und schwenken in die grüne **Leester Marsch** ein.

Am Ochtumsteg steigen wir vielleicht ab und genießen die Stille der weiten Landschaft. »Am Weidufer«, am Ortsanfang von Leeste, nehmen wir den Radweg nach links und zweigen »Am Weißen Moor« ab. Wir passieren den Weyher Bruch und folgen der kleinen Straße Schlade zum Rathausplatz in Kirchweyhe. Am Brunnenteich finden wir Rastbänke.

Gegenüber setzen wir unsere Route in der »Rumpsfelder Heide« fort. Zwischen den Hausgrundstücken Nr. 106 und Nr. 108 entdecken wir einen Durchgang zum **Großen Moor** (genannt Böttchers Moor). Wenden wir uns vor dem Bruchwäldchen nach links, gewinnen wir nach wenigen Schritten einen schönen Einblick in den von Weidenbüschen, Birken, Erlen und Eichen umstandenen Moorsee.

Auf der »Böttcherei« halten wir uns bei späterer Gabelung zur Grenzstraße, folgen dem Radweg an der B 6 nur ein kurzes Stück nach links und tauchen in die ruhige Lindenallee ein. Am Handelsweg zweigen wir ab und biegen danach in den Straßenzug Feldstraße – Am Waldrand ein.

»Am Spreeken« bietet sich ein lohnender Abstecher zum **Hohen Berg** an (1 km). Von der Kuppe genießen wir eine einmalige Aussicht.

Vor dem Wald **Gesseler Spreeken** schwenken wir in den Radweg nach links und nehmen den nächsten befestigten Weg forsteinwärts. Kurz darauf haben wir das weite **Hachetal** vor uns, das sich zwischen dem bewaldeten **Leerßer Berg** und dem Höhenrücken des Friedeholzes erstreckt. Im Hintergrund erkennen wir bereits den Turm der Syker Christuskirche.

Wir rollen am Fuße des **Leerßer Berges** durch die Feldmark, überqueren die Landesstraße und gelangen auf dem ansteigenden Ristedter Weg zum Syker Bahnhof.

Anfahrt:
Bremen-Vegesack ist per Bahn vom Bremer Hauptbahnhof aus zu erreichen; A 27, Bremen – Bremerhaven, Abfahrt Verteilerkreis Bremen-Nord in Richtung Vegesack (A 270), Ausfahrt Vegesack-Hafen; Syke ist Bahnstation der Strecke Bremen – Osnabrück und der Kleinbahn De Kaffkieker, die von Mai bis September jeden 1. und 3. Sonntag im Monat sowie an Sondertagen zwischen Eystrup, Hoya, Bruchhausen-Vilsen und Syke verkehrt; B 6, Bremen – Nienburg; Abfahrt Richtung Bahnhof

Karten:
ADFC-Regionalkarte Bremen und Umgebung 1:75.000

Wissenswertes:
Der *Vegesacker Hafen* wurde 1619–22 als erster künstlicher Hafen in Deutschland angelegt; *Havenhaus* von 1645; *Utkiek* mit Walkiefern; *Stadtgarten* mit *Weserpromenade*.

Das *Denkmal* auf dem St. Veitshügel *bei Altenesch* erinnert an die Schlacht vom 27. Mai 1234, in der die Stedinger Bauern von einem Kreuzritterheer des Bremer Erzbischofs (Gerhard II.) geschlagen wurden.

Die *Ochtum* wurde vor Jahrzehnten verlegt, weil der Deich einer Startbahnverlängerung des Bremer Flughafens weichen musste. Hierdurch entstand in Grolland der Park Links der Weser.

Das Mittelzentrum *Syke* (25.000 Einwohner) ist mit seiner waldreichen Umgebung seit jeher ein beliebter Ausflugsort im Hachetal. Ein besonderer Anziehungspunkt ist der Hohe Berg (63 m), der einen faszinierenden Ausblick auf das Urstromtal der Weser und Bremen bietet. Das *Kreismuseum in Syke* ist mit Ackerbürgerhaus, Kindermuseum und Forum *Gesseler Goldhort*, mit seinen Sammlungen aus den Bereichen Kultur, Geschichte und Natur sowie mit Aktionstagen, wechselnden Ausstellungen weit über die Kreisgrenze hinaus bekannt und wird von allen Altersgruppen gern besucht.

Einkehrmöglichkeiten:
Rund um den Hafen in Vegesack; Weser-Utkiek und Hasenbürener Krug in Hasenbüren; Gasthäuser in Bremen-Grolland, Kattenesch, Arsten sowie vielfältiges Angebot in Weyhe und Syke

Tipp:
Die Hin- oder Rückfahrt lässt sich zwischen Martinianleger an der Schlachte und Vegesack auch mit dem Schiff kombinieren. Des Weiteren können die Touren Nr. 2, Von der Hachestadt nach Vegesack – durch das grüne Bremen, und Nr. 8, Links der Weser – von Vegesack nach Syke, jeweils abgekürzt oder in Höhe Bremen-Arsten zu einer Rundtour (67 km) vereinigt werden.

Auskünfte:
Bremer Touristik-Zentrale, Tel. 0421/3080010, www.bremen-tourism.de; Reederei Hal över, Bremen, Tel. 0421/338989; www.hal-oever.de; »Schulschiff Deutschland«, Tel. 0421/6587373, www.schulschiff-deutschland.de; www.vegesack.de; Gemeinde Weyhe, Tel. 04203/710; Stadtverwaltung Syke, Tel. 04242/1640; Kreismuseum in Syke, Tel. 04242/2527, www.kreismuseum-syke.de; VGH Verkehrsbetriebe Grafschaft Hoya GmbH, Hoya, Tel. 04251/93550, www.kaffkieker.de

Auf dem Wümmedeich durch Nieder- und Oberblockland   36 km

Die sich schlängelnde Wümme mit ihren urwüchsigen Ufern und die idyllisch an den Deich geschmiegten Bauernhäuser verlocken zu einer der beliebtesten Radwanderungen Bremens und umzu. Durch den Bürgerpark und vorbei am Stadtwaldsee folgen wir der Kleinen Wümme durch die Blocklandwiesen nach Dammsiel. Nach herrlicher Flussdeichpartie führt der Jan-Reiners-Weg durch das Hollerland zurück zum Stadtwald und Torfkanal.

Nahe dem Bremer Hauptbahnhof, am westlichen Zipfel des **Bürgerparks**, befindet sich unser Ausgangspunkt. Falls wir nicht mit der Bahn kommen, parken wir bequem Am Weidedamm, in der Findorff-Allee oder auf dem Findorff-Markt am Torfhafen.

An der Ecke Hollerallee tauchen wir in den Bürgerpark ein, radeln am Marcusbrunnen und Park Hotel vorbei und schwenken links in den Radwanderweg ein. An sonnigen Tagen, im Spiel von Licht und Schatten, erleben wir den von Bäumen, Grünflächen und Wasserläufen geprägten Park in seiner ganzen Faszination.

Am Asphaltweg (Ringstraße) halten wir uns links und passieren die steinerne Melchersbrücke. Hier gelangen wir abwärts zum **Tiergehege** und in einem Rechtsbogen zur Meierei. Vom Vorplatz genießen wir eine eindrucksvolle Sichtachse in die Tiefe des Bürgerparks – von der Kuhweide bis zum Park Hotel und den Domtürmen im Hintergrund.

Vorige Doppelseite:
An der Wümme

Auf dem Wümmedeich

Die Buchenlaube im Bremer Bürgerpark wird auch als Liebeslaube bezeichnet

Nach dem anschließenden Wasserlauf bleiben wir links und treffen auf die Waldbühne, wo man sich am späten Sonntagvormittag zum musikalischen Frühschoppen trifft.

An der Parkallee durchradeln wir die Bahnunterführung und schwenken sogleich links in den **Stadtwald** ein. Wir halten uns zunächst geradeaus und folgen der Wegkrümmung nach rechts, vorbei an Lichtungen und Grünflächen. Hinter einer kleinen Kanalbrücke kommen wir zum Stadtwaldsee mit seinem Strand und den Liegewiesen. Vor dem **Unisee**, den wir auch umradeln können, gelangen wir zum Hochschulring und wechseln hinüber zur Hemmstraße, die sich kurz darauf zu einer Anliegerstraße verengt.

Entlang liebevoll gepflegter, direkt an der **Kleinen Wümme** gelegener Wochenendhäuschen folgen wir dem Wasserlauf in die weite, von Gräben und Kanälen durchzogene Wiesen- und Weidelandschaft des Blocklandes. Neben Wasser- und Watvögeln erspähen wir vielleicht auch den Graureiher.

In Niederblockland erreichen wir den Wümmedeich. Bevor wir uns flussaufwärts wenden, haben wir linker Hand Gelegenheit, bei der Schleuse **Dammsiel** und dem gleichnamigen, an der Wümmeschleife hübsch gelegenen Gasthaus haltzumachen.

Gemütlich auf dem Deich radelnd, genießen wir die urwüchsige, naturbelassene Uferlandschaft des in zahlreichen Windungen sich schlängelnden Flusses. Ebbe und Flut atmend, gewährt die **Wümme** in ihren imposanten Schleifen immer wieder Einblicke in

Blick ins Blockland

das von Schilfmeer, Pappeln und Weidenbüschen gesäumte Flussbett. Auch die an den Deich gelehnten Bauernhäuser mit ihren Reetdächern, Fachwerkfassaden und blumengeschmückten Eingängen ziehen unsere Blicke auf sich. Im Mai, zur Zeit der Apfelblüte, ist der Ausflug besonders stimmungsvoll.

Wiederholt fallen uns dunkle, von Erlen, Schilf und Schwertlilien umrahmte Weiher auf. Die Kolke, deren Wasserspiegel heute Teich- und Seerosen zieren, sind Zeugen früherer Dammbrüche, von denen sich der letzte 1880 ereignete.

Auf der Grenze zwischen Niederblockland und Oberblockland, kurz vor Gartelmann's Gasthof, überqueren wir die früher für Torfschiffer wichtige **Semkenfahrtschleuse** und entdecken auf den jenseitigen Ufer-

Die Wümmeschleife bei Dammsiel – ein beliebtes Ausflugslokal lädt zum Verweilen und Rasten ein

bäumen die Horste einer Graureiherkolonie.

Das idyllische Blockland, der typisch ländliche Ortsteil Bremens, wurde um 1100 von Holländern besiedelt. Heute leben hier ca. 400 Einwohner, von denen etwa ein Drittel auf den 40 Bauernhöfen arbeiten, die fast ausschließlich Milchwirtschaft betreiben. Charakteristisch für das Dorf sind die vielen in Ost-West-Richtung gebauten Bauernhäuser. Das hatte seinen guten Grund: Von Osten kam im Winter der eiskalte Wind, in diesem Hausteil wurde das wärmende Vieh untergebracht, während sich der Wohntrakt im westlichen Teil befand.

Nach der Schleuse **Kuhsiel** bleiben wir auf dem Wümmedeich und treffen auf den **Jan-Reiners-Weg**. Hier biegen wir zwar rechts ab, möchten aber vielleicht noch einen Blick von der Wümmebrücke genießen. Im **Hollerland** haben vor Jahrhunderten ebenfalls Holländer Grabensysteme zur Entwässerung angelegt und so den Gebietsnamen geprägt. Die Niederung bietet Lebensraum für viele bedrohte Tier- und Pflanzenarten.

Eine Brücke für Fußgänger und Radfahrer führt unweit des **Fallturms** und der Universität über die Autobahn. Nach dem Horner Bad und dem »Helmer« stoßen wir auf den Herzogenkamp. Hier halten wir uns rechts zur Achterstraße und nutzen vor der nächsten Kurve den Übergang zur Kleinen Wümme. Unter Bäumen und vorbei an Wassersportanlagen begleiten wir das Flüsschen bis zur Parkallee und zum **Kuhgraben**.

Wir wechseln zum Wetterungsweg und erreichen entlang des Wasserlaufs die nächste, uns bereits bekannte Brücke. Hier zweigen wir in den Stadtwald ab und halten uns rechts zum **Torfkanal**, dem wir auch nach der Bahnunterführung und unter stattlichen Eichen folgen.

Am abzweigenden Asphaltweg biegen wir in den Bürgerpark ein und steigen gegebenenfalls hinter der Melchersbrücke ab, um hinunter zum **Emmasee** zu gelangen. Nach einem Spielplatz kommen wir wieder zu unserem Ausgangspunkt zurück.

Anfahrt:
Mit der Bahn bis zum Bremer Hauptbahnhof; A 1, Hamburg – Osnabrück, Abfahrt Bremen-Hemelingen in Richtung Hauptbahnhof/Stadthalle; A 27, Bremen – Bremerhaven, Abfahrt Bremen-Vahr oder Bremen-Überseestadt

Karten:
ADFC-Regionalkarte Bremen und Umgebung 1:75.000

Wissenswertes:
Der *Bürgerpark* wurde 1866 auf Initiative Bremer Bürger angelegt, die mit ihrem Engagement auch heute für den Erhalt ihres Parks sorgen. Über den *Torfkanal* wurden Bremer Haushalte noch bis ins 20. Jh. mit Torf aus dem

Teufelsmoor versorgt, der als Brennstoff diente. Die *Semkenfahrtschleuse* war eine für die Torfschiffer wichtige Verbindung zwischen dem Torfkanal, der Wümme und dem nördlich des Flusses verlaufenden Semkenfahrtkanal.

Der Name *Blockland* fand 1325 erstmalig Erwähnung. Eine Erklärung für diese Bezeichnung sind die langen, schmalen Blöcke, die bei der Anlage der Gräben entstanden. Der *Jan-Reiners-Wanderweg* wurde benannt nach der Kleinbahn, die einst auf gleicher Trasse von Bremen nach Tarmstedt dampfte. Am 22. Mai 1954 fuhr der Zug zum letzten Mal. Der Worpsweder Bauernsohn und spätere Ökonomierat Johann Reiners hatte sich seinerzeit unermüdlich für die 27 km lange Strecke eingesetzt.

Der 146 m hohe *Fallturm* des ZARM (Zentrum für angewandte Raumfahrttechnologie und Mikrogravitation) dient Experimenten unter den Bedingungen der Schwerelosigkeit.

Einkehrmöglichkeiten:
Meierei und Waldbühne im Bürgerpark; Dammsiel, Niederblockland,
Tel. 0421/640733,
www.dammsiel.de;
Eiscafé Kaemena,
Tel. 0421/273368,
www.kaemena-blockland.de;
Gartelmann's Gasthaus,
Tel. 0421/272812,
www.gartelmann-gasthof.de;
Kuhsiel, Oberblockland,
Tel. 0421/3016851,
www.landhaus-kuhsiel.de;
Haus am Walde, Wetterungsweg, Tel. 0421/212765,
www.hausamwalde-bremen.de

Auskünfte:
Bremer Touristik-Zentrale,
Tel. 0421/3080010,
www.bremen-tourism.de;
Bürgerparkverein Bremen e.V., Tel. 0421/342070,
www.buergerpark.de

10 Achim – Badener Berge – Daverden – Thedinghauser Marsch   34 km

Vom hohen Geestrand Achims führt der Ausflug zu den Weserhängen Badener Berge, zum Schloss Etelsen mit seinem Park und zu der auf steiler Aussichtskante gelegenen Kirche in Daverden. Durch die heckenreiche Marsch kehren wir über Intschede und Ahsen-Oetzen zur Ueser Brücke und nach Achim zurück.

Im historischen **Bauernviertel** Achims, bei der altehrwürdigen **Backsteinkirche St. Laurentius**, starten wir und rollen auf der Unter- und Langenstraße abwärts. »An der Windmühle« erlauben wir uns einen kleinen Schlenker, um einen Blick auf den schönen Galerieholländer zu gewinnen, unter dessen Flügeln wir bei der Rückkehr halten.

»An der Marsch« sowie auf der Alten Dorfstraße und der Uesener Weserstraße fällt das Gelände zum Bootshafen und zum Strom weiter ab. Vor der Spielwiese und dem Grillplatz informiert eine Tafel über die frühere Fähre und Geschichte der Ueser Brücke, die wir unterqueren. Unterhalb der Hünenburg, einer im 12. Jh. entstandenen Ringwallanlage, radeln wir zu Füßen der **Badener Berge** unmittelbar am Ufer der Weser.

Nach der Schleife des Flusses führt unsere Strecke oberhalb der Alten Aller, »Am Sonnenhang« und auf dem Koppelweg, zum erhöht liegenden **Schloss Etelsen**. Im schönen Park, der zum Verweilen einlädt, befindet sich versteckt ein neugotisches Mausoleum, in dem heute Kunstausstellungen stattfinden.

Die St. Laurentius-Kirche in Achim

Das Etelser Schloss wurde 1885–87 im Stil des Barocks und der Renaissance errichtet

Das Gut Etelsen gelangte in der zweiten Hälfte des 19. Jh. nach mehrfachem Besitzwechsel an die Brüder von Heimbruch. Sie ließen das 1886 fertiggestellte Schloss errichten, dessen Formen des Barocks und der Renaissance ganz im Zeichen französischer Bautradition des späten 17. bzw. 18. Jh. stehen. Der Erbe der Heimbruchs, der dänische Graf Christian von Reventlow, beauftragte den Gartenkünstler Friedrich Kreiß, seinerzeit »herzoglicher Promenadeninspektor« in Braunschweig, den Schlosspark nach dessen Plänen von 1899 zu gestalten.

An der Dorfstraße rollen wir abwärts zum Schleusenkanal und schwenken vor der Brücke nach links. Interessant ist ein Blick auf die **Schleusenanlage** und Infotafel. Die Hubhöhe für die »bergauf« fahrenden Schiffe beträgt hier immerhin 5,5 m.

Sowohl am Kanal, den wir ein Stück begleiten, als auch in der Niederung der alten Allerarme können wir Kormorane und Graureiher beobachten. Die Wohnhäuser stehen auf Wurten. Bald schwenken wir halb links nach Daverden ab und entdecken die auf hohem Geestrand aufragende **St. Sigismund-Kirche**. Dort hat man einen weiten Blick über die Weserniederung. Das Innere der Kirche ist mit ihrem seltenen kreuzförmigen

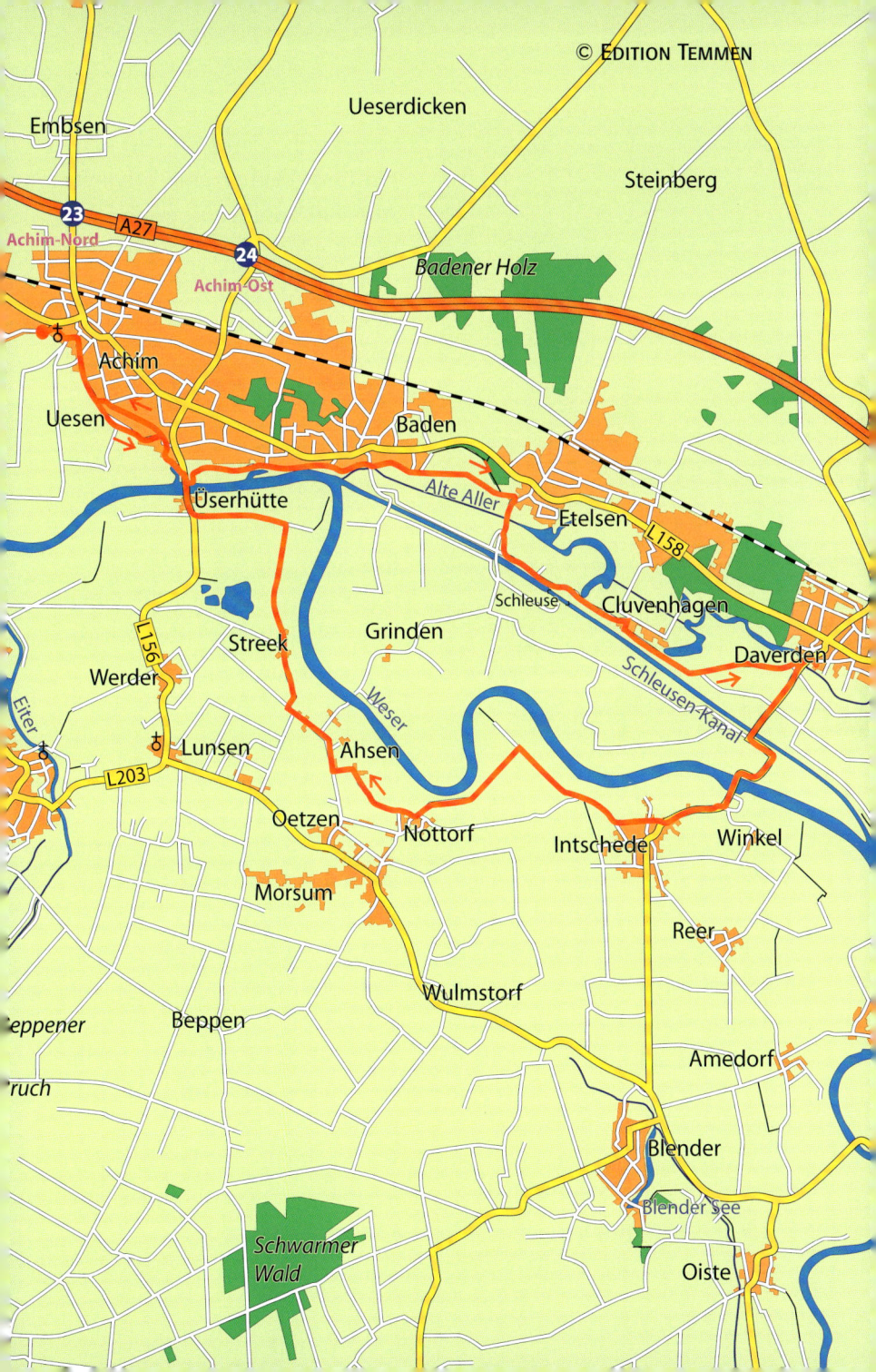

Die Weser vor den Badener Bergen

Grundriss sehenswert. Teile der Orgel gehen auf den berühmten Meister Arp Schnitger zurück.

Über die Schleusenkanalbrücke und über das Weserwehr erreichen wir **Intschede**. Im Ort biegen wir nach Nottorf ab und passieren am Deich die ehemalige Hafenschenke, das reetgedeckte Gasthaus Browiede.

Kurz darauf genießen wir in der von Gräben und Weißdornhecken durchzogenen Wesermarsch, inmitten von Wiesen und Weiden, eine herrliche Aussicht auf die imposante Weserschleife.

Über **Ahsen-Oetzen**, vorbei an Einzelhöfen mit frei laufenden Hühnern, Enten und Gänsen, nähern wir uns entlang des von Schafen beweideten Deiches dem Ortsteil Streek.

Linker Hand grüßt der weithin sichtbare Turm der mächtigen Lunser Kirche, die lange Zeit Mittelpunkt des Kirchspiels für die umliegenden Gemeinden war. An der abschwenkenden Deichlinie radeln wir geradeaus an einem Baggersee vorbei und sehen vor uns die Terrassenhänge der Badener Berge wieder auftauchen.

Am Ende halten wir uns links, überqueren die Ueser Brücke und gelangen über die Alte Dorfstraße »Zum Wischkamp« und zur weißen, strohgedeckten **Achimer Windmühle**. Sie ist ein schmuckes Wahrzeichen der Stadt. Geradeaus erreichen wir wieder unseren Ausgangspunkt.

Anfahrt:
A 27, Bremen – Verden, Abfahrt Achim-Nord, Richtung Innenstadt

Karte:
ADFC-Regionalkarte Bremen und Umgebung 1:75.000

Wissenswertes:
St. Laurentius-Kirche (12. Jh.) mit reicher Innenausstattung, ältestes Gebäude Achims; *Achimer Windmühle* von 1761.

Schloss Etelsen, in dessen stilvoller Atmosphäre klassische Konzerte, Theateraufführungen und Lesungen stattfinden, dient dem Niedersächsischen Bildungswerk als Seminarstätte. Der 10 ha große Schlosspark, in dem das 1873 erbaute Mausoleum mit Kunstausstellungen lockt, steht der Öffentlichkeit zur Erholung offen.

St. Sigismund-Kirche in Daverden (12. Jh.); *St. Michaelis-Kirche*, Intschede, 1819 im klassizistischen Stil erbaut.

Einkehrmöglichkeiten:
Restaurant Bootshaus, Uesen, Tel. 04202/ 51980, www.hotel-bootshaus.de; Weserterrassen am Badener Berg, Tel. 04202/71067, www.restaurant-weserterrassen.de; Gaststätte Browiede, Intschede, Tel. 04233/349, www.browiede.de; Restaurant Kreta, Ueser Weserbrücke, Tel. 04204/7180; vielfältiges Angebot in Achim

Auskünfte:
Tourist-Info, Achim, Tel. 04202/2949, Flecken Langwedel, Tel. 04232/390, Samtgemeindeverwaltung Thedinghausen, Tel. 04204/88-22; www.schloss-etelsen.de

11 Lilienthal – Teufelsmoor – Worpswede – Sankt Jürgensland

51 km

Durch Lilienthal und entlang der Wörpe gelangen wir in das vom Teufelsmoor umgebene Künstlerdorf Worpswede am Weyerberg. Die Route berührt den Barkenhoff, die Große Kunstschau und das Haus im Schluh. Einem Abstecher nach Neu Helgoland an der Hamme folgt die Fahrt über den Totenweg ins Sankt Jürgensland und zur romantisch gelegenen Kirche St. Jürgen. Entlang der Wümme kommen wir zum Ausgangspunkt zurück.

Am **»Borgfelder Deich«** in Bremen-Borgfeld schließen wir uns dem **Jan-Reiners-Weg** an, überqueren auf Brücken die Uferniederung und die Wümme gen Lilienthal. Bis zum früheren Kleinbahnhof, einem eindrucksvollen Fachwerkgebäude, bleiben wir geradeaus. Dort wählen wir nicht den Kaffeepad, sondern fahren durch die Bahnhofstraße. An der Hauptstraße halten wir uns etwas links und errei-

Im St. Jürgensland: das Mittelbauer Sielfleet

chen in der Klosterstraße das älteste Gebäude Lilienthals, die **Klosterkirche St. Marien** mit Äbtissinnenbrunnen und dem Symbol des vereinten Europas: »Jan und Lilie über der Landkarte«.

Am Westgiebel der Kirche erinnert das Grab Dr. Johann Hieronymus Schroeters an den berühmten Oberamtmann und Astronomen, der zwischen 1782 und 1816 mit genialen Konstruktionen die seinerzeit größte Sternwarte des europäischen Kontinents in Lilienthal errichtete. Ein paar Schritte weiter liegt **Murkens-Hof**, ein nie-

Wörpe und Mühlendeich in Lilienthal

dersächsisches Fachwerkhaus aus dem Jahre 1730, das heute als kulturelle Begegnungsstätte dient.

Die Sternwartestraße führt zum Mühlendeich an der **Wörpe**. Vorbei am Lilienthaler Gehölz und reetgedeckten Häusern radeln wir auf dem von Birken, Pappeln und Eichen gesäumten Deich. Am gegenüberliegenden Ufer erstreckt sich die weite Flussniederung mit ihren Wiesen und Feldern, Büschen und Bäumen.

Nach der Gaststätte Zur Wörpe und dem Gasthof »Kutscher Behrens« wechseln wir zur anderen Seite der Wörpe und überqueren den Fluss auf der Heidberger Straße erneut. Durch den Schützenweg und »Am Heidberg« gelangen wir zur Falkenberger Landstraße, schwenken etwas nach rechts und folgen der 1. Landwehr durch das **Saatmoor** und **Lange Moor**.

Moorwiesen, binsenbestandene Weiden, Birken und dunkle Gräben beherrschen das Landschaftsbild. Nach Lüningsee biegen wir in den birkengesäumten, vor Jahren noch nicht mit Asphalt überzogenen Moorklinkerdamm Westerweder Straße ein. Der Ort wurde 1764 als Moorkolonie mit 16 Hofstellen gegründet, einige dieser Höfe sind bis heute erhalten. Die reetgedeckten Bauernhäuser lugen abseits des Kanals malerisch zwischen den Hofgehölzen hervor. Parallel zu unserem Fahrdamm und der Südweder Straße verläuft der **Semkenfahrtkanal**, auf

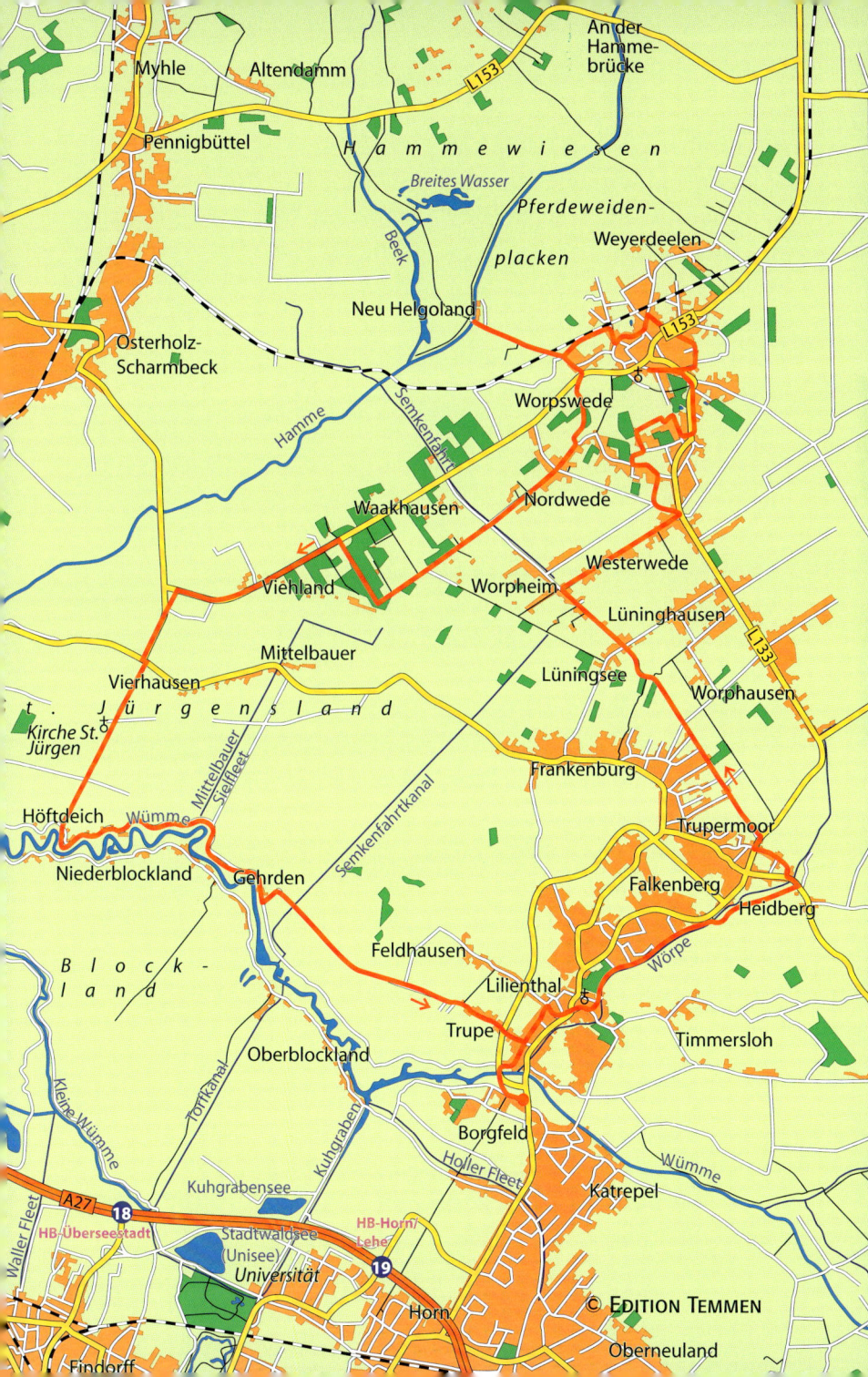

dem früher die Torfkähne zur Hamme und Wümme fuhren.

In Worpswede erreichen wir die Bremer Landstraße. Zum Barkenhoff, dem ehemaligen Künstlerwohnsitz Heinrich Vogelers, können wir auf dem separaten Radweg weiterfahren.

Wer aber den **Weyerberg** (51 m) erleben möchte und sich nicht scheut, auch einmal abzusteigen, sollte gleich in die Wörpedahler Straße einbiegen und über den Südweder Kirchdamm »Hinterm Berg« ankommen. »Am Tiergarten« zweigt der Heinrich-Vogeler-Weg ab, von dem es am Saum einer Wiese sanft aufwärts zum **Niedersachsenstein** geht, der, von Bernhard Hoetger entworfen, 1922 eingeweiht wurde.

Nach der Kuppe und dem Manfred-Hausmann-Weg folgen wir rechts der Lindenallee, von der ein Pfad zum **Barkenhoff** mit seiner eindrucksvollen Gartenanlage hinunterführt.

In den Innenräumen des 1895 von Heinrich Vogeler erworbenen und umgestalteten Bauernhauses finden ständig Ausstellungen zu Heinrich Vogeler sowie zur Worpsweder Kunstgeschichte statt. Das Anwesen ist heute Sitz der Barkenhoff-Stiftung und dient der Kunst- und Künstlerförderung. In den Ateliers der Nebengebäude erhalten qualifizierte Künstler jeweils für ein Jahr die Möglichkeit, ungestört zu arbeiten.

Orteinwärts zweigen wir in die leicht ansteigende Bergstraße ab und finden in einer Parkanlage das **Kaffee Worpswede**. Es wurde vom Bildhauer Bernhard Hoetger 1924–1927 gleichzeitig mit der **Großen Kunstschau** erbaut und bekam aufgrund seiner ungewöhnlichen Ziegel- und Fachwerkbauweise schnell die Bezeichnung »Café Verrückt«. Geht man durch den Tunnel um das Café herum, führen einige Stufen zur Großen Kunstschau. Gezeigt wird eine repräsentative Auswahl Worpsweder Kunstschaffens. In dem Gebäudeensemble befindet sich auch das **Ludwig-Roselius-Museum**.

Der Barkenhoff in Worpswede

In der Nähe steht die »Käseglocke«, ein Rundhaus, das 1926 nach den Entwürfen des Berliner Architekten Bruno Taut für den Worpsweder Schriftsteller und Fremdenführer Edwin Koenemann erbaut wurde. Gegen Ende der Bergstraße erhebt sich der hochgelegene, schlichte Backsteinbau der 1759 eingeweihten **Zionskirche**. Sie zeichnet sich im Innern besonders durch den barocken Kanzelaltar, die Blumenfresken von Paula Modersohn-Becker und die Putten von Clara Rilke-Westhoff aus.

Im Ortskern sind die Gäste-Information und weitere Galerien nicht zu übersehen. Wir radeln zurück zur Hembergstraße. Ein kurzes Stück links befindet sich das Museum am **Modersohn-Haus**. Hier wohnte das Künstlerpaar Otto Modersohn und Paula Modersohn-Becker. Unterhalb der Einmündung Bergstraße biegen wir in den Sandweg Im Schluh ein, der uns zum gleichnamigen Haus führt. Hier lebte

Martha Vogeler nach der Trennung von ihrem Ehemann Heinrich Vogeler (1920) und betrieb eine kleine Pension und Handweberei, die nach wie vor existieren. Außerdem beherbergen die beiden reetgedeckten Häuser, die noch immer in Familienbesitz sind, Ausstellungsstücke aus dem Nachlass Heinrich Vogelers. Die Bezeichnung Schluh ist niederdeutsch und bedeutet Sumpf.

Den **Worpsweder Bahnhof**, von Heinrich Vogeler im Jugendstil erbaut und auch im Innern ausgestaltet, erreichen wir durch den Straßenzug Kattenpad – Im Rusch und Bahnhofstraße. Heute beherbergt der Bahnhof ein Restaurant.

Jenseits des Gleises radeln wir »Vor den Pferdeweiden« und vorbei an der Worpsweder Windmühle nach **Neu Helgoland**. Am Ufer der Hamme, wo Ausflugsschiffe und Sportboote anlegen, lädt eine Gaststätte mit Biergarten zur Rast.

Der Hammeweg bringt uns zurück zur Osterholzer Straße. Schräg gegenüber schlagen wir den Karl-Krummacher-Weg ein und genießen die schöne Aussicht auf den bewaldeten Westhang des Weyerberges. Am Hasenmoor halten wir uns rechts, setzen unsere Route auf dem Birkendamm Nordweder Straße fort und überqueren die Semkenfahrt zum **Totenweg**. Der Name erinnert an die Zeit vor 1759, als Worpswede noch keine eigene Kirche hatte und zur Klosterkirche in Osterholz gehörte.

Durch ein Wäldchen und an einer Schießsportanlage vorbei stoßen wir auf den Radweg an der Waakhauser Straße. Der Ort liegt am tiefsten von allen Dörfern der Umgebung. Die verstreut liegenden, von den Hammewiesen umgebenen Höfe stehen hochwassergeschützt auf **Warften**.

In der weiten Niederung um **Viehland** hält sich gern der Graureiher auf. Kurz vor der Abzweigung nach Osterholz-Scharmbeck radeln wir zur Abkürzung links an einem Gehölz vorbei und nehmen den an der Straße verlaufenden Radweg wieder auf.

An der nächsten Kreuzung wechseln wir zum erlengesäumten Kirchweg hinüber, der zur einsam auf hoher Wurt gelegenen **Kirche St. Jürgen** führt. Die Kirche mit interessanter Inneneinrichtung ist stets geöffnet und stellt mit Pfarr- und Küsterschulhaus ein einzigartiges Ensemble dar. Während häufiger Überschwemmungen war St. Jürgen früher nur auf dem Wasserweg zu erreichen. Hiervon zeugen die Eisenringe in der Kirchhofmauer, an denen die Kirchgänger ihre Kähne festmachten.

Durch das von Wiesen, Kanälen und Gräben geprägte Sankt Jürgensland erreichen wir in **Höftdeich** die Wümme. Am Ufer bietet die Gaststätte Wümmeblick Gelegenheit zur Einkehr.

Flussaufwärts radeln wir mal am Fuße, mal auf der Krone des Deiches. Unser Blick schweift dabei über Auwald, Röhricht, Wasser und Wiesen. Kormorane sind hier ebenso zu beobachten wie Fischreiher.

Bei Gehrden verlassen wir den Wümmedeich und wählen den ruhigen Weg durch die Niederung der Mittelkämpe nach Trupe. Wir passieren den Semkenfahrtkanal und überqueren das

St. Jürgen, einsam auf hoher Wurt gelegen

Truper Sielfleet, auf dem im Sommer See- und Teichrosen blühen.

In Trupe gewahren wir linker Hand das **Niedersächsische Kutschenmuseum** und kurz darauf die durch eine großkronige Eiche verdeckte Kapelle aus dem Jahre 1180. Daneben befindet sich das malerische Pfarrhaus. Am Jan-Reiners-Weg schließt sich unsere Rundtour und wir gelangen über die Wümmebrücke wieder zum Borgfelder Deich.

Anfahrt:
A 27, Bremen – Bremerhaven, Ausfahrt Horn-Lehe, Richtung Lilienthal, vor der Wümmebrücke links

Karten:
ADFC-Regionalkarte Bremen und Umgebung 1:75.000

Tipp:
In Höftdeich bietet sich die Gelegenheit, mit der Kleinen Fähre zum Blockland überzusetzen und auf dem Wümmedeich zum Ausgangspunkt zu radeln (Tour 9).

Wissenswertes:
Der 1900 errichtete *Lilienthaler Kleinbahnhof* war Haltepunkt der 1954 eingestellten Jan-Reiners-Eisenbahnlinie Bremen – Tarmstedt.
Die ehemalige *Klosterkirche* des Zisterzienser-Nonnenordens wurde 1262 vollendet.
Im *Heimatmuseum* können Originalinstrumente der alten Sternwarte sowie ein Modell des 27-füßigen Teleskops des Oberamtmanns und Astronomen J. H. Schroeter besichtigt werden.

Das *Teufelsmoor*, eine bis dahin unzugängliche Sumpfwildnis, begann Jürgen Christian Findorff, »königlicher Moorkommissar«, ab 1760 zu kolonisieren.

Worpswede wird als »Weltdorf der Kunst« bezeichnet und ist ein beliebter Erholungsort; 1889 Gründung einer kleinen *Künstlerkolonie* durch Fritz Mackensen, Otto Modersohn, Hans am Ende, Fritz Overbeck und Heinrich Vogeler – es folgten Paula Modersohn-Becker, der Dichter Rainer Maria Rilke sowie der Bildhauer und Architekt Bernhard Hoetger.
In der Gemeinde leben heute über 100 Künstler und Kunsthandwerker; *Kirche St. Jürgen*, ursprünglich aus Sandstein durch Erzbischof Ansgar im Jahre 865 als Wallfahrtskirche und Schutzburg errichtet; 1106 schlossen holländische Siedler mit dem Bremer Erzbischof Friedrich einen

Vertrag, in dem der Bau von Kirchen ausdrücklich vorgesehen war. Es erfolgten Neu- und Umbauten. Die heutige Kirche St. Jürgen ist ein (verputzter) Backsteinbau aus dem 13. Jh., der im 18. Jh. erweitert wurde; *Niedersächsisches Kutschenmuseum* mit rund 40 aus der Umgegend stammenden Fahrzeugen.

Einkehrmöglichkeiten:
boccia Meyer's Kaffeehaus, Lilienthal; Kutscher Behrens Asia modern, Tel. 04298/467670, www.kutscherbehrens.de; vielfältiges Angebot in Worpswede; Hammehütte, Neu Helgoland, Tel. 04792/7606; Wümmeblick, Höftdeich, Tel. 04292/9516; www.wuemmeblick.de;

Auskünfte:
Gemeinde Lilienthal, Tel. 04298/9290; Heimatmuseum Lilienthal, Tel. 04298/6011, www.heimatverein-lilienthal.de; Worpsweder Gästeinformation für Worpswede und das Teufelsmoor, Tel. 04792/935820; Niedersächsisches Kutschenmuseum, Tel. 04298/1707 sowie Tel. 0421/271521, www.niedersaechsisches-kutschenmuseum.de

Der Murkenshof (1730) dient heute als kulturelle Begegnungsstätte

12 Längs der Hache und Weser zur Bremer Altstadt 52 km

Vorgeest, Marsch und Werderauen prägen die ins Herz der Hansestadt führende Route. Die maritime Schlachte lädt ebenso zu einem Bummel wie die Böttcherstraße, der historische Marktplatz und das Schnoorviertel. Der Osterdeich, die Leester Marsch und der Gesseler Spreeken führen zurück in die Hachestadt.

Ausgangspunkt ist der Bahnhof in **Syke**. Auf den Wührden rollen wir abwärts, biegen in den Bremer Weg ein und wenden uns unterhalb des Rodelbergs zum Hachetal. Vor Erlen, Äckern und Weiden folgen wir dem Radweg ins **Altdorf Gessel**. Jenseits des Flüsschens erhebt sich der besiedelte Geestrücken Hoher Esch, während vor uns der gedrungene Turm der Barrier Kirche auftaucht. An der Kreuzung halten wir uns rechts und passieren vor der **Wassermühle** und dem Mühlenteich den Heinrich-Schmidt-Barrien-Gedenkstein.

Die Wassermühle Barrien, 1345 erstmals erwähnt, beherbergt heute eine Gaststätte und das Heinrich-Schmidt-Barrien-Archiv. Außerdem finden hier kulturelle Veranstaltungen statt. Die gegenüberliegende St. Bartholomäuskirche, einst als einfache kleine Wehrkirche gebaut, wurde im Jahre 1032 geweiht. Als Pastorensohn verbrachte der Schriftsteller Heinrich Schmidt-Barrien einen Teil seiner Kindheit und Jugend im Pfarrhaus neben der Kirche.

Im Schnoor

Wir radeln geradeaus durch die Unterführung und zweigen nach zwei Häusern durch ein Gässchen Zum Walde ab. Kurz nach Forstbeginn führt links ein Weg durch den Kiefernwald zur Eichenstraße. Hier halten wir uns rechts und bei der nächsten Abzweigung links. In der Siedlung Auf den Bülten bleiben wir am rechten Rand und radeln In der Moorheide, in der Stettiner, Königsberger und Breslauer Straße zu einem Waldzipfel, der uns unvermittelt in den Ortsteil **Jeebel** der Gemeinde Weyhe lenkt.

Wir wählen den Fuchsweg, stoßen auf den Ginsterweg und orientieren uns zur Straße In den Fuhren. Bei nächster Kurve bleiben wir »Am Waldesrand« einige Meter geradeaus, durchqueren das Wäldchen auf einem Pfad und folgen der Lahauser Straße über die Hache. Nach dem liebevoll restaurierten **Lahauser Spieker**, der den örtlichen Vereinen als Begegnungsstätte dient, zweigen wir in den Radweg Am Neddernfeld ab. Linker Hand, gegenüber der grünen Hacheniederung, säumen Häuser und Gärten unsere Route.

Nach dem Weyher Freibad verlassen wir den Ruschkamp zur Appelallee und treffen vor dem alten Gutshof und unter stattlichen Buchen auf eine reizvolle Hachepartie. Das Flüsschen rauscht über eine Gefällstrecke bis zur Brücke am **Sudweyher Mühlenhof**, der mit Wassermühle und Backhaus als Kulturzentrum genutzt wird.

Die zum Kirchweyher See eilende Hache begleitet uns durch den schattigen **Ellernbruch** bis zum 1100-Jahr-Gedenkstein, wo sich vor uns die 1250 erbaute Felicianuskirche mit ihrem romanischen Backsteinturm erhebt.

Wir folgen dem Birkenpfad und Kirchdamm zu dem durch Büsche und Bäume geschützten Radweg an der Kirchweyher Straße. Die Route führt uns über die Ochtum und durch die von Weißdornhecken und Gräben durchzogene Marsch geradeaus zum **Weserdeich** in Dreye. Von der befahrbaren Deichkrone genießen wir eine schöne Aussicht über die grüne Wer-

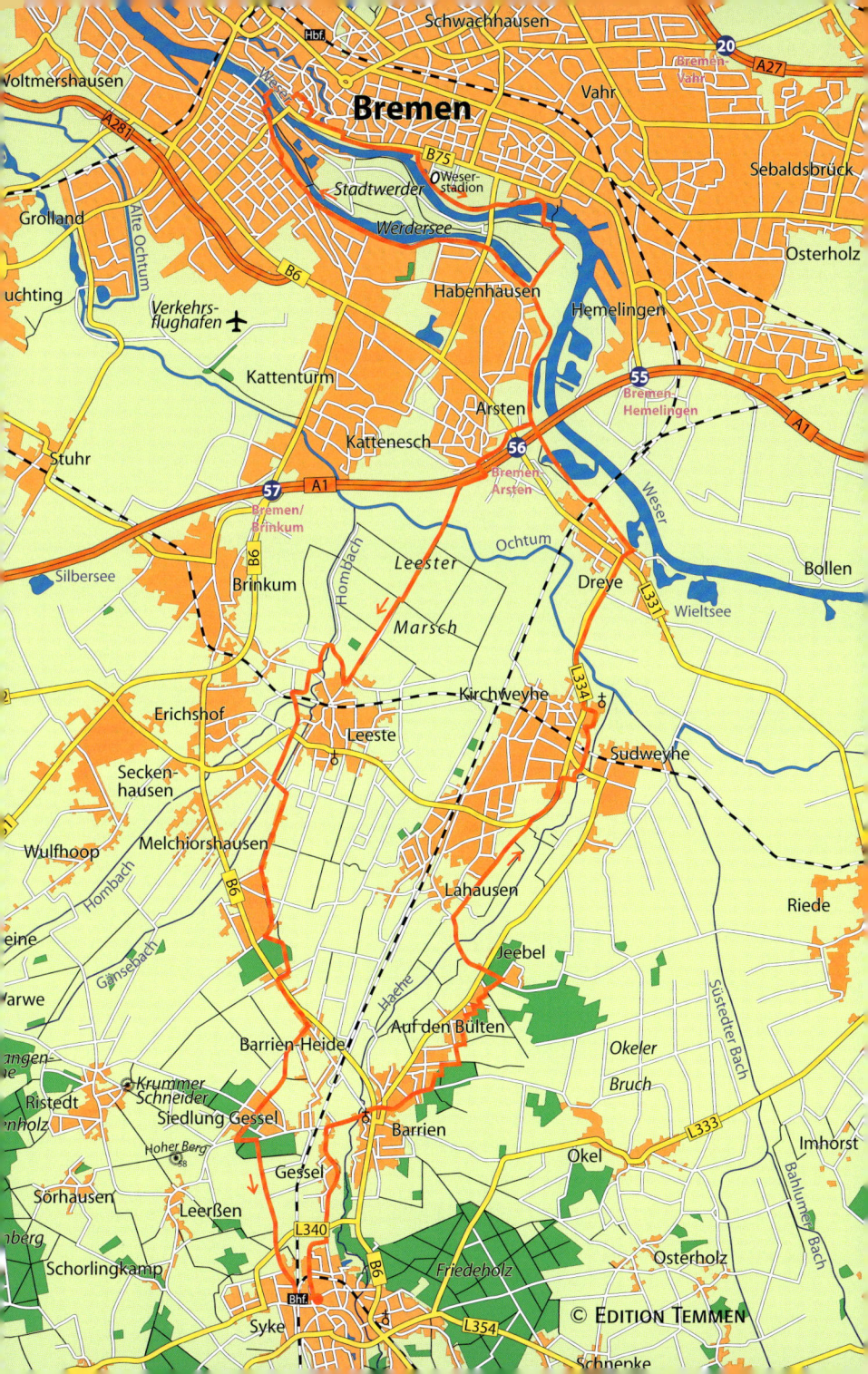

derlandschaft des Stromes. Hinter der Bahnunterführung, am Blauen Werder, siedelt eine Kolonie der heute seltenen Fluss-Seeschwalben.

Der Korbinsel und einem kleinen Sportboothafen schließen sich große Weidenbüsche an. Im Frühjahr kann man hier auch bei Tage dem Gesang der Nachtigall lauschen. Bald leuchtet der **Werdersee** herauf, der sich hinter der Karl-Carstens-Brücke erweitert. Die auch als Habenhauser Brückenstraße bekannte Weserquerung wird im Volksmund »Erdbeerbrücke« genannt. Sie wurde von den Habenhauser Erdbeeranbauern genutzt, die morgens zum Markt nach Bremen fuhren.

Am anderen Ufer erkennen wir die Vogelinsel, den Krähenberg sowie den Badestrand. Im Hintergrund grüßen die Türme des Bremer Domes. An der Fußgängerbrücke, die sich etwa in Höhe des Wasserturms über die Kleine Weser spannt, radeln wir

Birkenweg in Weyhe

vorüber und unterqueren, das Rad schiebend, die Wilhelm-Kaisen-Brücke.

Schattige Platanen führen zu einem Fußgängersteg, der uns vorbei an einem Wasserfall zur Teerhof-Halbinsel leitet. Die fußläufige **Teerhofbrücke** bringt uns über die Weser zur **Schlachte**, der maritimen Flaniermeile am Altstadtufer. Biergärten, Restaurants und Straßencafés laden unter Linden und Platanen zur Rast und Einkehr. Unser Blick gleitet über den Fluss und zu den Traditions- und Ausflugsschiffen, die an den Anlegern des Weserboulevards feste Liegeplätze haben.

Oberhalb des **Martinianlegers** gelangen wir an der **Martinikirche** vorbei zur **Böttcherstraße** und bummeln durch diese schmale Laden- und Museumspassage zum historischen **Marktplatz** mit dem **Rathaus**, **Roland** und **Schütting**. Nur wenige Schritte sind es zum **Dom St. Petri**, zur **Kirche Unser Lieben Frauen** und zu den **Bremer Stadtmusikanten**. Die Marktstraße führt uns zur Balgebrück-

Blick auf die Schlachte und die Martinikirche

straße und in die gegenüberliegenden, verwinkelten Gässchen des idyllischen **Schnoorviertels** mit seinen Gaststätten, Galerien, Werkstätten und skurrilen Läden. Die schmalgiebeligen, wie auf einer Schnur (Schnoor) gereihten Häuschen damaliger Handwerker und Fischer sind bis zu 500 Jahre alt.

Am Ende stoßen wir auf die Tiefer, überqueren den Altenwall und lassen uns vom Fußgänger- und Radfahrertunnel zum Weserufer am Osterdeich lenken. Gut 1 km stromaufwärts, gegenüber Café Sand, passieren wir die Fähre Hal över und danach das **Weser-Stadion**, das wir am Flussufer umfahren. Wir halten uns in Wassernähe, unterqueren die Erdbeerbrücke und gelangen am **Hastedter Wehr** über die Weser. Die Fußgängerbrücke bietet einen unmittelbaren Einblick in den Schleusenvorgang für Binnenschiffe und Sportboote.

Auf der kleinen Wehrstraße durchradeln wir eine von Wasservögeln belebte Teichniederung und erreichen am Zipfel des Werdersees wieder den Habenhauser Deich. Kurz vor der Autobahn folgen wir dem Wegweiser nach Arsten und wählen unmittelbar hinter der Unterführung den nach links abzweigenden Radweg. Gegenüber der Arster Heerstraße, am Torndiek, passieren wir den Autobahntunnel und schwenken nach einem Haus in die **Leester Marsch** ein, wo uns in der wärmeren Jahreszeit froher Lerchengesang begleitet. Die Ochtum, vom Kirchweyher See zur Weser unterwegs, überqueren wir auf einem Brückensteg.

In Leeste zweigen wir an der Krummen Reihe zur »Schiffstelle« ab. Nach einem Storchennest und einer Brücke radeln wir »Am Mühlbach« und setzen unseren Weg In der Grämme fort. Nach einer Kurve beginnt zwischen Gebäudegrundstücken ein Pfad, der über das Kleinbahngleis (»Pingelheini« – Museumsbahn Bremen – Thedinghausen) und über den Hombach zum **Mühlenkampgelände** führt. Vom Hügel bietet sich ein schöner Ausblick auf den Teich und die Grünanlagen.

An der Angelser Straße wechseln wir zum Schmalen Bruch, kommen zum Angelser Feld und erreichen links den kleinen, von Häusern und Vorgärten gesäumten Straßenzug Westerheide – Heideweg. Von der Melchiorshauser Straße zweigen wir »Am Walde« ab, radeln »Hinter den Fuhren« zur »Böttcherei« und folgen an der Syker Straße dem separaten Radweg zur Lindenallee Bremer Straße.

In den Handelsweg schlagen wir ein und durchradeln anschließend den Straßenzug Feldstraße – Am Waldrand zum **Gesseler Spreeken**. Unsere Route zweigt hier links ab, doch entgegengesetzt lohnt ein Abstecher (1 km) zum **Hohen Berg**, der uns einen einmaligen Ausblick über das Urstromtal der Weser und auf Bremen ermöglicht.

Zurück am Spreeken, wählen wir den nächsten befestigten Weg waldeinwärts und fahren unterhalb des **Leerßer Berges** zu unserem Ausgangspunkt zurück.

Anfahrt:

Syke ist Bahnstation der Strecke Bremen – Osnabrück und der Kleinbahn De Kaffkieker, die von Mai bis September jeden 1. und 3. Sonntag sowie an Sondertagen zwischen Eystrup, Hoya, Bruchhausen-Vilsen und Syke verkehrt; per

Auto B 6, Bremen – Nienburg, Abfahrt Syke in Richtung Bahnhof

Karten:
ADFC-Regionalkarte Bremen und Umgebung 1:75.000

Wissenswertes:
Wassermühle; St. Bartholomäuskirche, Barrien; Lahauser Spieker; Mühlenhof Sudweyhe mit Wassermühle und Backhaus; *Felicianus-Kirche in Kirchweyhe.*

Die *»Wasserkunst«,* der um 1873 errichtete Bremer Wasserturm, wird im Volksmund »umgedrehte Kommode« genannt. Die *kath. Pfarrkirche St. Johann* im Schnoorviertel stammt aus der Zeit um 1350 und wurde im Stil reinster Hochgotik erbaut.

Sehenswürdigkeiten um den Bremer Marktplatz:
Rathaus, gotischer Grundbau (1405–1409), Renaissancefassade (1609–1612); Ratskeller (1408); Obere Rathaushalle mit üppigen Schnitzarbeiten und prunkvoller Güldenkammer; *Dom St. Petri,* Baubeginn 1042, Hochromanik bis Spätgotik; geschnitzte Kanzel, bronzenes Taufbecken; Bleikeller; im Sommer Turmbesteigung möglich; *Liebfrauenkirche,* entstanden 12./13. Jh., älteste Pfarrkirche der Stadt, reich geschnitzte Kanzel, sehenswerte Glasfenster von Alfred Manessier (1966–69); *Haus Schütting,* dem Rathaus gegenüber, erbaut 1537–1539 als Gildehaus der Kaufleute, heute Sitz der Handelskammer; *Rolandsäule,* errichtet 1404, gilt als Symbol der Freiheit und Unabhängigkeit der Stadt; *Bremer Stadtmusikanten,* 1953 vom Bildhauer Gerhard Marcks (1889–1981) in Bronze gegossen; *Martinikirche,* spätgotische, aus dem 13. Jh. stammende Kaufmanns- und Schifferkirche; *Böttcherstraße,* alte Handwerkergasse, 1926–1931 als Museums- und Ladenstraße erbaut.

Schnoorviertel:
Ältestes noch erhaltenes Wohnviertel zwischen der Weser und der früheren Domstadt mit engen Gassen und schmalen Häusern aus dem 16.–19. Jh.

Einkehrmöglichkeiten:
Vielfältiges Angebot in Bremen, Weyhe und Syke

Auskünfte:
Stadtverwaltung Syke, Tel. 04242/1640;
Gemeinde Weyhe, Tel. 04203/710;
Bremer Touristik-Zentrale, Tel. 0421/3080010, www.bremen-tourism.de;
VGH Verkehrsbetriebe Grafschaft Hoya GmbH, Hoya/Weser, Tel. 04251/93550, www.kaffkieker.de;
Wassermühle Barrien, Tel. 04242/7170, www.wassermuehle-barrien.de

Die historische Wassermühle in Barrien

13 Auf dem Hollerdeich und durch die Wümmewiesen nach Fischerhude   39 km

Durch die anmutige Niederung der vielarmig verzweigten Wümme führt die Radwanderung in das malerische Bauern- und Künstlerdorf Fischerhude. Kleine Dörfer und Bauernschaften markieren den Rückweg zum Behlingsee am Königsmoor.

Am Zugang zum **Bultensee**, einer Parkplatzwiese an der Bushaltestelle Rotdornweg, starten wir und biegen am Ginsterweg links ab. Vom Osterholzer und Hodenberger Deich schweift unser Blick über die weite Bruchniederung, während sich gegen **Oberneuland** Häuser, Gärten und eichenumstandene Bauernhöfe aneinanderreihen. Das Fleet Deichschloot begleitet uns und führt an der reetgedeckten, unter Eichen und Kastanien gelegenen Hodenberger Diele vorbei.

Die Dorfweide in Fischerhude

Wir bleiben auf dem Hollerdeich und radeln durch die von Wasserläufen durchzogene Wümmeniederung gen **Borgfeld**, vorbei an einer Schutzhütte und einem Aussichtsturm. Im Ort, der seinen dörflichen Charakter zu bewahren sucht, folgen wir der Katrepeler Landstraße und kommen am **Wümmehof** vorüber, wo Prinz Louis Ferdinand von Preußen, Oberhaupt des Hauses Hohenzollern, von 1950 bis zu seinem Tode 1994 lebte.

Am Ende der Straße halten wir uns rechts und fahren gleich hinter der Wümmebrücke flussaufwärts. Am anderen Ufer erstrecken sich schmucke Villengrundstücke mit parkartigen Grünanlagen. Der Weg führt Vor den Wischen und auf dem Weideweg mitten durch die ausgedehnten **Borgfelder Wümmewiesen**, die seltenen Wasser- und Watvögeln als Brut- und Rastgebiet dienen. Im Frühjahr verwandelt sich der Gräserteppich in ein einzigartiges, buntes Blütenmeer. Kurz vor **Hexenberg** macht uns ein Schild auf das **Binneboommuseum** aufmerksam, das wir auf einer Hofstelle unter alten Bäumen finden, nur wenige Meter von Anlegeplätzen an der Wümme entfernt.

Das Binneboommuseum, nebst Campingplatz von der Familie Krenzel betrieben, zeigt fast alles, was es um 1900 im bäuerlichen Leben gegeben hat; geöffnet an jedem 1. Sonntag in den Monaten Mai bis Oktober. Mit dem »Bindebaum« wurde früher die Heuwagenladung gesichert.

Am Hexenberg passieren wir den ehemaligen Landgasthof und die Brücke über den Nordarm der Wümme.

Nach einem Berg halten wir allerdings vergeblich Ausschau. Er lag unter dem Wasserspiegel. Eine Düne wanderte dicht neben dem heutigen Sträßchen durch den Fluss: vom nahen Fischerhuder Wald in Richtung Borgfeld. Torfschiffer aus dem Teufelsmoor – mit ihren schwer beladenen Lastkähnen nach Bremen unterwegs – stießen bei niedrigem Wasserstand auf die Sandbank und fluchten über den »verhexten Berg«. Man war gezwungen, die Transportboote durch Ent- oder Umladen zu leichtern. Pferdegespannen diente die Untiefe als Furt, selbst nach dem Brückenbau um 1888. Die Bauern umgingen damit den zwischen Preußen und Bremen erhobenen Brückenzoll, der fünf Pfennig für ein Fuder Heu betrug. Ein Streifen der durch den Wald gebändigten Düne ist der Wümme auch heute noch vorgelagert.

Nach dem Gasthaus Meyerdierks und dem Ort **Ebbensiek** setzen wir unseren Weg am Waldrand fort.

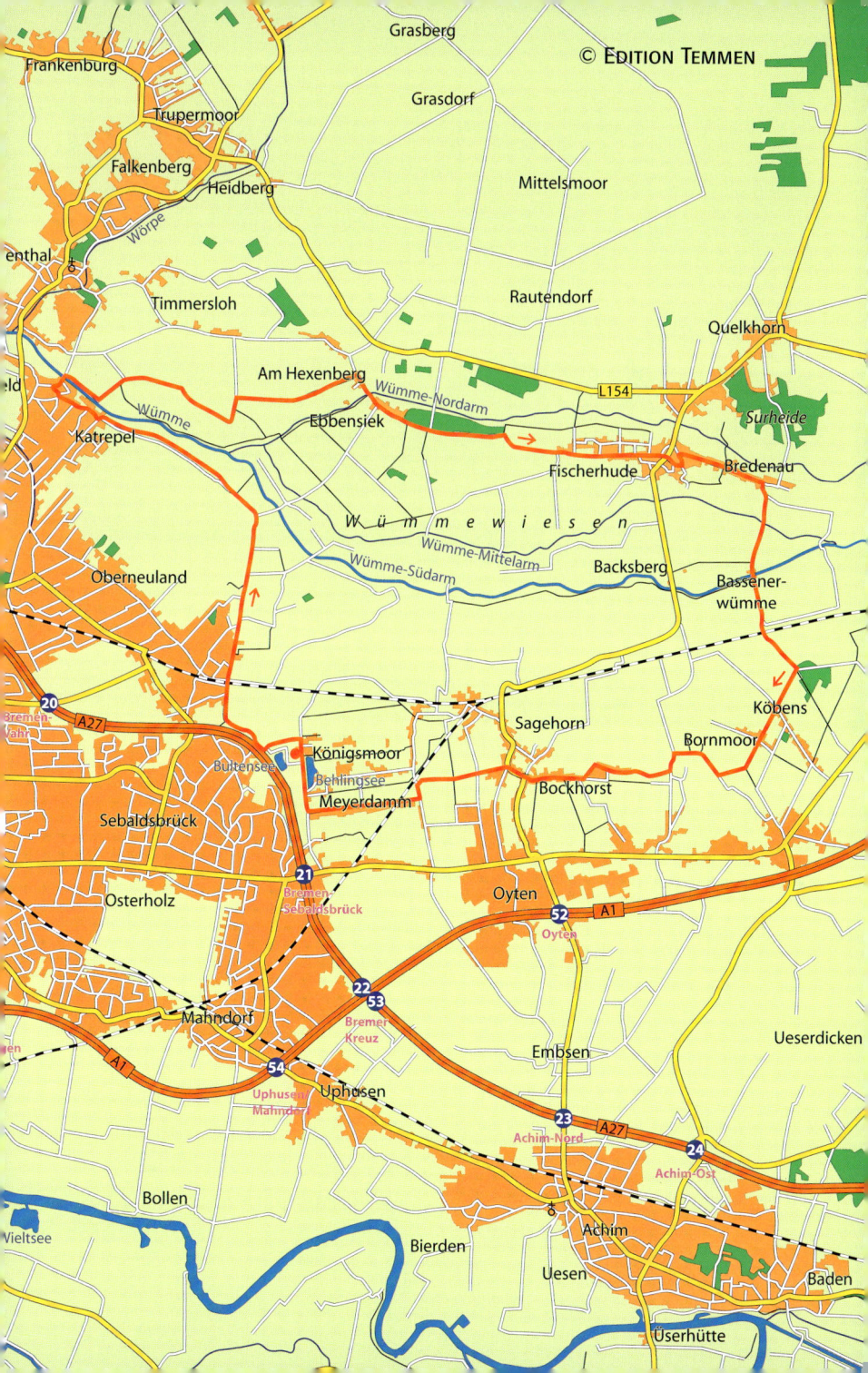

An der Wümme in Fischerhude

In Ebbensiek, schon am niedersächsischen Ufer, ist auch heute stets Ebbe. Die Flut der tideabhängigen Wümme läuft auf halber Strecke zwischen Borgfeld und Hexenberg in den Wümmewiesen aus. Immerhin beträgt das Gefälle des Flusses von Ottersberg bis Borgfeld mehr als 3 m.

In **Fischerhude**, einem Ort von besonderem Zauber, begrüßt uns eine Eichenallee. Die holzgeschnitzten Wegweiser an der Kreuzung geben uns örtliche Orientierung. Wer sich Impressionen einer romantischen Wümmepartie - Enten- und Bootshäuser, Erlenbruch und Holzbrückenstege - nicht entgehen lassen möchte, sollte sich den **Diedrich-Speckmann-Weg** merken. Der fußläufige Uferpfad ist sowohl von der Alten Wümmeschleuse als auch von der Alten Wassermühle aus zu erreichen.

Wir begeben uns in Richtung **Otto-Modersohn-Haus**. Am Ende der kurzen Schusterstraße biegen wir in den etwas nach rechts versetzten Cato-Bontjes-van-Beek-Weg ein, der zwischen der Kirche Unser Lieben Frau und dem **Heimat-**

haus Irmintraut verläuft (mit Spieker, Backhaus, Ziehbrunnen und Bootsschuppen). Gegenüber der Kirchhofmauer, in die alte Grabsteine eingearbeitet worden sind, fügen sich die große Pferdeweide und das Spritzenhäuschen aus dem Jahre 1841 harmonisch in das idyllische Ortsbild.

Die Bauern des Wümmedorfes waren früher auch Fischer und betrieben nebenbei Entenjagd. Auf den vielen Wasseradern wurde mit flachen, geteerten Holzbooten die Heuernte eingefahren und Torf transportiert. Das stille, unberührte und charakteristisch einzigartige Fischerhude ist von Künstlern und Naturfreunden erst um 1900 entdeckt worden. Seitdem hat es viele künstlerisch Schaffende hierher gezogen: Ateliers, kunstgewerbliche Werkstätten und Bilderausstellungen zeugen davon. Auch der Storch fühlt sich hier wohl – zwar abhängig von der Witterung –, doch ein Horst ist in der Brutzeit immer besetzt.

Wir schwenken in die Bredenau ein und achten nach einem knappen Kilometer auf den Otto-Modersohn-Weg, der uns abseits über zwei Holzbrückenstege und Wümmearme zu einem lauschigen Rastplatz am Fluss bringt, der von Erlen und Weiden gesäumt wird. Danach passieren wir das **Rilke-Café**. In dem Haus lebte und arbeitete die Rilke-Ehefrau und Bildhauerin Clara Rilke-Westhoff. Hinter einem gelblichen Fachwerkhaus biegen wir rechts ab und tauchen nach Überquerung des Mittelarms der Wümme wieder in eine stille Wiesenlandschaft ein. Zuvor ist ein Abstecher zum nahen **Otto-Modersohn-Museum** lohnend.

Im Grünen halten wir uns an der Gabelung rechts und durchradeln über weitere Flussadern die **Fischerhuder Wümmeniederung**. In diesem Gebiet ist durch den Rückbau von kleinen Deichen, Abbau von Schleusen und Wehren eine naturbelassene Flusslandschaft mit Feuchtwiesen entstanden. Hier sollen Vögel Rast- und Brutplätze finden und der Otter wieder heimisch werden.

Unser festsandiger Weg durch Weiden und Felder ist gut befahrbar. Ab der Bahnüberführung rollen wir auf Asphalt in Richtung Köbens. Bei der Querstraße nehmen wir geradeaus den festen Sandweg durch **Bornmoor** und fahren danach rechts die kurze Abzweigung auf Grasnarbe. Der anschließenden, ruhigen Straße folgen wir durch Bauernschaften und an Einzelhöfen vorbei nach **Bockhorst**. Auf dem Brink biegen wir ab und erreichen bald Sagehorn. Dort radeln wir bis zur Kreuzung und lenken in den Radweg an der Pestalozzistraße, einer leicht ansteigenden Platanenallee. Oberhalb der Schule gewinnen wir die Geländekuppe und rollen zwischen Eichen abwärts.

Am Fuße der bewältigten Anhöhe halten wir uns links und steuern kurz darauf in den von prächtigen Linden- und Eichenkronen überdachten Meyerdamm. Bauernhöfe, Rinder- und Pferdeweiden wechseln einander ab. Am Ende stoßen wir auf die schmale Straße Zum **Behlingsee** und erreichen nach rechts wieder unseren Ausgangspunkt.

Anfahrt:

A 1, am Bremer Kreuz zur A 27 in Richtung Bremerhaven abzweigen, die nächste Ausfahrt Bremen-Sebaldsbrück wählen und von der B 75 (Richtung Hamburg) sogleich in die Straße Zum Behlingsee abbiegen

Karten:

ADFC-Regionalkarte Bremen und Umgebung 1:75.000

Wissenswertes:

Fischerhude liegt auf einem flachen Sandrücken in der Wümmeniederung; *Diedrich Speckmann-Weg,* benannt nach dem Schriftsteller, der in Fischerhude lebte; *ev. Liebfrauenkirche* (1840); *Heimathaus Irmintraut,* Museum mit Nebengebäuden und vielem bäuerlichen Gerät.
Otto Modersohn, Mitbegründer der Worpsweder Malerko-

Wümmepartie in Fischerhude

Ionie, verlebte nach dem frühen Tod seiner Frau Paula Modersohn-Becker (1907) seine letzten 35 Jahre in Fischerhude. Die *Fischerhuder Galerie* und die *Kunstschau in Buthmanns Hof* erinnern mit ihren Ausstellungen an das Schaffen der Maler, die in Fischerhude seit 1895 ansässig waren.

Einkehrmöglichkeiten:
Vielfältiges Angebot in Fischerhude

Auskünfte:
Flecken Ottersberg,
Tel. 04205/31700;
Heimathaus Irmintraut,
Tel. 04293/7186;
Otto-Modersohn-Museum,
Tel. 04293/328,
www.modersohn-museum.de;
Binneboom-Museum Klaus Krenzel, Tel. 0421/273 731

14 Durch Geest, Bruch und Marsch zur Badener Weserschleife 52 km

Die Route führt vom Höhenrücken des Friedeholzes in die Bruchlandschaften und Marschen der Weserniederung. Durch Bauernschaften und kleinere Orte gelangen wir zum Eyterschöpfwerk in Eißel sowie zum Fährhof Streek vor den Badener Bergen. Über Thedinghausen, mit Besuch des Erbhofes und der Poggenburg, radeln wir längs der Eyter vor dem Beppener und Schwarmer Bruch. Durch den Süstedter Bruch und über den Wachendorfer Geestrand kehren wir in die Hachestadt zurück.

Vor dem Wald in **Syke**, bei der ehemaligen Gaststätte Deutsche Eiche, wählen wir die wenig befahrene, zum **Friedeholzkamm** sacht ansteigende Straße nach Osterholz und zweigen in der anschließenden Feldmark bei nächster Kreuzung halb links nach Pennigbeck ab. Wir durchradeln die Senke und rollen nach dem Landhaus Osterholte die Lange Heide hinunter, vorbei an Buchen- und Erlengehölzen.

Die Kastenbeinbuche im Friedeholz

Am Ende wechseln wir in den zum Süstedter und **Bahlumer** Bach führenden Fahrweg. Nach den Wasserläufen halten wir uns links zu hohen Pappeln und einem Biotop. Am Rövekamp bleiben wir rechts und biegen in die von Birken, Kopfweiden und Erlen gesäumte, später von Häusern und Gärten flankierte Felder Bruchstraße ein.

Von der Dorfstraße in **Felde** orientieren wir uns links zur Rienstraße, die sich unter Eschen und Eichen in Richtung Donnerstedt schlängelt. Dann lenken

An der Wolfsschlucht im Friedeholz

wir in den Königsdamm und wenig später halb links »Zum Voßmeyer«. Am Adeligen Holze und entlang des gleichnamigen Wäldchens passieren wir **Gut Donnerstedt**. Am Botterdamm, der nach Dibbersen führt, prägen Weißdornhecken und Rinderweiden das Landschaftsbild. Wir durchradeln den Ort geradeaus und halten uns bei der nächsten Kreuzung rechts.

Kurz vor Eißel folgen wir dem Radweg Achim – Uesen. Wir passieren das **Eyterschöpfwerk** und können von einer Rastbank am Weserdeich den Ausblick auf die Flussauen und das Hochufer von Achim mit seinen Häusern und der Windmühle genießen. Segelboote und Binnenschiffe gleiten augenscheinlich durch die Wiesen, denn der Strom bleibt unseren Blicken verborgen. Vielleicht erspähen wir den Graureiher, der sich gern in dieser Niederung aufhält.

Wir bleiben an der Außenseite des Deiches, treffen auf eine

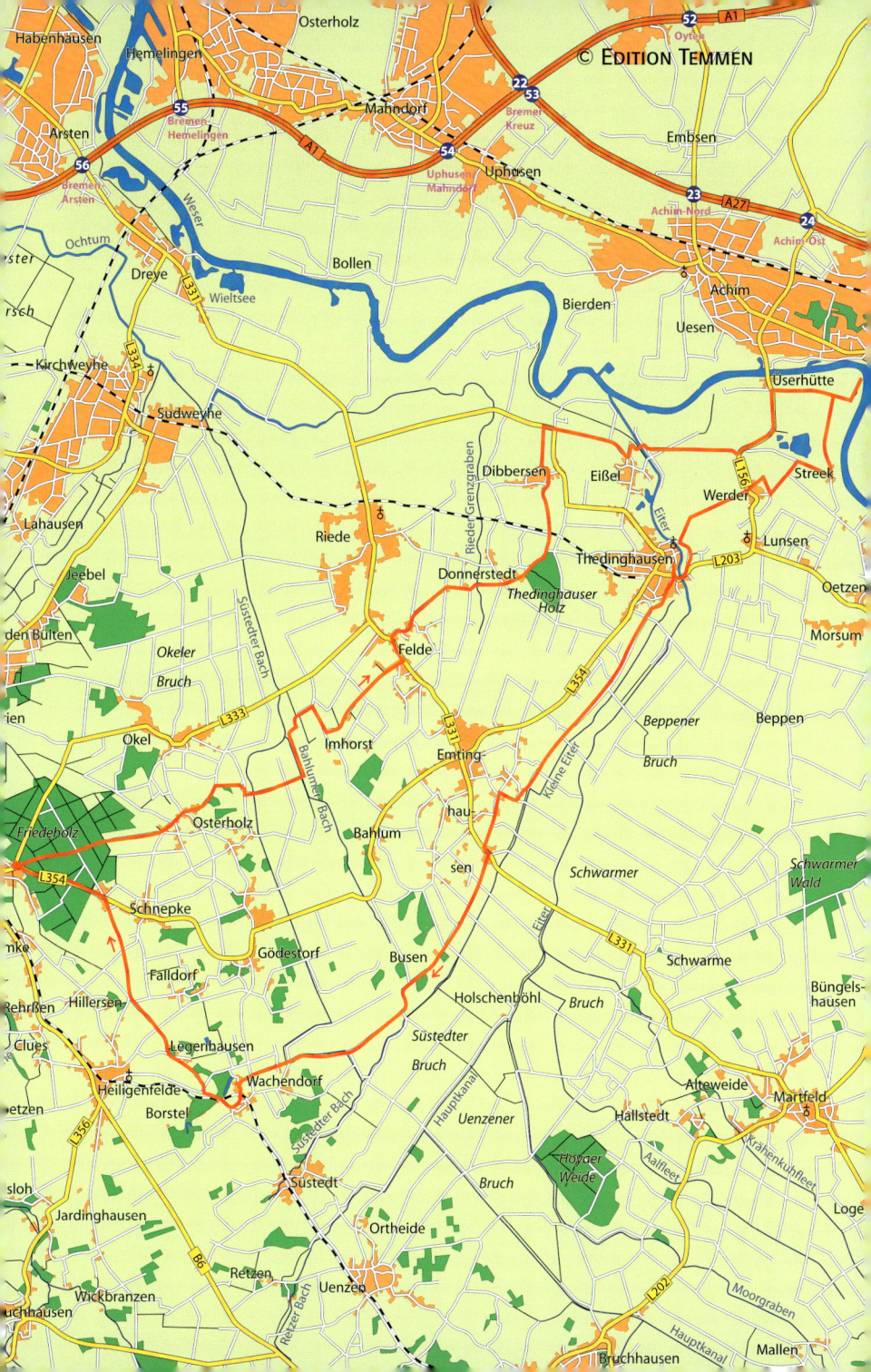

Der Erbhof in Thedinghausen

Schutzhütte und nutzen den Radweg an der Achimer Landstraße bis kurz vor der Weserbrücke. Dort biegen wir rechts ab und radeln zwischen Hecken und Weiden parallel zu den **Badener Bergen**, an deren Hängen Villen und Gärten terrassenartig ansteigen. Am Ende der Straße stellen wir das Rad vor dem Fährhaus am Streek ab. Unterhalb der Terrasse führt ein Pfad über die Pferdekoppel und durch den Schilfgürtel zum Liegestrand am Fluss, direkt zu Füßen des gegenüberliegenden Höhenzuges.

Zurück schlagen wir den Weg nach Streek ein und folgen dem Schild Werder – Thedinghausen. Weithin wird die Landschaft vom mächtigen Turm der Lunser Kirche beherrscht, die auf eine 1000-jährige Geschichte zurückblicken kann und lange Zeit Kirchspiel für die umliegenden Gemeinden war.

Die von Hecken und Gräben durchzogene Wesermarsch entfaltet ihren besonderen Reiz zur Zeit der Raps- und Weißdornblüte. In **Werder** treffen wir auf Bauernhöfe mit Fachwerkgebäuden und entdecken vom

Der Rathausplatz in Thedinghausen

Wischkämpegraben aus auch den Thedinghauser Kirchturm. Wir überqueren den Wasserlauf sowie den Oetzer Seegraben und erreichen vor **Thedinghausen** eine idyllische Flusspartie an der Eyter.

Wir halten uns links und erreichen an der Straße, gegenüber dem **Erbhof**, einen Rastplatz. Der auch als Schloss bezeichnete Herrensitz wurde 1620 im Stil der Weserrenaissance erbaut. Es lohnt sich, die mit Back- und Sandsteingliederungen kunstvoll gestaltete Fassade vom Eingangshof aus zu besichtigen. Gleichzeitig sollten wir einen Blick in den unmittelbar angrenzenden, im Jahr 2005 angelegten Baumpark nicht versäumen. Dieses beeindruckende »**Arboretum des Nordens**« beheimatet auf einem 11 ha großen Areal eine Vielzahl von Laubbaumarten und -sorten aus dem mitteleuropäischen Raum. Eine Tafel vermittelt den Standort der Bäume.

Gleich hinter der Eyterbrücke erinnert das Herzog-Wilhelm-Denkmal an die Braunschweiger Zeit des Amtes Thedinghausen, zu dem sich, wie ein benachbarter Gedenkstein dokumentiert, im Jahr 1909 drei Dörfer zusammengeschlossen haben. Bevor wir in die Hägerstraße einbiegen, sollten wir kurz nach rechts schwenken und der »**Poggenburg**«, dem schmucken historischen Rathausensemble mit Packhaus, Scheune und achteckigem Taubenturm – hervorgegangen aus einem Gutshof – unsere Aufmerksamkeit schenken. Das Dach des Packhauses wird von einem mit einer Uhr versehenen **Glockentürmchen** geziert, das auf der Spitze einen Halbmond trägt. Gegenüber erhebt sich der Backsteinbau der 1870 eingeweihten Maria-Magdalena-Kirche.

Das Glockentürmchen auf dem Packhaus am Rathausplatz hat der damalige Besitzer um 1855 zu Ehren seiner türkischen Großmutter, geb. 1722, anbringen lassen, die infolge des russisch-türkischen Krieges (1738) ein sehr ungewöhnliches Schicksal erlebte.

Am Ende der Hägerstraße setzen wir unseren von Pappeln, Eschen und Eichen beschatteten Weg zwischen der Eyter und dem windungsreichen Deich fort. Jenseits des Flusses erstrecken sich der **Beppener und Schwarmer Bruch**. In Höhe Emtinghausen schwenken wir in die Deichstraße, halten uns auf dem Radweg der Dorfstraße links und gelangen nach Querung der Bremer Straße in den nach Wachendorf führenden Fladenweg.

Im Ortsteil Busen (Abstecher zur Ausflugsgaststätte Holschenböhl möglich) streifen wir zwei Gehölze und tauchen in den **Süstedter Bruch** ein. Linker Hand werden wir den bewaldeten Höhenrücken Sellingsloh gewahr und halb rechts voraus wird bald der Wachendorfer Geestrand sichtbar.

Vor dem Ort bleiben wir geradeaus und kreuzen die Gödestorfer Straße zum »Heisterort«. Vorbei an zwei Fachwerkscheunen, die zum Anwesen des Showmasters und Entertainers Rudi Carrell gehörten, und an liebevoll restaurierten Spiekern stoßen wir gegenüber der Friedenseiche auf den Ortsstein mit der Jahreszahl 1230. Zuvor, bei Überquerung der Kleinbahngleise, werden wir linker Hand den 2009 nach historischen Plänen neu errichteten **Wachendorfer Glockenturm** wahrgenommen haben.

Wir lenken leicht aufwärts in Richtung Heiligenfelde, überqueren abermals die Kleinbahnschienen und schwenken am Wäldchen Bullenkopp nach Legenhausen ab.

In Wachendorfer Gärten soll einst ein rasender Bulle gewütet haben, der übermütig einen Hügel auf die Hörner nehmen wollte. Als er in das Erdreich stieß und sich in den Wurzeln einer Eiche verfing, habe er sich das Genick gebrochen. Seither nenne man das Gehölz Bullenkopp.

Das Syker Vorwerk, heute ein Zentrum für zeitgenössische Kunst

Wir passieren nahe dem Gestüt Famos ein stattliches, unter Eichen gelegenes Anwesen, überqueren eine Straße und wählen auf dem Fuchsweg den halb rechts abzweigenden Heerweg, der vorbei am Schnepker Schlatt zum Radweg an der Schnepker Straße führt.

Hier fahren wir abwärts durch das Friedeholz und treffen am Waldrand auf das mit seinem Park idyllisch gelegene Fachwerkensemble des ehemals zur Syker Burg gehörenden **Vorwerks**, das heute als Heimstatt zeitgenössischer Kunst zur Besichtigung und zu Ausstellungen einlädt.

Am Ende der Waldstraße erinnert eine junge Eiche an die historische Deutsche Eiche, die zuvor auf der kleinen Verkehrsinsel stand und Ende 2007 gefällt werden musste.

Anfahrt:
Syke ist Bahnstation der Strecke Bremen – Osnabrück und der Kleinbahn De Kaffkieker, die in den Monaten Mai–September jeden 1. und 3. Sonntag sowie an Sondertagen zwischen Eystrup, Hoya, Bruchhausen-Vilsen und Syke verkehrt.; B 6, Bremen – Nienburg, in Syke Abzweigung Richtung Verden

Karten:
ADFC-Regionalkarte Bremen und Umgebung 1:75.000

Höhenunterschiede:
36 m, nur sanfte Steigungen und Gefälle

Wissenswertes:
Erbhof in Thedinghausen (1620), vom ev. Erzbischof Johann Friedrich von Bremen für seine Geliebte erbautes Renaissancepalais; der *Baumpark Thedinghausen*, durch Intention des Altbürgermeisters Hans Schröder ins Leben gerufen, umfasst mit einem Bestand von 53 Baumgattungen 335 Arten und Sorten. Das *Rathaus* Thedinghausen, ein ehemaliges Herrenhaus, wurde 1811 errichtet. Am Platz existierte im Mittelalter die *Poggenburg* – ein

alter Burgmannssitz. Das *Amt Thedinghausen* kam 1681 in den Besitz der Braunschweig-Wolfenbütteler Herzöge und gehörte bis 1972 dem Braunschweiger Verwaltungsgebiet an. Mit dem im Jahr 1900 feierlich eingeweihten *Herzog-Wilhelm-Denkmal* wurde 16 Jahre nach seinem Tode der Braunschweiger Herzog geehrt, der von 1831–1884 regierte.

Das *Vorwerk* in Syke wurde Ende des 16. Jh. angelegt und gehörte zur Burganlage auf dem Amtshof: Es dient heute kulturellen Zwecken. Die 2007 eingegangene Deutsche Eiche wurde am 18. Oktober 1863 am Ende der Syker Waldstraße gepflanzt. Anlass war der 50. Jahrestag der Völkerschlacht bei Leipzig.

Einkehrmöglichkeiten:
Fährhaus am Streek;
Tel. 04204/7184;
Restaurant Romance, Thedinghausen, Tel. 04204-6896696;
Gasthof zum Kirchberg,
Tel. 04240/1054;
Zum Spieker, Wachendorf (an Wochenenden, Tel. 04240/237);
vielfältiges Angebot in Syke

Auskünfte:
Stadtverwaltung Syke,
Tel. 04242/1640;
Samtgemeindeverwaltung Thedinghausen,
Tel. 04204/8822;
VGH Verkehrsbetriebe Grafschaft Hoya, Hoya/Weser,
Tel. 04251/93550,
www.kaffkieker.de

15 Verdener Altstadt – Wesermarschen – Alveser See – Sachsenhain   50 km

Verden, am Zusammenfluss von Aller und Weser gelegen, bietet mit seinem mittelalterlichen Stadtbild ein besonderes Erlebnis. Einen Bummel durch die Große Straße – zwischen Rathaus und Dom – sollte man jedoch zum Ende der Tour einplanen. Die Radwanderung führt durch den früheren Fährort Rieda und über das Weserwehr in Dörverden zum Alveser und Blender See. Durch die Marschdörfer Amedorf und Reer verläuft die Route zum Weserstau Intschede und durch Groß Eissel zum Sachsenhain. Von der Storchenpflegestation führt der Weg wieder zum Allerufer.

Wir starten nahe dem Schiffsanleger an der **Verdener Reeperbahn** und radeln auf einem kleinen Weg zur alten Südbrücke. Vor den Flussauen genießen wir am jenseitigen Ufer einen schönen Ausblick auf das ehemalige Fischerviertel und auf die Altstadt mit dem hoch aufragenden Dom, den Türmen der St. Andreaskirche, der St. Johanniskirche und des Rathauses.

Das Rathaus in Verden

Unser Radweg schwenkt nach links, verläuft nur kurz an der B 215 und zweigt in Richtung Döhlbergen - Hoya ab. Von der Apfelbaumallee bei **Döhlbergen** folgen wir der ersten Abzweigung zur Dorfstraße, die sich an stattlichen Anwesen, Pferdekoppeln und mächtigen Eichen vorbei durch den Ort schlängelt.

Durch fruchtbares Marschland mit großen Weizenfeldern erreichen wir **Rieda**. Vom Deich an der früheren Gaststätte Fährhaus haben wir einen herrlichen Blick auf die weit geschwungene Weserschleife.

Die Fähre wurde 1951 eingestellt, als die Groß-Hutberger Brücke vollendet war. Bald nach dem Ort überqueren wir den Deich und radeln, von Buschhecken begleitet, durch die grüne Marsch, parallel zum Schiffskanal. Eine Zufahrt führt zur **Schleuse**, wo ein Schaubild über die Bergauffahrt der Schiffe und über die einzelnen Staustufen des Stromes informiert. Immerhin sind zwischen Bremen und Minden 37 Höhenmeter zu bewältigen.

Über die Kanalbrücke gelangen wir zum Weserwehr und **Wasserkraftwerk Dörverden**, das Fußgängern und Radfahrern vom 25. April bis 15. Oktober eine ungehinderte Flussüberquerung ermöglicht. Auf der anderen Seite der Weser, bei einer schattigen Rastbank, vermittelt eine Schautafel die Bedeutung der Mittelweser für das europäische Wasserstraßennetz. Unsere Nebenstrecke für Radler überquert die Deichlinie und trifft auf den Weserradweg. Wir fahren durch das beschauliche **Wienbergen** und wählen vor Magelsen die links abzweigende Abkürzung zum idyllisch gelegenen **Alveser See**.

An der Seebrücke finden wir unter Erlen Tisch und Bänke. Die Gaststätten der Campingplätze Am See und Seerose sind an Wochenenden geöffnet. Eine schattige Picknickwiese und Badestelle erreichen wir gegenüber der Einfahrt des Platzes Seerose (750 m).

Vor Eitzendorf bleiben wir auf dem Weserradweg, der zwischen Schlehen- und Weißdornhecken nach **Oiste** verläuft. Dort biegen wir links ab, an der kleinen Kirche vorbei nach Varste und Blender. Fachwerkhäuser und -speicher, Obstwiesen, Gärten und Pferdekoppeln sowie prächtige Kastanien, Linden und Eichen säumen unseren Weg. In **Blender** passieren wir die idyllisch gelegene Badestelle

Folgende Doppelseite:
Am Alveser See

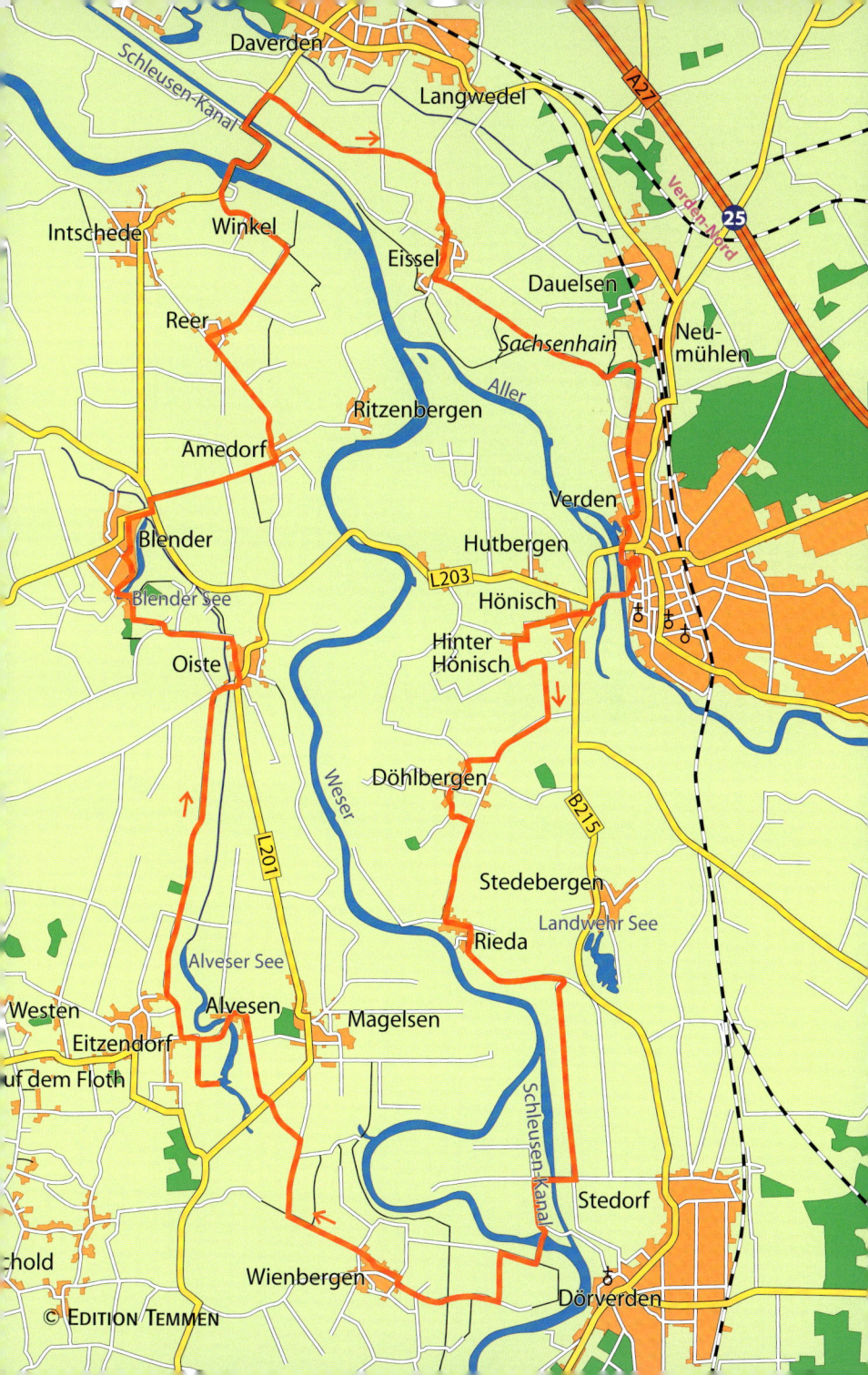

mit der anmutigen Liegewiese und gelangen durch den Kirchweg zu der hell erstrahlenden Kirche, die 1827 an den älteren Turm angebaut wurde. Die Grabplatte zwischen Turmhalle und Kirchenschiff erinnert an den ersten evangelischen Pastor Bertram Karbuch, der vom Sohn des Küsters erschlagen wurde. Die Kirche beherbergt eine Furtwängler-Orgel aus dem Jahre 1852.

An der Hauptstraße halten wir uns rechts, wechseln am ehemaligen Landhaus Klose zur schmucken Windmühle hinüber und setzen unseren Marschenweg nach **Amedorf** und Reer fort. Im Ort zweigen wir nach Winkel am Weserdeich ab und erreichen das **Wehr Intschede**. Oberhalb des Staus herrscht an Wochenenden reger Wassersportbetrieb. Wir überqueren die Weser, anschließend den Schleusenkanal und folgen dem Radweg nach **Groß Eissel**. Auf der steilen Geestkante ragt die Kirche von Daverden empor.

Schneeschmelze und lang anhaltende Regenfälle lassen Weser und Aller mitunter über die Ufer treten. Überschwemmt die Niederung, ist **Eissel** von der Außenwelt abgeschnitten – die Bewohner müssen sich dann mithilfe von Booten versorgen. In Richtung Verden, unmittelbar hinter dem Halsebach, wenden wir uns angesichts großer Findlinge zum **Sachsenhain**. An einem Rundweg erinnern 4500 Findlinge, die 1935 von den Nationalsozialisten errichtet wurden, an das angeblich im Jahre 782 von Kaiser Karl dem Großen befohlene »Blutgericht«.

Bei nächster Abzweigung nach rechts passieren wir die Niedersächsische **Storchenpflegestation**, folgen anschließend dem Radweg zur Innenstadt und gelangen durch den Maulhoop zur Allerstraße. Abwärts unterqueren wir Am Allerufer die Nordbrücke und erreichen wieder unseren Ausgangspunkt.

Anfahrt:
A 27, Bremen – Walsrode, Abfahrt Verden-Nord oder -Ost in Richtung Innenstadt; B 215, Nienburg – Rotenburg, Ab-

fahrt Verden zur Südbrücke; Syke – Thedinghausen – Verden, an der B 215 geradeaus

Karten:
ADFC-Regionalkarte Bremen und Umgebung 1:75.000

Wissenswertes:
Historische Altstadt Verden mit vielen schönen Fachwerkhäusern und breiter Palette von Baustilen aus 700 Jahren; *Dom* (14./15. Jh.), eine dreischiffige gotische Hallenkirche; *St. Johanniskirche* (12./13. Jh.), älteste Backsteinkirche Norddeutschlands; *Deutsches Pferdemuseum*; *Mittelweser,* eine bedeutende Wasserstraße, zwischen Bremen und Minden durch sieben Staustufen so reguliert, dass Schiffe sowohl bergauf als auch bergab stets genügend Wasser unter dem Kiel haben; die *Wasserkraft* wird an den Wehren zur Stromgewinnung genutzt. Der *Alveser und Blender See* sind Teile des alten Weserbettes.

Die im klassizistischen Stil in der ersten Hälfte des 19. Jh. erbaute *Kirche in Oiste*, die kleinste weit und breit, war bis Ende der 60er Jahre Sitz des Landessuperintendenten.

Einkehrmöglichkeiten:
Campingplatz Am See, am Alveser See (jeweils an Wochenenden, Tel. 04256/543 bzw. 04231/61705);
FuTai in Blender,
Tel. 04233/2520019, www.futai.de; vielfältiges Angebot in Verden

Auskünfte:
Tourist-Information Stadt Verden, Tel. 04231/12345;
Samtgemeindeverwaltung Thedinghausen,
Tel. 04204/8822;
Deutsches Pferdemuseum,
Tel. 04231/807140 und 807160,
www.dpm-verden.de

16 Von Syke zum Wachendorfer Geestrand und Süstedter Bruch

31 km

Über fünf Hachestege und -brücken führen kleine Wege zur verträumten Quellenschlucht der Clueser Beeke. Fachwerkspieker in Wachendorf, stille Bruchlandschaft und die Noltesche Wassermühle in Süstedt sind weitere Anlaufpunkte dieser Radwanderung. Durch wellige Geest und das herrliche Friedeholz kehren wir in die Hachestadt zurück.

Vom Innenstadtparkplatz Volksbank starten wir zur Fußgängerbrücke an der Hache, kommen am Europagarten vorbei und radeln dem Wasserlauf zum **Mühlenteichpark** entgegen. Der nächste Hachesteg leitet uns zum Birkenweg und zur Schlossweide. Wir schwenken zur Kreuzung und wählen danach den Hans-Mennel-Weg, der uns durch den Erlenbruch und über die Hache zur Steimker Straße führt. Uns rechts haltend, kreuzen wir bald erneut den Hachegrund und radeln gen Hude. Während der Geestrücken zur Rechten den Horizont begrenzt, schweift unser Blick über die Wiesen und Weiden des idyllischen **Hachetals**.

Von der Ackerkuppe bei Gut Hoope grüßt die Friedenseiche und talwärts passieren wir abermals die Hache. Oberhalb der Fischteiche, bei einer kleinen Scheune, folgen wir dem Hinweis zur **Clueser Beeke** und befinden uns unmittelbar darauf in der bewaldeten Schlucht des klaren, legendenumwobenen Quellenteiches, in dem sich eindrucksvoll die Buchen widerspiegeln. Ein heilsamer

Spieker in Wachendorf

Saftige Weiden im Hachetal

Brunnen soll hier früher vielen gebrechlichen Leuten Genesung geschenkt haben.

Den Rastplatz und Rundweg haben Landwirt Heinrich Hartje und seine Helfer in jahrelanger Arbeit geschaffen. Die einer Holztafel anvertrauten Zeilen »Schön sind die Alpen und schön ist die Schweiz, doch Clues an der Beeke hat auch seinen Reiz« finden sicherlich unsere Zustimmung.

Aufwärts setzen wir unseren Weg An der Loge fort. Wir passieren ein reetgedecktes Niedersachsenhaus, Pferdekoppeln und hinter dem Zipfel eines Buchenbestandes den **Eschenhof**. Geradeaus führt uns der Weg in die Heiligenfelder Königstraße, nahe am Feld- und Backsteinbau der Michaels-Kirche vorbei in Richtung Gödestorf. Vor einem Strohdachhaus biegen wir ab und rollen nach **Legenhausen** hinunter, wo wir auf ein stattliches, unter Eichen gelegenes Anwesen treffen. Weiter abwärts folgen wir dem abzweigenden Heidkamp.

In der Senke schließen wir uns dem für Radler erlaubten Privatweg **Zum Spieker** an, einer zur kleinen Gaststätte umgebauten Fachwerkscheune aus dem 17. Jh. Zugehörig ist der Campingplatz Zum Heussen. Der Teich unterhalb des Speichers lädt zu einem erfrischenden Bad und eine Hütte in Ufernähe bietet Gelegenheit zur Übernachtung.

Das benachbarte Grundstück, welches der bekannte Showmaster **Rudi Carrell** 1975 erwarb und bis zu seinem Tode im Jahre 2006 bewohnte, wird vom

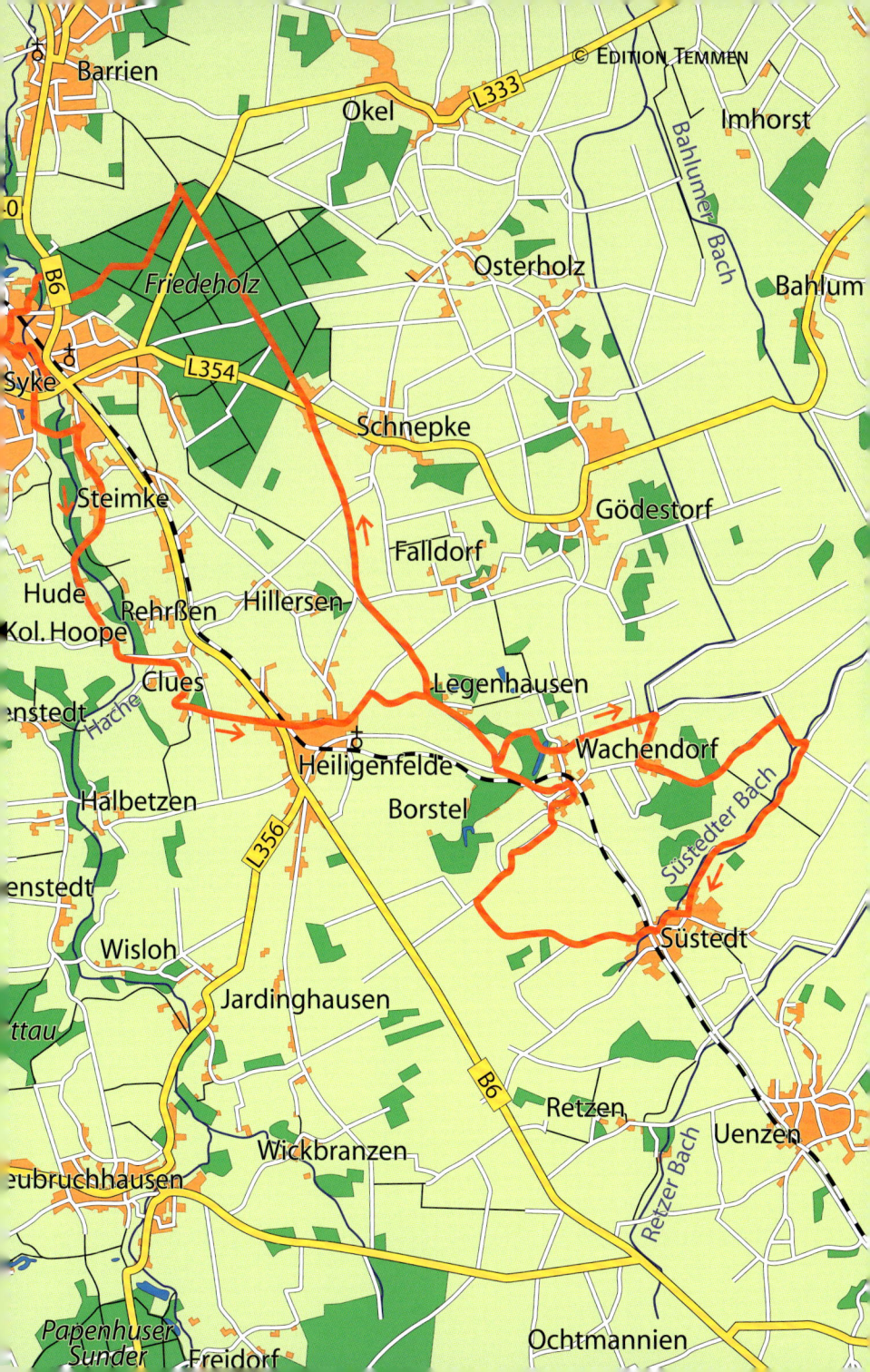

Die Friedenseiche bei Gut Hoope

Mühlenbach begrenzt. Das Anwesen, heute als Wohnheim für Pflegebedürftige eingerichtet, umfasst neben dem 1897 errichteten Herrenhaus alte Fachwerknebengebäude, eine Wassermühle sowie einen ausgedehnten, von großem Baumbestand flankierten Mühlenteich. Während der kalten Jahreszeit können wir den im Waldzipfel gelegenen historischen Knipkenbarg einsehen.

Der seinerzeit mit einem Wall, Wassergraben und Palisadenzaun gesicherte Burghügel gehörte vor etwa 1000 Jahren zu einer kleinen Ritterburg. Französische Geschichtsschreiber nannten eine solche Anlage Motte, was kleiner Hügel in ebener Umgebung bedeutet.

Auf dem freien Ackergelände vor dem Campingplatz soll nach einer gegenwärtigen Sandentnahme ein Rosarium entstehen.

Wir folgen dem Wasserlauf, überqueren den Bach und kommen vorbei an zwei Fachwerkscheunen zum **Heisterort**. Uns links haltend, erreichen wir den von Erlen bestandenen Bruchdamm und schwenken bei der Baumschule rechts in den Hermann-Löns-Weg ein. Die anschließende Neddernheide führt uns in den teils bewaldeten, von Wasserläufen durchzogenen **Wachendorfer Bruch**. Am Ende halten wir uns rechts, umfahren das ehemalige Schleusenwärterhaus und folgen dem Süstedter Bach durch die Rethwiesen in den Ort.

Das Wachendorfer und Süstedter Bruchgebiet gehörte zum

Die Quellenschlucht Clueser Beeke

Meliorationsprojekt, das zwischen 1882-88 zur Verbesserung der landwirtschaftlichen Nutzung durchgeführt wurde.

Aus dieser Zeit stammen Gräben, Kanäle, Stauanlagen und Schleusen. 1962 wurde die Bewässerung eingestellt und das gesamte Bruchgebiet trockengelegt.

Auf dem Mühlenweg erreichen wir die **Noltesche Wassermühle** und eine Rastbank am Mühlenteich. Die Mühle, Ende des 17. Jh. erstmalig erwähnt, befindet sich seit 1997 im Eigentum der Gemeinde Süstedt und wird durch den Heimatverein Süster Kring genutzt, der die angrenzende ortsbildprägende Scheune aus dem Jahre 1850 für kulturelle Zwecke vorbildlich restauriert hat.

Die Dorfstraße und die Kleinbahnschienen überqueren wir an alten Speichern vorbei zum Wöpelberg. In einer Schlucht und unter Eichen befindet sich links des Weges eine Ehrenanla-

Der historische »Knipkenbarg« in Wachendorf

ge. Nach zwei Häusern folgt ein kurzes Stück Grasnarbe. Auf der Höhe von 50 m über NN bietet sich eine imposante Fernsicht über die Bruchniederung und das Wesertal.

Am Holzkamp radeln wir leicht aufwärts und »umgehen« die eingezäunte Höhe **Voß-Enden** (51,3 m). Bei einem Abstecher unterhalb der Einfriedung gewinnen wir ebenfalls einen großartigen Ausblick. Das Panorama erstreckt sich von den Badener Bergen bis zum bewaldeten Geestrücken Sellingsloh und zu den Höhen zwischen Verden und Rotenburg.

Bergab fahren wir an der alten Schule vorbei, schwenken am Alten Berg ab und treffen bei der Friedenseiche und dem mit der Jahreszahl 1230 beschrifteten Ortsstein auf einen liebevoll restaurierten Kornspeicher. In der Nähe wurde der **Wachendorfer Glockenturm** nach historischen Plänen neu errichtet. Wir wenden uns aufwärts zum Straßenkreisel, überqueren in Richtung Heiligenfelde das Gleis der Kleinbahn und zweigen am Wäldchen Bullenkopp nach Legenhausen ab.

In Wachendorfer Gärten soll einst ein rasender Bulle gewütet haben, der übermütig einen Hügel auf die Hörner nehmen wollte. Als er in das Erdreich stieß und sich in den Wurzeln einer Eiche verfing, habe er sich das Genick gebrochen. Seither nenne man das Gehölz Bullenkopp.

Wir passieren das Gestüt Famos, überqueren eine Straße und schwenken vom Fuchsweg hinauf zum **Schnepker Schlatt**, das bereits 1935 als Naturschutzgebiet ausgewiesen wurde. Auf dem Heerweg wechseln wir hinüber zum **Friedeholz** und durchradeln den herrlichen Hochwald bis zum jenseitigen Saum, nahe dem Friedeholz-Schlatt. Wir schwenken links waldeinwärts, radeln bei der Schutzhütte geradeaus und biegen rechts in den sich schlängelnden **Douglasien-Pfad** ein. Am Ende kommen wir an einem Spiel- und Märchenplatz nebst Unterstand vorbei und halten uns kurz vor dem Waldrand nach rechts.

Begeben wir uns am Märchenplatz etwa 20 Schritte waldeinwärts, stehen wir vor der eigenartig auf zwei Stämmen gewachsenen Kastenbeinbuche, einem etwa 115 Jahre alten Naturdenkmal – benannt nach dem damaligen Förster.

Nach prächtigem Buchenrevier und dem Denkmal wechseln wir die Straßenseite zum **Kreismuseum**, überqueren auf einer Holzbrücke die Hache und stoßen nach dem Erlenbruch auf den Hachedamm. Hier rechts und bei nächster Kreuzung links abbiegend, erreichen wir »An der Volksbank« wieder unseren Ausgangspunkt. Nach Vollendung des **Hachepadds** lässt sich der letzte Wegabschnitt entlang des Flüsschens abkürzen.

Anfahrt:

Syke ist Bahnstation der Strecke Bremen – Osnabrück und der Kleinbahn De Kaffkieker, die in den Monaten Mai bis September jeden 1. und 3. Sonntag im Monat sowie an Sondertagen zwischen Eystrup, Hoya, Bruchhausen-Vilsen und Syke verkehrt; B 6, Bremen – Nienburg, Abfahrt Zum Hachepark

Karten:

ADFC-Regionalkarte Bremen und Umgebung 1:75.000

Wissenswertes:

Inmitten des Ackers gepflanzt, die *Friedenseiche bei Gut Hoope* (1918); *Clueser Beeke,* schluchtartiges Quellental; *Michaels-Kirche* in Heiligenfelde mit romanischem Taufstein (13. Jh.); *Knipkenbarg,* mittelalterlicher Burghügel in Wachendorf; *Meliorationsprojekt* (1888) im Wachendorfer und Süstedter Bruch; siehe auch Radwanderung Nr. 17 Durchs Hachetal nach Holschenböhl; *Noltesche Wassermühle*, im 17. Jh. erstmals schriftlich erwähnt.

Von den im Friedeholz wachsenden *Douglasien* hat die Forstverwaltung Syke starke, bis zu 125 Jahre alte Riesen unter Schutz gestellt. Das *Kreismuseum in Syke* ist mit Ackerbürgerhaus, Kindermuseum und Forum *Gesseler Goldhort*, mit seinen Sammlungen aus den Bereichen Kultur, Geschichte und Natur sowie mit Aktionstagen, wechselnden Ausstellungen weit über die Kreisgrenze hinaus bekannt und wird von allen Altersgruppen gern besucht. In der Nähe des Museums erinnert ein Denkmal an Herzog *Friedrich Wilhelm von Braunschweig,* der hier am 5.8.1809 auf der Flucht vor Napoleons Truppen mit seinen Schwarzen Husaren kurze Rast gehalten hat. – Siehe auch Tour Nr. 6 Entlang der Ollen und Hunte nach Elsfleth.

Der künstlerisch gestaltete *Eu-*

Am Kirchplatz in Heiligenfelde

ropagarten erinnert an die am 9. Dezember 1946 in Syke erfolgte Gründung der Europa-Union Deutschland. Die Gründungshandlung wurde von Wilhelm Heile geleitet, Landrat des damaligen Kreises Grafschaft Hoya.

Einkehrmöglichkeiten:
Zum Spieker, an Wochenenden zu bestimmten Zeiten geöffnet, Tel. 04240/237; Wachendorf; vielfältiges Angebot in Syke

Auskünfte:
Stadtverwaltung Syke,
Tel. 04242/1640;
TourismusService,
Bruchhausen-Vilsen,
Tel. 04252/930050;
VGH Verkehrsbetriebe
Grafschaft Hoya GmbH,
Tel. 04251/93550;
www.kaffkieker.de;
Syker Kreismuseum,
Tel. 04242/2527,
www.kreismuseum-syke.de

17 Durchs Hachetal zum Holschenböhl

41 km

Die reizvolle Radwanderung beginnt in Syke und verläuft von Nienstedt bis Wickbranzen im idyllischen Hachetal. Über einen schmalen Geestrücken und durch die Schlucht des Retzer Bachs gelangen wir in die weite, stille Bruchlandschaft zwischen Uenzen und Schwarme. Die einsam gelegene Ausflugsgaststätte Zum Holschenböhl bietet Gelegenheit zu gemütlicher Rast. Durch den Süstedter Bruch und über den Wachendorfer Geestrand erreichen wir wieder die Hachestadt.

Ausgangspunkt ist der Bahnhof in **Syke**. Wir radeln durch die Gartenstraße und wechseln an der Ampel zur Sulinger Straße. Dort wählen wir sogleich den abzweigenden Radweg und gelangen mit Ausblick auf den Finkenberg, und nach einem Spielplatz auf der durch ein Neubaugebiet führenden Bettina-von-Arnim-Straße, zur Lindhofhöhe. Hier wenden wir uns zum Wald, überqueren die Finkenbergstraße und fahren vor

Am Moorgraben in Syke

dem Waldgebiet Westermark an einem Bauernhof und einem Gehölz vorbei in malerischer Schleife nach **Ramminghausen** hinunter.

Nach Höfen mit Streuobstwiesen, Schafkoppeln und Tannenbaumanpflanzungen schwenken wir am Ende der Bauernschaft Zur Westermark ein und radeln nach einer Kurve durch eine Feldmarksenke. Vor dem Erlengürtel der Hache schließen wir uns dem ansteigenden Radweg an der Henstedter Straße an. Im Ortsteil Nienstedt überqueren wir nach

Der Kaffkieker hält in Uenzen

Bauernhöfen und Pferdekoppeln die **Twillbeeke** und bleiben bei der alten Schule und dem Denkmal in Henstedt geradeaus in Richtung Neubruchhausen.

Wir passieren Fachwerkhäuser, das Kleine **Dorfmuseum** und landwirtschaftliche Anwesen. Dem Wegweiser nach **Wisloh** folgen wir und überqueren im Erlenbruch die Hachebrücke. Vor den ersten Häusern genießen wir einen schönen Ausblick in die urwüchsige Talniederung – im Frühjahr kann man hier der Nachtigall lauschen. Am Ortsausgang steigt das Gelände zwar etwas an, doch gleich Auf dem Sunder biegen wir rechts ab und rollen am Ende durch zwei Kurven abwärts, um dann in die **Wickbranzer Kastanienallee** einzubiegen.

Der Hache wieder näher gekommen, umgibt uns eine Idylle: Bauernhöfe, Eichen und Pferdekoppeln prägen das Bild. Der Kastanienallee folgen wir zu einem Gehölz hinauf und kommen zum Benser Weg. Wir halten uns rechts und wählen die Abzweigung Bomhoff zum Radweg an der B 6. Etwa 500 m südlich führt uns eine Birkenallee in das **Retzer Bachtal** hinunter. Sowohl in der Senke als auch im Gegenanstieg bieten sich reizvolle Ausblicke.

Wir verlassen die hier besonders schön gewölbten Geesthügel und radeln dem **Uenzener Bruch** entgegen. Vorbei an Fachwerkhäusern erreichen wir den Gasthof Zur Post und biegen in den Winkel Ortheide ab. Auch hier passieren wir im Fachwerkstil errichtete Wohnhäuser

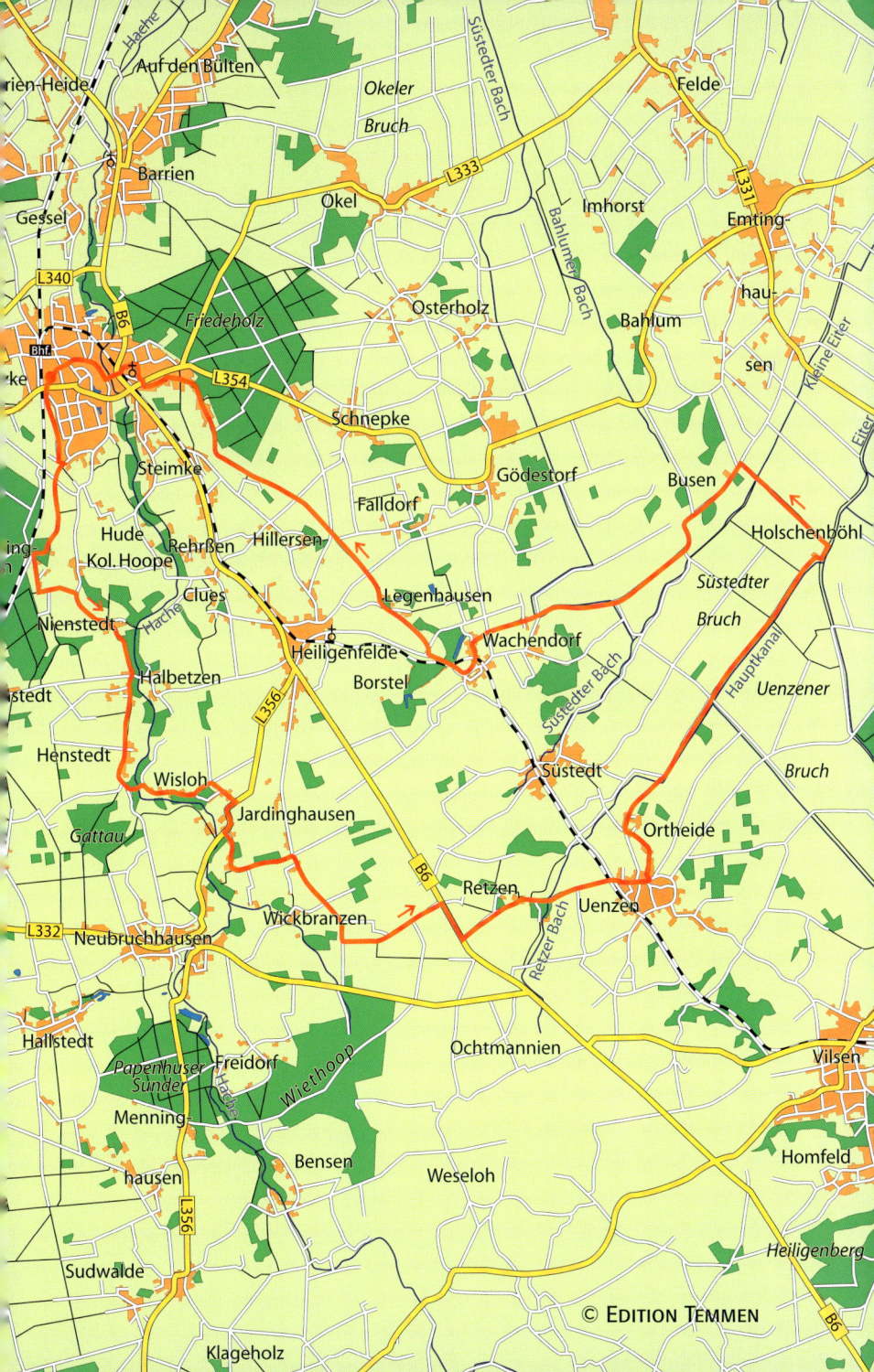

mit Nebengebäuden. An der nächsten Kreuzung halten wir uns rechts und treffen bei einem Findling auf eine Rastbank.

Unvermittelt umfängt uns die Stille der von Kanälen und Gräben durchzogenen Bruchlandschaft. Begleiten uns anfangs noch Bruchwald und größere Baumgruppen, so wird das Bild zunehmend von Feldern, Wiesen und Weiden geprägt. Bei guter Sicht entdecken wir rechter Hand den bewaldeten Höhenzug **Sellingsloh**.

Das verästelte System von Wasserläufen zeugt von einem gewaltigen Meliorationsvorhaben, das 1882–1888 zwischen Hoya und Syke durchgeführt wurde. Die Be- und Entwässerung der Niederungsgebiete sollte zur Verbesserung von Acker- und Weideland dienen.

Unser Weg folgt dem Retzer Bach und dem Hauptkanal. Vielleicht erspähen wir den Graureiher. Aus der Ferne, zwischen Baumwipfeln, schimmert uns bald das rote Dach der Gaststätte **Zum Holschenböhl** entgegen. Dort, in unmittelbarer Nähe des Flüsschens **Eyter**, können wir bequeme Rast einlegen.

Der Sage nach soll vor Jahrtausenden ein Riese auf seinen Wanderungen durch die Sand- und Bruchgebiete des Weserurstromtals seinen Holzschuh – plattdeutsch: Holschen – voller Sand gehabt und ihn dort entleert haben, wo die Gaststätte steht. Der Sand bildete ein kleines Häufchen – plattdeutsch: Böhl. Das Anwesen entstand, als hier 1878 ein Schäferhaus errichtet wurde, das durch die leichte Erhebung in der Landschaft vor Überschwemmungen geschützt war. Holschenböhl war in der Vergangenheit vornehmlich Insidern bekannt. Wenn seinerzeit Bauern oder Jäger in die verlassene Gegend kamen, wurden sie in der Küche oder Stube bedient.

Nach der Gaststätte entfernt sich unser Heckenweg von der Eyter. An der nächsten Kreuzung halten wir uns links, radeln im Ortsteil Busen an einem kleinen Wald vorbei und tauchen in die Weite des **Süstedter Bruchs** ein. Allmählich aber wird die Erhebung der Geest wieder sichtbar. Saftgrüne Weiden, Hecken und Gehölze verdichten sich. Rehe sind hier nicht selten. Im späten Frühjahr erschallt aus hohen Pappelreihen der unverwechselbare Ruf des Pirols.

Kurz vor **Wachendorf** fahren wir an zwei Wegekreuzungen geradeaus und überqueren die Straße zum Heisterort. Vorbei an zwei alten Fachwerkscheunen, die zum Anwesen des Showmasters Rudi Carrell gehörten, der den einstigen Herrensitz von 1975 bis zu seinem Tod im Jahre 2006 bewohnte, kommen wir bei einem liebevoll restaurierten Spieker zu dem Ortsstein mit der Jahreszahl 1230 (gegenüber der Friedenseiche). In der Nähe wurde der **Wachendorfer Glockenturm** nach historischen Plänen neu errichtet.

Hier halten wir uns leicht aufwärts in Richtung Heiligenfelde, passieren die Kleinbahnschienen und biegen am Wäldchen Bullenkopp nach **Legenhausen** ab.

Nach einem stattlichen Anwesen und dem Gestüt Famos überqueren wir die Straße Heiligenfelde – Falldorf und radeln auf dem Fuchsberg, abseits des Schnepker Schlatts, geradeaus.

Nach der Kuppe entdecken wir den Syker Kirchturm und halten uns zur Flanke des **Friedeholzes** abwärts. Auf der Siebenhäuser gelangen wir hinunter zum Amtmannsteich, wo von einst drei prächtigen Ulmen in den letzten Jahren zwei Bäume gefällt werden mussten. Der Teich gehört mit dem Skulpturenpark zum **Syker Vorwerk**, das heute mit Ausstellungen zeitgenössischer Kunst, Konzerten und Lesungen kulturellen Zwecken dient.

Wir schwenken gegenüber dem Amtmannsteich, an dem wiederholt der Eisvogel zu beobachten war, in den Moorgrabenweg ein.

Über die dritte Holzbrücke erreichen wir die Waldstraße

Folgende Doppelseite:
Die Birkenallee und Blutbuchen bei Retzen

und durch die ruhige Hermannstraße gelangen wir zum Brunnenplatz vor dem Rathaus und der Kirche. An der Herrlichkeit wechseln wir zum Mühlendamm und haben hier Gelegenheit zu einem Rundgang durch den an der Hache gelegenen **Mühlenteichpark**. Neben den Bäumen des Jahres aus über zweieinhalb Jahrzehnten werden wir auch die kaukasische Flügelnuss mit ihren fächerförmig ausladenden Ästen und den chinesischen Urweltmammutbaum mit seiner rotbraunen Rinde entdecken. Vor dem alten Fachwerktorhaus des Amtshofes biegen wir in die Bummelmeile **Hauptstraße** ein.

Im Jahre 1250 sollen die Bremer Stadtmusikanten, aus Richtung Neubruchhausen kommend, durch Syke gezogen sein. Ihre Spuren entdeckte der Kaufmann Arno Müller 1976 bei Grabungsarbeiten neben einem alten Brunnen. Auf einer Bronzetafel mit Erklärung wurden die Spuren am Haus Stuckenschmidt in der Hauptstraße Nr. 52 festgehalten.

Am Ende schwenken wir in die Bahnhofstraße ein und erreichen wieder unseren Ausgangspunkt.

Anfahrt:
Syke ist Bahnstation der Strecke Bremen – Osnabrück und der Kleinbahn De Kaffkieker, die in den Monaten Mai bis September jeden 1. und 3. Sonntag im Monat sowie an Sondertagen zwischen Eystrup, Hoya, Bruchhausen-Vilsen und Syke verkehrt; mit dem Auto von der B 6, Bremen – Nienburg, über die Nord- bzw. Südumgehung in Richtung Bahnhof

Karten:
ADFC-Regionalkarte Bremen und Umgebung 1:75.000

Wissenswertes:
Das imposante *Meliorationsprojekt Bruchhausen – Syke – Thedinghausen* wurde nach Schließung der Weserdeichlinie bei Hoya (1852) ins Leben gerufen. Die Überflutungen hatten in der Vergan-

genheit schlickreiches, düngerhaltiges Weserwasser auf die Niederungsflächen gebracht. Als die Erträge der Wiesen und Weiden stetig gesunken waren, reifte die Überlegung, die winterlichen Überschwemmungen des Grünlandes künstlich und kontrolliert wieder herbeizuführen. Die gegründete Meliorationsgenossenschaft hatte ihren Sitz in Bruchhausen. Infolge der Weserregulierung ließ der Schlickanteil des Flusswassers immer mehr nach. 1962 wurde die Bewässerung eingestellt und das gesamte Bruchgebiet trockengelegt.

Bullenkopp siehe Radwanderung Nr. 16 Von Syke zum Wachendorfer Geestrand und Süstedter Bruch.

Einkehrmöglichkeiten:
Zum Holschenböhl,
Tel. 04295/248,
www.holschenboehl.de;
Zum Spieker, (an Wochenende zu bestimmten Zeiten geöffnet) Tel. 04240/237; Wachendorf; vielfältiges Angebot in Syke

Auskünfte:
Stadtverwaltung Syke,
Tel. 04242/1640;
VGH Verkehrsbetriebe Grafschaft Hoya, Hoya/Weser,
Tel. 04251/93550,
www.kaffkieker.de

Radler vor einem Rapsfeld bei Retzen

18 Papenhuser Sunder – Benser Schweiz – Quellental 23 km

Über Staatshausen, wo der Gehegeforst den verschwiegenen Pastorendiek hütet, führt diese Radwanderung ins idyllische Hachetal bei Bensen, zum Erdmannsgrab im Papenhuser Sunder und ins urwüchsige Quellental.

Oberhalb von **Hallstedt** starten wir am Campingplatz und fahren auf separatem Radweg in das Dorf hinunter, in dessen Mitte uns der **Göpelplatz** unter Buchen und Eichen und mit seinem eindrucksvollen Hinkelstein zu gemütlichem Aufenthalt und zur Rast einlädt. Nach der Talsenke und an Fachwerkhäusern vorbei erreichen wir **Albringhausen**. Im Dorf halten wir uns links und biegen zwischen den Häusern Nr. 40 und 43 in Richtung Staatshausen ab.

Der »Prediger« und der »Cantor« haben hier früher Torf gegraben

Bäume, Hecken und Sträucher lockern die bunte Feldmark auf. Zur Rechten durchschlängeln die Schorlingborsteler Beeke und weiter unten die Nienstedter Beeke das hügelige, von Weiden und Wäldchen geprägte Grünland. Ein Teil des Weges ist zwar nicht befestigt, doch bei trockener Witterung gut befahrbar. Nach dem Forstrevier Habichthorst mit der durchfließenden Heide-Beeke erreichen wir **Staatshausen** und die Straße Sudwalde-Neuenkirchen. Im angrenzenden Wald stellt der bezaubernde **Pastorendiek** mit seinen naturbelassenen Uferbereichen einen besonderen Anziehungspunkt dar.

Anschließend überqueren wir die Straße Sudwalde – Mallinghausen und fahren auf der Birkenallee bis zum links abzweigenden Sträßchen, das am Klageholz vorbeiführt. Die Müßebruchstraße lenkt ins liebliche Hachetal und nach **Bensen** hinab. Gleich am Dorfeingang überqueren wir den hier noch jungen Bach und übersehen bei der Ortstafel und einer Rhododendronhecke sicherlich nicht den prächtigen, die Benser Schweiz verkündenden Findling – die malerische Landschaft mit ihren unvermuteten Ausblicken unterstreichend.

Oberhalb des Erlengürtels folgen wir dem sich schlängelnden Lauf des Flüsschens bis zum Saum des Waldgebietes Wiethoop, überqueren abwärts erneut die Hache und wenig später die Straße Sudwalde – Neubruchhausen.

Nach 200 m biegen wir in den **Papenhuser Sunder** ein. Der artenreiche Baumbestand geht auf die forstwirtschaftlichen Ideen des Oberforstmeisters Friedrich August Christian Erdmann zurück, der 1892 die Leitung der Oberförsterei Neubruchhausen übernahm. Seine letzte Ruhestätte fand er inmitten des Waldes, dem seine Lebensarbeit gewidmet war. Am ersten Querweg halten wir uns links, steigen ab und biegen in den nächsten rechts abzweigenden Pfad ein, der uns zum **Erdmannsgrab** führt. Den ansehnlichen, ebenmäßig gewölbten, mit einem Findling besetzten Grabhügel finden wir in eindrucksvoller Waldkulisse unter altem, lichtem Buchenbestand.

Dem Waldbesucher fallen zahlreiche niedrige Wälle auf. Sie deuten auf frühere parzellenartige Waldhude hin. Unbemerkt bleiben häufig die Hügelgräber. Auf Waldbegehungen, besonders im Jahre 1974, wurden im Papenhuser Sunder 27 Grabhügel ermittelt. Grob geschätzte Alterszuweisungen geben die frühe Eisenzeit an: ca. 800 v. Chr. bis in die ersten Jahrhunderte nach der Zeitenwende. Die Hügelgräber wurden wissenschaftlich noch nicht eingehend erforscht.

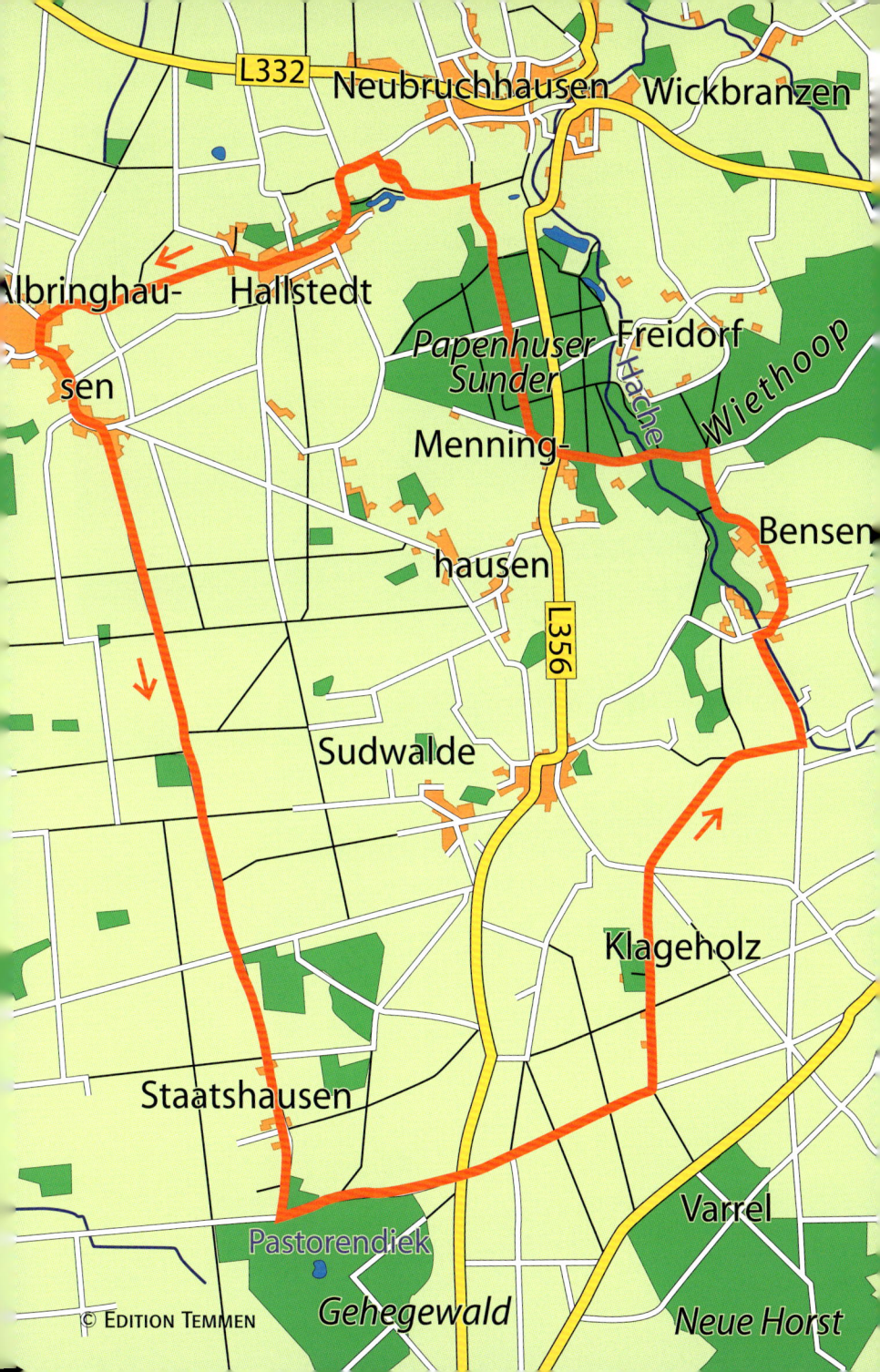

Der Pastorendiek

Unser Pfad windet sich unter hohen Wipfeln fort und trifft an zwei Hügelgräbern vorbei wieder auf den Hauptweg, den wir bis zum gegenüberliegenden Buchenwaldzipfel durchradeln.

Der Feldrain bietet einen schönen Ausblick über die vor uns liegende Bachschlucht und bis Neubruchhausen. Wir rollen geradeaus ins Tal und folgen dem Wasserlauf nach links. Hier führen wir das Rad und gelangen durch das wildromantische **Quellental**, an Teichen und urwüchsigen Bäumen vorbei, zu unserem Ausgangspunkt.

Anfahrt:
B 6, Syke – Nienburg, Abfahrt Heiligenfelde bzw. Ochtmannien in Richtung Neubruchhausen – Hallstedt; B 51, Stuhr-Brinkum – Bassum, Abfahrt in Richtung Neubruchhausen

Karten:
ADFC-Regionalkarte Bremen und Umgebung 1:75.000

Die Alte Oberförsterei in Neubruchhausen

Wissenswertes:
Das neue Wahrzeichen des Ortes Hallstedt, der über 12 Tonnen schwere Hinkelstein am Göpelplatz, stand bis Mitte Februar 2008 auf einem Acker zwischen Hallstedt und Albringhausen.

Der märchenhafte, versteckt im Wald liegende *Pastorendiek* war früher das Pfarrmoor der Sudwalder Kirche: der »Prediger« und der »Cantor« (Lehrer) haben hier vor 1764 Torf gegraben. Der Teich besitzt einen breiten, verlandenden Uferbereich mit seltenen Pflanzen und wurde bereits im Jahre 1926 unter Naturschutz gestellt.

Von der *Benser Schweiz* ist erstmals um 1900 in der Zeitung zu lesen. Landschaftszüge, die viel Wasser, Wälder und Anhöhen aufzuweisen haben, nennen wir hierzulande nach unserem Nachbarland. Dies kam vorwiegend in der zweiten Hälfte des 19. Jh. mit den Gefühlen für Ferien und Fernweh auf. In Bensen existierten früher mehrere Wassermühlen, weshalb die Hache hier auch *Mühlenbeeke* genannt wurde.

Oberforstmeister *F. Erdmann* (1859–1943) begann nach umfangreichen Studien, den »Waldanbau auf natürlicher Grundlage« zu entwickeln. Sein Ziel war die Mischwaldvermehrung mit entsprechender Bodenpflege. Nach seiner Pensionierung (1924) wurde die Forstverwaltung zu seinen Ehren umbenannt in Erdmannshausen. Diesen Namen trägt die nach Schwaförden verlegte Forstdienststelle auch heute.

Einkehrmöglichkeiten:
Hotel, Café, Restaurant Zum Mühlenteich, Tel. 04248/902020, www.zummuehlenteich.de;
Gasthaus Zur Post in Neubruchhausen,
Tel. 04248/93000
www.gasthaus-zurpost.de

Auskünfte:
Stadt Bassum,
Tel. 04241/840;
Samtgemeinde Schwaförden,
Tel. 04277/93030

Von der Benser Schweiz wurde erstmals um 1900 berichtet

19 Bruchhausen-Vilsen – Sellingsloh – Martfeld   36 km

Vom Geestrand in Bruchhausen-Vilsen und dem bewaldeten Höhenrücken Sellingsloh tauchen wir hinab in die von Hecken, Fleeten und Kanälen durchzogene Bruchlandschaft um Mallen. In der von Wiesen, Weiden und Feldern geprägten Niederung radeln wir durch beschauliche Bauernschaften und kleine Orte ins idyllische Martfeld mit seinen Fachwerkhöfen, prächtigen Bäumen und alten Windmühlen. Der Laubwald Hoyaer Weide führt ins Herz des reizvollen Luftkurortes zurück, vorbei am Amtshof, Marktplatz und Museumsbahnhof.

Am Bürgerpark in **Bruchhausen-Vilsen**, nahe dem Wiehebad, brechen wir in Richtung Homfeld auf. In der Senke, bei einem Teich, biegen wir noch nicht nach Wöpse ab, sondern radeln mit schönem Ausblick auf Wiesen, Weiden und Gehölze zur **Wassermühle Bruchmühlen** hinunter. Oberhalb des Wasserrades finden wir den hoch gelegenen Mühlenteich, auf dem der Schwan seine Bahn zieht.

Gegenüber schwenken wir in den Hagedornweg ein, wo uns Felder, Wiesen und tiefe Gräben begleiten. Bei einer Eiche und einem Findling halten wir uns links und folgen bei nächster Kreuzung dem Symbol AchterTour (Rad/Lok) durch einen schattigen Erlenbruch. In **Wöpse** umfahren wir eichenumstandene Bauernhäuser und streben in leichtem Anstieg dem bewaldeten Wöpser Berg entgegen. Von der Kuppe

Die Museums-Eisenbahn in Bruchhausen-Vilsen

Bi de Kaffeestuv in Riethausen

genießen wir einen weiten Ausblick über die wellige Feldmark und rollen nach **Riethausen** hinab.

In der Mitte des Dorfes biegen wir links ab zum nahen Waldgebiet **Sellingsloh**.

Eingeweihte Torenliebhaber werden sich bei der nächsten Hofstelle wehmütig an die vor wenigen Jahren aufgegebene Kaffeestuv erinnern: an die blaue Stube und an die raffiniert nach Hausfrauenart selbstgebackenen Torten.

Am Forstrand halten wir uns links, wählen den nächsten Weg waldeinwärts und radeln geradeaus durch herrliche Buchen- und Eichenreviere hinunter nach **Stapelshorn** – nur bei der Sandgrube ist der Weg etwas uneben. Am Majestätenplatz treffen wir auf eine schön gelegene Schutzhütte und halten uns nach einigen Häusern und Gärten an der Gabelung rechts. Nach dem Hof Wohlers überqueren wir den von einem Baumgürtel gesäumten und im Sommer von Teichrosen bedeckten **Meliorations-Hauptkanal**.

Der Meliorationshauptkanal war Teil eines 1882 begonnenen, gewaltigen Be- und Entwässerungssystems zwischen Hoya, Bruchhausen, Thedinghausen und Syke. Die Melioration diente der Düngung des Grünlandes mit schlickhaltigem Weserwasser. Infolge der Weserregulierung ließ der Schlickanteil immer mehr

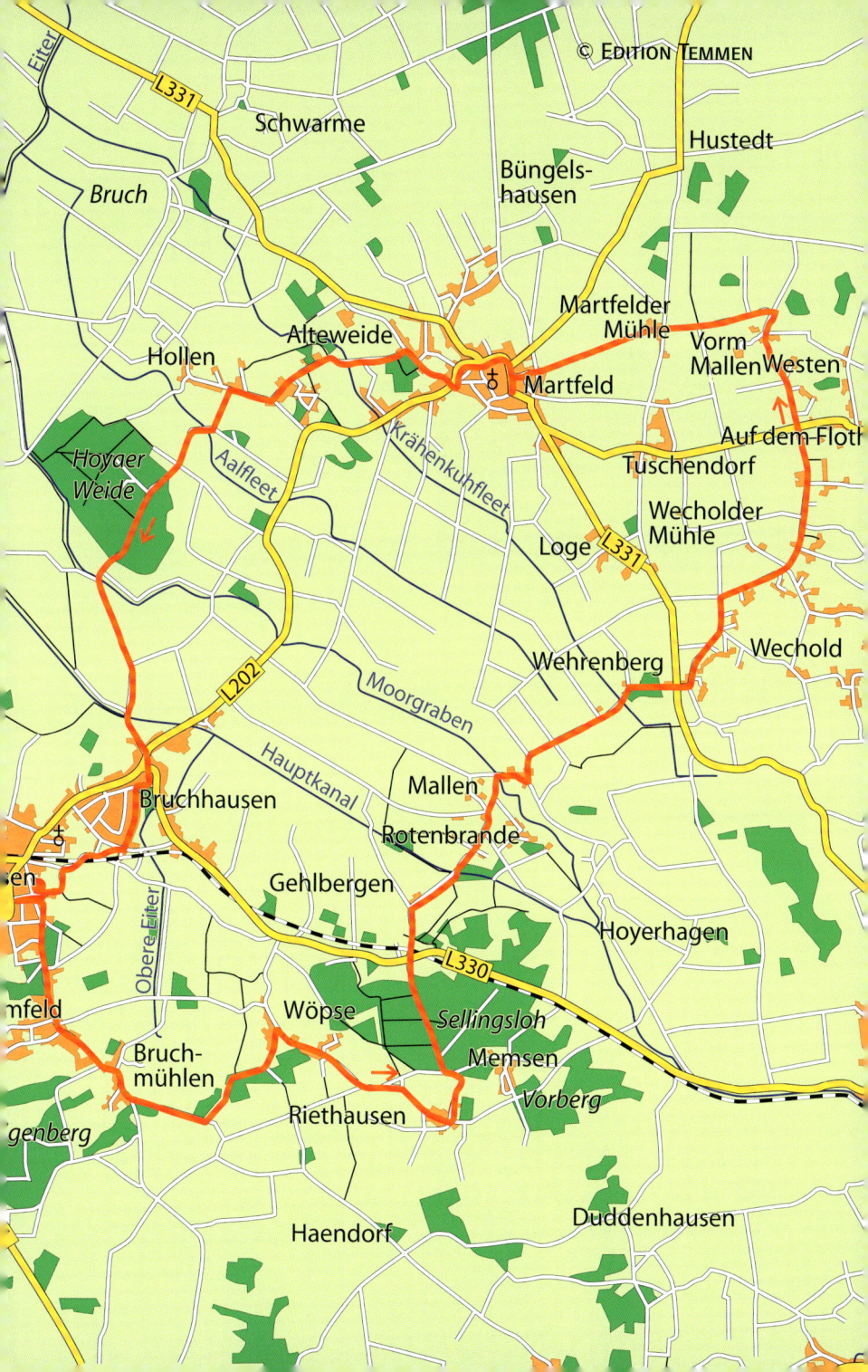

Der Mittelpunkt Niedersachsens bei Hoyerhagen

formationstafel. Gegenüber markiert ein Natursteinsockel mit bildhauerisch gefertigtem Stein und einer kleinen Messingkugel den **geografischen Mittelpunkt Niedersachsens**. Auch die ZENTRAL„ste BANK von Niedersachsen lädt zur Rast.

Unser Weg zur Bauernschaft Wehrenberg wird von artenreichen Busch- und Baumreihen flankiert. Die kreuzende Straße überqueren wir, halten uns dann links und folgen dem späteren Radweg an der K 141 ein Stück nach rechts. An der nächsten Kreuzung geht es links zur Wecholder Mühle, aber wir folgen der kleinen Eitzendorfer Straße geradeaus und radeln durch die beschaulichen **Bauernschaften** Schmetsort, Auf dem Flöth und Vorm Mallen.

Während sich linker Hand die weite Feldmark erstreckt, liegen gegenüber die einzelnen, von Eichen umstandenen Bauernhöfe verstreut und weit von der Straße zurück. Davor durchziehen tiefe Gräben die Weiden

nach. Außerdem kam die Verwendung von Kunstdünger auf. 1962 wurde die Bewässerung eingestellt.

Auf dem Weg nach Rotenbrande und Mallen passieren wir vereinzelte Bauernhöfe, Streuobstwiesen und Gehölze. Ein **Findling** erinnert an die Flurbereinigung Hoyerhagen. Hier zweigen wir rechts ab und treffen an der nächsten Kreuzung auf ein Eichengehölz nebst Rastplatz, Unterstand und In-

und Pferdekoppeln. Vorm Mallen treffen wir auf einen kleinen Unterstand nebst Tisch und Bank. Taucht nach den letzten Häusern, beim Moorhof, ein Gehölz auf der rechten Seite auf, biegen wir kurz vorher links in den betonsteingepflasterten, von Erlen, Eichen und Heckenbüschen gesäumten Windmühlenweg ein. Nach einem Wasserlauf und einer Querstraße erhebt sich vor uns die 1851 errichtete **Martfelder Feldmühle** (Galerie-Holländer).

Dem Mühlenweg und Alten Schulweg folgen wir zur **Fehsenfeldschen Mühle**, dem Martfelder Wahrzeichen. Der dreistöckige Galerieholländer von 1870, vom örtlichen Heimat- und Verschönerungsverein 1991 restauriert, überragt mit seinen Flügelspitzen den Turm der nahen **Catharinen-Kirche**. Im anmutigen Ortskern treffen wir auf viele Bauernhöfe, deren Haupt- und Nebengebäude im Fachwerkstil errichtet sind. Pferdekoppeln und prächtige Bäume fügen sich harmonisch ins Ortsbild.

Die Feldmühle in Martfeld

Am Eichenhain Echterkamp finden wir einen schattigen Rastplatz. Hier informiert ein Findling über »800 Jahre Martfeld«. Nach der Gaststätte Il Porcino biegen wir von der Hauptstraße in den Wiesengrund ein und folgen, etwas nach rechts versetzt, dem Hollener Weg über Alteweide durch eine liebliche Gehölz- und Weidelandschaft. In Hollen stoßen wir auf den Radweg an der Sprakener Straße und schwenken bei nächstem

Weg zum Forst **Hoyaer Weide** ab. Unter Buchen und Eichen durchradeln wir den Wald und überqueren die Eyter und den Hauptkanal.

Dann empfängt uns der Ortsteil **Bruchhausen**. In der Schloßstraße und an der Schönen Reihe ziehen alte, liebevoll erhaltene Fachwerkgebäude unsere Blicke auf sich. Wir halten uns etwas nach links, wechseln hinüber zum Park und befinden uns unvermittelt auf dem lauschigen Amtshof, an dessen Stelle sich im Mittelalter eine Burganlage befand. Das 1565 errichtete **Schloss** wurde 1627 zerstört und 1775 wieder aufgebaut. Es befindet sich heute in Privatbesitz.

Wir verlassen die Grünanlagen zur Schlossweide, überqueren anschließend den **Marktplatz** auf der Bormann-Allee und rollen kurz vor dem **Museumsbahnhof** (ein Abstecher lohnt) über die Kleinbahnschienen zur Bollenstraße, die an ihrem Anfang den **Wassererlebnispark** hinter Erdwällen verbirgt. Am Ende treffen wir wieder auf die Homfelder Straße und erreichen unseren Ausgangspunkt.

Anfahrt:
B 6, Bremen – Nienburg, Abfahrt Bruchhausen-Vilsen, Richtung Kurpark – Wiehebad; Bruchhausen-Vilsen ist Station der Kleinbahn De Kaffkieker, die von Mai bis September jeden 1. und 3. Sonntag im Monat und an Sondertagen zwischen Eystrup, Hoya, Bruchhausen-Vilsen und Syke verkehrt

Karten:
ADFC-Regionalkarte Bremen und Umgebung 1:75.000

Wissenswertes:
Bruchhausen-Vilsen, staatlich anerkannter Luftkurort, hat sich mit seinen Fachwerkhäusern aus vergangenen Jahrhunderten malerische Gassen und verträumte Winkel erhalten: besonders im kopfsteingepflasterten historischen Ortskern Vilsen mit der mächtigen, aus Feld- und Bruch-

steinen errichteten, dreischiffigen *St. Cyriakus-Kirche* (12. Jh.) und im Bereich des Amtshofes im Ortsteil Bruchhausen, dem einstigen Sitz des Grafen von Bruchhausen. *Die Museums-Eisenbahn Bruchhausen-Vilsen – Asendorf* mit einzigartiger Sammlung schmalspuriger Kleinbahnfahrzeuge verkehrt vom 1. Mai bis Ende September samstags und an Sonn- und Feiertagen mit historischen Dampfzügen zwischen Bruchhausen-Vilsen und Asendorf.

Die *Wassermühle Bruchmühlen* mit oberschlächtigem Wasserrad gehörte als Neddermole (untere Mühle) zum Kloster Heiligenberg und wurde 1532 erstmals erwähnt. *Martfelder Feldmühle,* bereits seit 1583 Standort einer Vorgängermühle; Museumsmühle, funktionsfähig, Innenbesichtigung auf Anfrage; Tel. 04255/344; *Fehsenfeldsche Mühle* in Martfeld; funktionsfähig, Hochzeitsmühle, Innenbesichtigung möglich; Tel. 04255/631.

Einkehrmöglichkeiten:
Bauerngarten Hofcafé, Hoyerhagen, Tel.: 04251/6734900, www.bauerngarten-hoyerhagen.de; Holstes Hofcafé, Martfeld, Tel.: 04255/358, www.hof-holste.de; vielfältiges Angebot in Bruchhausen-Vilsen

Auskünfte:
Tourismus Service, Bahnhof 2, Tel. 04252/930050;
DEV Bahnhofsbüro,
Tel. 04252/930021,
www.museumseisenbahn.de;
VGH Verkehrsbetriebe
Grafschaft Hoya, Hoya/Weser,
Tel. 04251/93550,
www.kaffkieker.de

20 Bücken – Warper Heide – Schweringen   31 km

Die reizvolle Rundfahrt durch wellige Geest und die Täler der Calle, Graue und des Bückener Mühlenbachs führt zunächst in die Warper Heide und zum Schweringer Berg. Wir atmen den würzigen Duft des Kiefernwaldes und besuchen das nahe »Golddorf« Schweringen an der Weserfähre. Durch die Wesermarsch, über Stendern und Altenbücken, gelangen wir wieder zu unserem Ausgangspunkt zurück.

An der berühmten doppeltürmigen **Stiftskirche** zu Bücken – im Volksmund Bückener Dom genannt – starten wir. Gegenüber, auf dem idyllischen Marktplatz, symbolisiert die **Bronzeplastik** *Mönch und Esel* die Gründungslegende des Stiftes und des Fleckens Bücken.

Der **Hunteweg**, gesäumt von Weiden, Feldern und Gehölzen, führt uns zu einer bewaldeten Anhöhe bei Calle, wo wir uns der Glockenroute durch das anmutige **Calletal** anschließen. An der Lindenallee halten wir uns links und treffen unter hohen Eschen und Kastanien auf die **Helzendorfer Wassermühle** und den Mühlenteich. Nach dem sanften Höhenrücken des Sonnenbergs finden wir vor dem Dorfgemeinschaftshaus und der Grillscheune einen Rastplatz.

Abwärts fahren wir an Bauernhöfen vorbei und passieren rechts abbiegend kleine Teiche und Reihen von Kopfweiden. Am Ende streben wir dem eichengesäumten, leichten Geländeanstieg entgegen. Nach einigen Anwesen, Raps- und Getreidefeldern schwenken wir talwärts zur Bauernschaft **Bur-**

Die Stiftskirche zu Bücken

Mönch und Esel: wo der Esel sich bückte …

dorf, deren rote Ziegeldächer zwischen Baumkronen heraufleuchten. Im Schatten mächtiger Kastanien und Eichen umfängt uns eine Idylle: Malerische Fachwerkhäuser, Gärten, Streuobstwiesen und Ziegenkoppeln atmen eine friedvolle Beschaulichkeit.

Oberhalb des Tals schwenken wir nach links. Die hügelige Landschaft, der man den Beinamen Schweiz zuerkennen möchte, wird von blühenden Rapsfeldern besonders betont. Wir kommen zum Esel-/Mönchweg und folgen diesem hinunter nach **Hohnhorst**. Die restaurierte Wassermühle, abseits in den Wiesen gelegen, wird unserem Auge nicht entgehen.

Wir überqueren den Wasserlauf und nähern uns an Spargelfeldern vorbei der **Warper Heide** und dem **Schweringer Berg**. Zwischen den Kuppen tauchen wir in den würzig duftenden Kiefernwald ein. Im Frühjahr empfängt uns hier ein lebhaftes Vogelgezwitscher. An der Rastplatzkreuzung biegen wir rechts ab und am Ende in Richtung **Schweringen**. Der hübsche Ort war mehrfach Preisträger im Bundeswettbewerb »Unser Dorf soll schöner werden«. Wir radeln an einem See entlang zur **Weser** und finden oberhalb des Fähranlegers einen gemütlichen Rastplatz. Neben dem Fähr-, Boots- und Schiffsverkehr kann man Kormorane, Reiher und Störche beobachten.

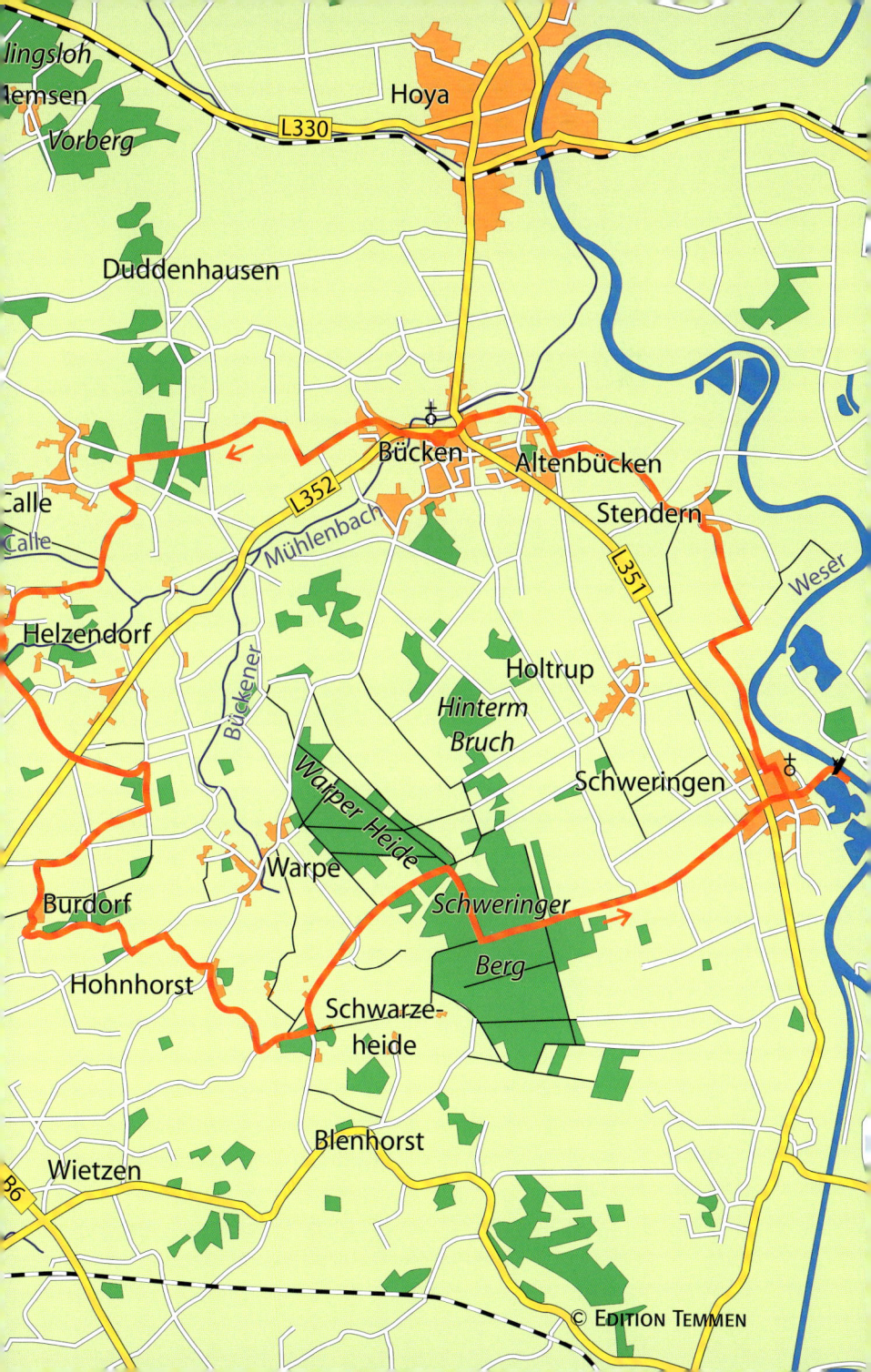

An der Weser bei Schweringen

Im schmucken Dorf mit seinen prächtigen Eichen, Linden und Kastanien zweigen wir zur **Kapelle** ab und schließen uns in der von Weißdornhecken durchzogenen Marsch dem Weserweg an.

Der mächtige, 1922 eingeweihte Bau der Schweringer Kapelle ist im seltenen neuromanischen Stil errichtet. Das erklärt auch den für Laien seltsam anmutenden »Knick« im Dach des Kirchturms, der ja nicht zu hoch werden sollte, um den romanischen Eindruck zu wahren. Im Seitenschiff der geöffneten Kapelle befindet sich ein Altarbild des 1978 verstorbenen Schweringer Malers Gottlieb Pot d'Or, der in dem Gemälde seine persönlichen Kriegserlebnisse verarbeitet hat.

Von der Ostseite des Stromes grüßen uns der Kirchturm und die Windmühle von Eystrup. Nach **Stendern**, das wegen Hochwassergefahr ähnlich einer Hallig angelegt ist, erreichen wir kurz vor Altenbücken den Schutzdeich und gelangen durch den Ort zu unserem Ausgangspunkt zurück.

Anfahrt:
B 6, Bremen – Nienburg, Abfahrt Bruchhausen-Vilsen in Richtung Hoya – Bücken;
B 215, Verden – Nienburg, Abfahrt Hassel

Karten:
ADFC-Regionalkarte Bremen und Umgebung 1:75.000

Höhenunterschiede:
25 m, nur leichte Steigungen und Gefälle

Wissenswertes:
Stiftskirche St. Materniani et St. Nicolai zu Bücken (Basilika, 12. Jh.) mit reicher Innenausstattung und bedeutenden Kunstschätzen: Triumphkreuz (1230), gotisches Sakramentshaus, Steinkanzel (1235), Schnitzaltar (1510–1520), farbige Glasfenster aus dem 13. Jh. und altes Chorgestühl; die Gründung als Missionszentrum geht auf das Jahr 882 zurück; Höhe der weithin sichtbaren Kirchtürme 56 m; geöffnet: Sommerzeit 8–18 Uhr, Winterzeit 10–16 Uhr (Seiteneingang). *Mönch und Esel,* eine Bronzeplastik des Künstlers Müller-Belecke, wurde 1982 enthüllt. Die mächtige *Schweringer Kapelle* (1922) hat alles, was eine Kirche ausmacht; im Seitenschiff ein Altarbild des Schweringer Malers Gottlieb Pot d'Or; Öffnungszeiten auf Anfrage; Küsterin M. Struß, Tel. 04257/492.

Einkehrmöglichkeiten:
Gasthaus Oelschläger, Calle; Gasthaus zur Linde, Café Habermann und Gasthof Thöle, Bücken

Auskünfte:
Samtgemeinde Grafschaft Hoya, Tel. 04251/8150

21 Vom Syker Amtshof zur Alten Oberförsterei in Neubruchhausen, zum Scheunenviertel und durchs Finkenbachtal   32 km

Die muntere Hache weist uns den Weg nach Neubruchhausen. An idyllischen Plätzen finden wir die Stätten ehemaliger Burganlagen und Wassermühlen, das historische Scheunenviertel und die Alte Oberförsterei. Durch das Bramstedter Finkenbachtal und das Forstgebiet Westermark kehren wir in die Hachestadt zurück.

Wir starten am Fachwerktorhaus des Amtshofes in **Syke**, das Mitte des 18. Jh. errichtet wurde. Zuvor sollten wir jedoch einen Blick in den Innenhof der früheren Burg, auch Schloss genannt, nicht versäumen. Während vorn das Amtsgericht (1845) nicht zu übersehen ist, steht etwas abseits das **Kornzinshaus** aus dem Jahre 1592.

Angrenzend liegt der noch erhaltene Teil des imposanten, von mächtigen Eichen bestandenen **Ringwalls**, dessen Ursprung in das 8. Jh. zurückreicht. Heute beherbergt der Amtshof, schon seit dem Spätmittelalter Verwaltungssitz, eine Außenstelle des Landkreises Diepholz.

Syke wird wie »Sieke« gesprochen, so wurde es früher auch geschrieben. Der Name ist abzuleiten aus dem altniederdeutschen Wort sik, das eine wasserreiche, sumpfige Niederung bedeutet. Die frühmittelalterliche Befestigungsanlage war nur über einen Moordamm und Bohlenweg zugänglich.

An der Hache in Syke

Das ehemalige Landratsamt am Syker Amtshof

Bei der Teilung der Grafschaft Bruchhausen *(1257)* in Alt- und Neubruchhausen fiel der Ort Syke an die Grafen von Neubruchhausen. Diese wollten ihren Besitz gegen die Erzbischöfe von Bremen sichern und ließen Ende des 13. Jh. in »Sieke« eine stattliche und wehrhafte Wasserburg mit doppeltem Graben und Wall errichten. Das »feste Haus« wurde Sitz eines Vogtes, der Befehlshaber, Verwalter und Richter des umliegenden Gebietes war.

Den schmucken Fachwerkbau des früheren Landratsamtes in Richtung Kirche verlassend, passieren wir vor der Hache die **ehemalige Burgmühle**, mit deren Bau etwa 1400 begonnen wurde.

Nachdem ein hoher Staudamm, der heutige Mühlendamm, vollendet war, stellten die Burgin-

Der Syker Mühlenteich

sassen zu ihrem Entsetzen fest, dass sich der erhöhte Wasserstand auch innerhalb des alten Ringwalles bemerkbar machte. Plötzlich standen im Burghof alle Gebäude im Wasser. Man sah offenbar keine andere Möglichkeit, als den halben Ringwall einzuplanen, um auf der so gewonnenen erhöhten Fläche die Festungbauten neu zu errichten.

Wir biegen in den **Mühlenteichpark** ein und gelangen über eine Holzbrücke zum Birkenweg und zur Schlossweide. Nach der Kreuzung führt uns der Hans-Mennel-Weg durch den **Erlenbruch** und über den Hachesteg zur Steimker Straße. Hier halten wir uns rechts, passieren nach Häusern und Gärten einen Bauernhof und im Erlengrund erneut eine Hachebrücke.

Von der schmalen Straße Hude genießen wir einen schönen Einblick in das idyllische Hachetal mit seinen Rinderweiden, Schaf- und Pferdekoppeln. Zur Rechten begrenzt der hohe Geestrücken den Horizont.

Vor Gut Hoope und der inmitten eines Ackers aufragenden Eiche schließen wir uns der ansteigenden Hooper Bergstraße an. Die **Friedenseiche**, der heute eine landschaftsbildprägende Bedeutung zukommt, wurde um 1920 von dem Besitzer des Gutes, Landwirt Cord Knief, gepflanzt. Von der Anhöhe schweift das Auge über das Hachetal zum Friedeholz und zur Westermark.

In der Kolonie **Hoope** folgen wir der Birkenallee Henstedter Straße abwärts und überqueren nach der nächsten Steigung und vor dem Erlengürtel der Hache die kleine Twillbeeke. Bei der alten Schule in Henstedt bleiben wir geradeaus in Richtung Neubruchhausen. Zwischen liebevoll restaurierten, reetgedeckten Fachwerkhäusern und Bauernhöfen entdecken wir das kleine private **Henstedter Dorfmuseum**, das mit seinen Sammlungen all das zeigt, was zum bäuerlichen Leben der Eltern und Großeltern gehörte.

Auf der Anhöhe schwenken wir von der Seefeldstraße in die Köbenstraße ein und gelangen in **Neubruchhausen** durch Gevers Weg zur Hauptstraße hinab. Gegenüber geht es von den *Burgholzwiesen* Am Mühlenteich abwärts zum Wallgarten und früheren Burgplatz.

Am Standort der 1972 eingeweihten Dreifaltigkeitskirche befanden sich bis 1749 Anlagen und Nebengebäude einer im 13. Jh. erbauten Wasserburg, einst Sitz der Grafen von »Nienbrochhusen«.

Nach dem Mühlenteich halten wir uns vor dem Hacheübergang links und treffen auf die um 1599 errichtete **Wassermühle**, die aus dem ehemaligen Vorwerk der Burg hervorgegangen ist. Das Müllerhaus stammt aus dem Jahre 1730 – der Mahlbetrieb wurde 1974 eingestellt.

Vor der Straße erinnert linker Hand ein **Findling** mit einem

Das historische Scheunenviertel in Neubruchhausen

Bronzerelief an ein früheres Wahrzeichen des Ortes. Hier stand die 1612 aus Fachwerk errichtete und mit einem kleinen Turm versehene Kapelle des Fleckens.

Auf der gegenüberliegenden Straßenseite passieren wir nach einem schmucken Wartehäuschen das Martfelder Ende, eine Reihe giebelständiger Bauernhäuser, die um 1859 nach einem Großbrand wieder aufgebaut wurden. Diese alten Bauernhöfe am Martfelder Ende wurden in 150 Jahren strukturell kaum verändert. Am Steinkamp treffen wir auf das seit 1696 entstandene **Scheunenviertel**. Das Ensemble besteht gegenwärtig aus acht, früher zwölf Scheunen. In den zum Teil strohgedeckten Speichern konnte das Erntegut abseits des Dorfes und der oft beengten Hoflage vor etwaigen Feuersbrünsten geschützt werden.

Nach einer Kurve liegt am Ende der Staße, inmitten eines prächtigen Baumbestandes, der Fachwerkbau der **Alten Oberförsterei**, die 1781 auf dem Kellergewölbe des ehemaligen Amtshauses zu Neubruchhausen errichtet wurde. Das Gelände gehörte zusammen mit dem benachbarten, noch vorhandenen Kutscherhaus zum Vorwerk der Burg. Heute dient die Alte Oberförsterei kulturellen Zwecken und beherbergt die heimatkundliche Sammlung des örtlichen Heimatvereins. Das Forstamt Freidorf ist hier ebenfalls untergebracht.

Die Amtsinhaber der Alten Oberförsterei verwalteten in der Mitte des 18. Jh. die Forsten Alt- und Neubruchhausen, Syke, Hoya, Thedinghausen und Westen. Bedeutendster Forstmann in Neubruchhausen war Friedrich August Christian Erdmann, der hier 1892 die Dienststelle übernahm. Nach umfassenden Studien war es sein Ziel, den Mischwald und die entsprechende Bodenpflege zu fördern. Erdmann verstarb 1943 und wurde in seinem Wald, im nahen Papenhuser Sunder, in einem Hügelgrab beigesetzt. Das zu seinen Ehren benannte Niedersächsische Forstamt Erdmannshausen wurde nach Schwaförden verlegt. Diesen Namen trägt die Forstdienststelle auch heute.

Unterhalb der Straße tauchen wir in den Erlenbruch ein, überqueren die Hache und folgen dem Wasser. Nach dem nächsten Steg halten wir uns links. Die Heidestraße, flankiert von hübschen Häusern und Gärten, mündet in den Radweg an der Hallstedter Straße, die uns zum idyllisch gelegenen Badesee am Campingplatz **Quellental** leitet. In folgender Kurve schwenken wir ab in Richtung Röllinghausen, biegen in den ersten Feldweg ein und schließen uns vor dem nächsten Haus dem rechts abzweigenden Asphaltsträßchen an, über die Querstraße hinweg. Gehölze und Baumgruppen beleben das Landschaftsbild. In **Röllinghausen** passieren wir einen Teich und malerische, im Schatten hoher Bäume gelegene Bauernhöfe. Linker Hand tut sich das liebliche Finkenbachtal auf. Schafe und Rinder finden hier saftiges Gras. Gelegentlich sieht man Rehwild im Gelände. Hinter dem Bahntunnel erreichen wir die Dorfstraße und treffen am freistehenden Holzgerüst der **Bramstedter Betglocke** auf einen Rastplatz.

Wir durchradeln den Ort und folgen dem Schulweg zum Finkenbach. Von der Ruhebank in der Kurve empfiehlt sich ein kurzer Abstecher zum Brückensteg im Erlental. Bei der Schule überqueren wir die Straße, bleiben am Saum des sumpfigen Bruchs geradeaus und gelangen am Ende zur Högenhauser Straße. Hier geht es ins reizvolle Tal der **Bramstedter Beeke**, vorbei an Fischteichen und hohen Pappeln. Nach dem Wiederanstieg passieren wir den ehemaligen Künstlerinnenhof Die Höge und halten uns danach rechts. Vor dem zweiten Haus lenken wir zur **Westermark**.

Am Forstrand halten wir uns links und nach dem Gehöft waldeinwärts. Der Grasnarbenweg stößt auf den Acker Evers' Kamp, den wir rechts unter Buchen umradeln. Wir überqueren den Hauptweg, gelangen geradeaus ins Freie und genießen vom Feldgehölz **Hillmanns Buchen** einen schönen Ausblick zur Finkenburg und über Sykes Dächer zum aufsteigenden Friedeholz. Abwärts fahren wir Auf der Höhe links, von der Nordwohlder Straße zum Bahnhoftunnel und Auf den Wührden zum Mittelweg und Plackenhof. Durch die Plackenstraße und die verkehrsberuhigte Hauptstraße gelangen wir wieder zu unserem Ausgangspunkt.

Anfahrt:

Syke ist Bahnstation der Strecke Bremen – Osnabrück und der Kleinbahn De Kaffkieker, die von Mai bis September jeden 1. und 3. Sonntag im Monat sowie an Sondertagen zwischen Eystrup, Hoya, Bruchhausen-Vilsen und Syke verkehrt; mit dem Auto B 6, Bremen – Nienburg, Abfahrt

Syke in Richtung Innenstadt bzw. Parkplatz Mühlendamm

Karten:
ADFC-Regionalkarte Bremen und Umgebung 1:75.000

Wissenswertes:
Amtshof in Syke mit Ringwall (8. Jh.) und Kornzinshaus (1592); *Christuskirche* Syke (1885), neugotischer Backsteinbau, Taufstein von 1677; das *Kleine Dorfmuseum* in Henstedt mit Sammlung alter Gerätschaften aus bäuerlichem Leben; die Ämter *Neu- und Altbruchhausen* wurden im Jahre 1749 vereinigt und die Verwaltung nach »Altenbruchhausen« (-Vilsen) verlegt; *Scheunenviertel* mit Feldscheunen aus dem 17. bis 19. Jh.; *Alte Oberförsterei* – hier wirkte Forstrat Dr. h.c. Friedrich Erdmann und entwickelte den »Waldbau auf natürlicher Grundlage«; *Erdmannsgrab* siehe Radwanderung Nr. 18 Papenhuser Sunder – Benser Schweiz – Quellental.

Einkehrmöglichkeiten:
Gasthaus Zur Post, Tel. 04248/93000, www.gasthaus-zurpost.de Hotel, Café und Restaurant Zum Mühlenteich, Neubruchhausen, Tel. 04248/902020, www.zum-muehlenteich.de

Auskünfte:
Stadtverwaltung Syke, Tel. 04242/1640; Stadtverwaltung Bassum, Tel. 04241/840; das kleine Henstedter Dorfmuseum, Tel. 04242/50645; VGH Verkehrsbetriebe Grafschaft Hoya, Hoya/Weser, Tel. 04251/93550, www.kaffkieker.de

22 Sulinger Moor – Kuppendorfer Heide – Siedener Bruch 44 km

Durch die Moor- und Bruchniederungen der Sule und der Großen Aue erreichen wir Kirchdorf und die Kuppendorfer Heide. Ab Voigtei folgen wir dem Flüsschen Siede durch den üppig grünen Siedener Bruch und durch die beiderseitigen Moorgebiete gen Sulingen.

In **Coldewey** hat die Dorfgemeinschaft eine schöne Grillhütte errichtet. Dort parken wir unter einer schattigen Eiche und folgen dem ausgeschilderten Radweg Bremen–Bad Oeynhausen ins Sulinger Moor. Nahe der **Sule**, kurz vor dem Sulinger Bruch, kann man den Kiebitz, Lachmöwen und den Großen Brachvogel beobachten. Nach der Sulebrücke schwenkt der Radfernweg in Richtung Barenburg ab. Wir aber fahren geradeaus, überqueren die Große Aue und erreichen **Kirchdorf**.

Nach dem Rathaus und der Kirche halten wir uns links und orientieren uns in Richtung Brunsberg – Kuppendorf. In Höhe des Restaurants Baumann's Hof verraten uns hügelige Felder und Kiefernwald die Nähe der **Kuppendorfer Heide**, die nach 1 km Waldstrecke plötzlich auftaucht. Kleine Wege und Pfade führen durch die geschlossene, von vereinzelten Kiefern und Birken durchsetzte Heidefläche zur Aussichtskuppe und zu einer Schutzhütte. Bänke laden zur Rast.

Abwärts nach Kuppendorf genießen wir weite Ausblicke auf das **Hohe Moor**. An der

In der Kuppendorfer Heide

Moorschnucken in der Kuppendorfer Heide

Kreuzung halten wir uns geradeaus, durchradeln an Bauernhäusern vorbei das Dorf und biegen rechts nach Ohlensehlen ab. Noch vor dem Ort folgen wir dem Hinweis zur Bauernschaft **Buchholz** und gelangen nach Höfen, Feldern und Wiesen bei einem Hubschrauberflugplatz zu einer Kreuzung, die uns links die kleine, schattige Straße nach Eckershausen weist. Bald passieren wir Pferdekoppeln bei einem Reiterhof und stoßen jenseits der Großen Aue auf den Radweg an der rechts abzweigenden Straße nach **Voigtei**.

Hier und da sehen wir eine Oelförderpumpe. Im Ort überqueren wir die Siede und halten uns links, auch an der nächsten Kreuzung.

Am Fuße des Knickberges

Wir passieren das Café Spinnstube sowie abermals die **Siede** und schwenken rechts in den Radweg ein, der den kleinen Fluss zwischen Siedener Bruch und Hochmoor sowie zwischen **Borsteler und Siedener Moor** begleitet. Die überreiche, saftig grüne Flora der Niederung mutet wiederholt wie eine weitläufige Parklandschaft an.

An späterer Gabelung (vor Sieden) zweigen wir links nach Mesloh ab, durchradeln den Ort und überqueren die B 214 in Richtung Maasen.

Vor der **Huckstedter Windmühle** schwenken wir links ab, kommen vor Maasen an einer Reithalle vorbei und halten uns geradeaus. Am Ende der Siedlung bleiben wir auf einem unbefestigten, aber befahrbaren Wirtschaftsweg und stoßen auf eine **Klinkerstraße**, die uns in Richtung Döhrel – Brünhausen durch die wellige Feldmark wieder zu unserem Ausgangspunkt zurückführt.

Anfahrt:
B 214, Sulingen – Nienburg, Abfahrt Brünhausen, kurz hinter Sulingen

Karten:
BVA-Radwanderkarte 1:75.000

Wissenswertes:
Die ev. Kirche St. Nikolai in Kirchdorf wurde 1833 im klassizistischen Stil errichtet und wurde von Konsistorialbaumeister Hellner für 1200 Besucher konzipiert. Heute bietet die Kirche mehr als 800 Sitzplätze – der Turm stammt aus dem 12. Jh.; Naturschwimmbad; Museum Heimatstube, Kirchdorf, Tel. 04273/1229. In Sulingen dreischiffige Hallenkirche (13. Jh.), schöne Fachwerkbauten, Stadtsee und restaurierte Wassermühle.

Einkehrmöglichkeiten:
Café Klönschnack und Hotel Baumann's Hof, Tel. 04273/93010, Kirchdorf, www.baumanns-hof.de; Gaststätte Zur Mühle, Kuppendorf, Tel. 04273/376; Gasthaus zur Spinnstube, Voigtei-Wehrenberg, Tel. 05769/241; vielfältiges Angebot in Sulingen

Auskünfte:
Samtgemeinde Kirchdorf, Tel. 04273/880; Kirchengemeindebüro Kirchdorf, Tel. 04273/336; Stadt Sulingen, Tel. 04271/880

23 Von Syke zum Tierpark am Petermoor 26 km

Ruhige Wege durch den Wald Westermark und durch das Finkenbachtal verbinden Syke mit dem besonders bei Kindern beliebten Ausflugsziel in Bassum. Die Rückroute verläuft durch den beschaulichen Karrenbruch, zum Rand der Twillbeekeschlucht und durch den Südzipfel der Westermark.

Ausgangspunkt ist der Bahnhof in **Syke**. Von der Nordwohlder Straße zweigen wir »Auf der Höhe« ab und radeln bei nächster Kreuzung der Geländekuppe entgegen. Zur Linken zieht die **Finkenburg** unsere Blicke auf sich und halb rechts werden Hillmanns Buchen sichtbar. Von dort genießen wir ein weitreichendes Panorama – vom Kirchturm der Stadt und dem ansteigenden Friedeholz bis zum Finkenberg und zur vor uns liegenden **Westermark**.

Hillmanns Buchen vor der Westermark

Wir tauchen in den Wald ein und treffen hinter nächster Hauptkreuzung auf Evers' Kamp – ein mitten im Forst gelegener Acker. Wir radeln geradeaus und behalten die am Ende etwas nach rechts versetzte Richtung bei. Vor einem Bauernhof halten wir uns links und sogleich wieder rechts. Beiderseits des Weges erstreckt sich die bunte, waldgerahmte Feldmark. An der Kreuzung steuern wir links und folgen nach der Kurve dem Richtungsschild **Bramstedt**. Am ehemaligen Künstlerinnenhof Die Höge vorbei rollen wir ins Tal der Bramstedter Beeke, wo Erlen und hohe Pappeln sich in Teichen spiegeln.

Die »Finkenburg« auf dem Syker Finkenberg

Nach dem Wiederanstieg bleiben wir an der Gabelung geradeaus und zweigen kurz darauf zum Bruchwald am Finkenbach ab. An einigen Häusern und Gärten vorbei, die den Talrand säumen, wird der Blick in das von Tümpeln durchsetzte Sumpfgebiet frei. Wir überqueren die Bassumer Straße und radeln im Erlengürtel zum Holzsteg hinab, der den **Finkenbach** überspannt.

In der Langen Reihe passieren wir einen Rastplatz, radeln über eine Kreuzung hinweg durch Birken- und Buchenspalier und entdecken bei einem Bauernhof ein altes, im Fachwerkstil errichtetes **Backhaus**. Die im Garten eigentümlich gewachsene Buche mit Schlangenwuchs werden wir ebenfalls nicht übersehen. Danach lenken wir zum **Bramstedter Kirchweg**, den wir kurz vor der Bahnlinie erreichen. Hinter dem Ortsschild Bassum biegen wir bald zum Schulgelände ab, das mit der Straße Am Petermoor verbunden ist.

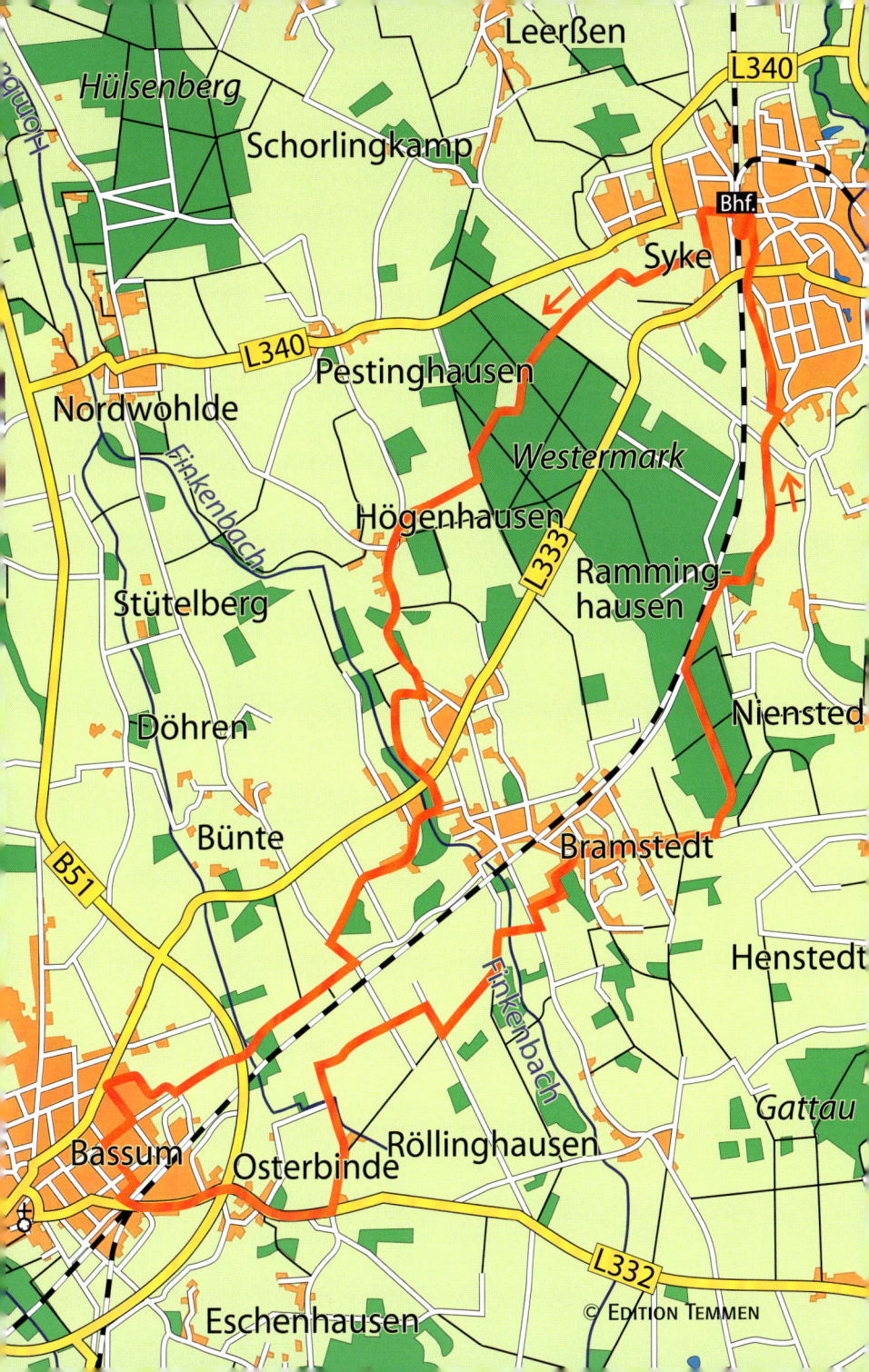

Der **Tierpark**, in dem mehr als 400 heimische und exotische Tiere aus über 70 Arten leben, lädt mit seinen großzügigen Gehegen, Vogelvolieren und dem von Wasservögeln belebten Teich zu einem kurzweiligen Rundgang ein. Tiere auf der **Streichelwiese** ziehen Kinder besonders in den Bann. Der Eintritt ist frei.

Auf dem Rückweg radeln wir durch die Tierparkstraße, biegen rechts in den Bramstedter Kirchweg ein und erreichen über die Lienhop- und Falkenstraße den Bahnhofplatz. Durch den Straßentunnel und auf dem Radweg erreichen wir den Ortsteil **Osterbinde**. Gegenüber von Freye's Gasthaus führt uns ein befestigter Wirtschaftsweg in den südlichen **Karrenbruch**. Einsam gelegene Höfe und von Büschen und Baumgruppen gesäumte Felder, Wiesen und Weiden prägen das Landschaftsbild.

Bei einem Fichtenbestand biegen wir nach links ab und genießen die friedliche Stimmung der malerischen Bruchniederung. Pferde und Rinder finden hier nicht nur üppiges Gras, sondern auch von Erlen und Birken, Kiefern und Eichen gespendeten Schatten.

Der Weg fällt nun leicht ab. Unterhalb des nächsten Bauernhofes schwenken wir zum **Finkenbach** hinunter, erreichen die Röllinghauser Straße und kurz darauf die Erlenstraße. Am Bramstedter Hof zweigen wir in Richtung Henstedt ab. 600 m nach dem Bramstedter Ortsausgang biegen wir in den Waldzipfel der Westermark ein. In der rechts auftauchenden Schlucht bahnt sich die junge, dem Erdreich kaum entsprungene **Twillbeeke** ihren Weg zur Hache. Wir aber radeln, von Ginster und hohen Farnen begleitet, waldeinwärts. Vor dem Bahndamm halten wir uns rechts nach **Ramminghausen**, wo uns eine geschwungene Talkurve der Hachestadt näher bringt.

Wir überqueren die Straße Finkenberg, zweigen vor den ersten Häusern links ab und rollen zwischen dem **Finken-**

berg und den Gärten der Neubausiedlung zur Sulinger Straße hinunter. Dort wechseln wir hinüber zur Bassumer Straße und lenken kurz darauf in die Gartenstraße. Am Ende gelangen wir zur Bahnhofstraße und damit zu unserem Ausgangspunkt zurück.

Anfahrt:
Syke ist Bahnstation der Strecke Bremen – Osnabrück und der Kleinbahn De Kaffkieker, die von Mai bis September jeden 1. und 3. Sonntag im Monat und an Sondertagen zwischen Eystrup, Hoya, Bruchhausen-Vilsen und Syke verkehrt; mit dem Auto von der B 6, Bremen – Nienburg, über die Nord- oder Südumgehung zum Bahnhof

Karten:
ADFC-Regionalkarte Bremen und Umgebung 1:75.000

Wissenswertes:
Die *Finkenburg* ließ der Bremer Kaufmann Wilhelm August Finke 1869 als Sommersitz errichten – die Villa befindet sich in privater Hand.

Der *Tierpark am Petermoor* wird von der Stadt Bassum getragen und zur Betreuung der Tiere vom Förderverein Natur- und Tierpark Petermoor unterstützt; ganztägig geöffnet.

Einkehrmöglichkeiten:
Vielfältiges Angebot in Bassum und Syke; Freye's Gasthaus, Osterbinde, Tel. 04241/2628, www.gasthaus-freye-bassum.de

Auskünfte:
Stadtverwaltung Syke, Tel. 04242/1640; Stadtverwaltung Bassum, Tel. 04241/840; VGH Verkehrsbetriebe Grafschaft Hoya GmbH, Hoya/Weser, Tel. 04251/93550; www.kaffkieker.de; Tierpark Petermoor, Bassum, Tel. 04241/5466, www.tierpark-bassum.de

24 Heiligenloh – Huntetal – Hartensbergsee   27 km

Vom Göpelplatz in Heiligenloh starten wir zu einer herzerfrischenden Landpartie. Verträumte Bachtäler, hügelige Feldmark, Wäldchen und historische Dörfer wechseln einander ab. Landschaftliche Höhepunkte sind das romantische Huntetal, lauschige Flussübergänge und der anmutig gelegene Hartensbergsee bei Goldenstedt.

Am Ende der Alten Dorfstraße in Heiligenloh – beim **Göpel** – brechen wir gen Norden auf. Über den historischen Goldenstedter Damm und durch eine reizvolle Feld- und Bachlandschaft erreichen wir die von Wiesen und Weiden umgebene Ortschaft **Ellerchenhausen**. Dort halten wir uns links, überqueren bei den Koppeln erneut eine Beeke und gelangen in den Ort **Natenstedt**, der bereits 1219 urkundlich erwähnt wurde. Die stolzen Bauernhöfe mit ihren großzügigen, parkähnlichen Gärten und Teichen sind eine Augenweide.

In der Dorfmitte durchqueren wir den lieblichen Bachgrund und halten uns in leichtem Anstieg geradeaus. Jenseits der Kuppe fahren wir an Weidenbüschen und Erlengruppen vorbei der nächsten Bachbrücke entgegen. Gleichzeitig nähern wir uns dem ausgedehnten **Waldgebiet von Osterhorn** und gewahren zwischen Birken und Kiefern den Colnrader Kirchturm.

An der Straßenkreuzung, vor der **Rüssener Heide** und dem Klünenmoor, schwenken wir rechts ab und wechseln bei näch-

Die Hunteauen bei Einen

Schafherde im Huntetal

ster Abzweigung zum Waldrand. Der fest besandete, von Birken- und Fichtenbeständen begleitete Weg lenkt uns talwärts zur **Hunte**.

Am Waldsaum genießen wir einen bezaubernden Ausblick über die Auen des stillen Flusstals. Vom gegenüberliegenden, entfernten Hochufer schimmern zwischen den Baumwipfeln die roten Dächer der Ortschaft **Einen** herüber. Auf sicherem Steg passieren wir das Wehr und erreichen über den Fahrdamm bald die ersten, von alten Eichen umstandenen Bauernhöfe. Wir durchradeln das schmucke Dorf und queren die Ellenbäke über die »Fortuna-Brücke«. Unterhalb des Tierparks folgen wir einem Pfad in den Erlen- und Birkenbruch. Nach einem kleinen Wasserlauf halten wir uns an der Gabelung links und treffen auf die Liegewiesen am **Hartensbergsee**.

Der Uferweg windet sich am Sandstrand und an Rastbänken vorbei zu einem Eichen- und Birkenbestand empor. Von hier kön-

nen wir den Naturbadesee ganz überblicken, dessen südlicher Teil den Blässhühnern, Möwen und Haubentauchern vorbehalten bleibt.

Nach dem Seezipfel biegen wir am Parkplatz ab und gelangen auf dem Finkenweg und durch das Neubaugebiet Überthünen zum **Goldenstedter Mühlbach**. »Am Sportplatz« lenken wir in Richtung Fredelaker Straße, die uns mit dem Schlenker »Feuerstetterkamp« zur Spitzkehre »Hirtenkamp« führt. Auf diesem abknickenden Weg radeln wir hinunter ins Tal der **Varenescher Bäke**. »Zu den Teichen« fahren wir an Bauernhöfen vorbei und passieren die zu beiden Seiten gelegenen Gewässer. Gleich hinter dem Bruchwald führt ein unbefestigter, aber befahrbarer Weg durch Koppeln und idyllische Auenlandschaft zur Hunte hinab.

Am Ufer des Flusses sind wir von Wiesen, Schafweiden und Wäldchen umgeben. Sanftes Rauschen der Strömung betont die friedvolle Einsamkeit. Das **Wehr** bietet einen bequemen Flussübergang zur gegenüberliegenden Düne und zum bewaldeten Talrand, an dem wir unseren Weg fortsetzen.

Den begleitenden Baumgürtel verlassen wir bei der dritten Abzweigung und halten uns am Querweg in Richtung **Essemühle**. Bei der nächsten Wegmündung schwenken wir jedoch zur Waldspitze und schließen uns dem Hunteweg an. Wir kreuzen die Straße Aldorf – Rüssen und radeln durch die weite, in der Ferne von Gehölzen und Wald begrenzte Feldmark. Nach drei stattlichen Birken folgen wir kurz vor **Bockstedt** dem Radfernweg Osnabrück – Bremen durch den Ort und an Eichen vorbei zur plätschernden **Heiligenloher Beeke** hinunter. Die Holzbrücke bietet einen schönen Ausblick über Koppeln, Röhricht, Birken- und Erlenbruch.

Wir biegen rechts ab, umradeln »In der Sohlriede« einen von prächtigen Rhododendronhecken umstandenen Bauernhof und kehren unter Buchen und Kastanien auf der Alten Dorfstraße zu unserem Ausgangspunkt zurück.

Anfahrt:
B 51, Twistringen – Barnstorf, Abfahrt nach Heiligenloh

Karten:
Radwanderkarte Wildeshauser Geest 1:75.000

Höhenunterschied:
25 m, nur sanfte Steigungen und Gefälle

Wissenswertes:
Backsteinkirche in Heiligenloh, spätromanisch/frühgotisch (13. Jh.) mit Sandstein-Taufbecken aus gleicher Zeit.

Der *Göpelplatz* in Heiligenloh steht im Mittelpunkt verschiedener Veranstaltungen, z.B. findet hier das Sommerfest der Feuerwehr statt sowie der Bauernmarkt der Landfrauen.

St. Gorgonius-Kirche (kath.) in Goldenstedt, dreischiffige Hallenkirche mit Querhaus und großem Westturm, erbaut 1910; *ev. Kirche,* neuromanische Saalkirche, erbaut 1850.

Nach der Reformation wurde in Goldenstedt das »Simultaneum Mixtum« eingeführt: beide Konfessionen feierten in der gleichen Zeitperiode ihren Gottesdienst in derselben Kirche. Die alte Simultankirche wurde 1908 abgebrochen; *Das Haus im Moor*: Moorerlebnispfad und Moorbahnfahrten, Ringwall Arkeburg; *Ostdeutsche Heimat- und Trachtenstuben* in Goldenstedt: Die ausgestellten Bilder, Trachten und künstlerischen Arbeiten stellen eine Erinnerung an die Kultur des deutschen Ostens dar.

Einkehrmöglichkeiten:
Verschiedene Angebote in Goldenstedt; Strandcafé am Hartensbergsee,
Tel. 04444/9679743

Auskünfte:
Gemeinde Goldenstedt,
Tel. 04444/20090; Ostdeutsche Heimat- und Trachtenstube,
Tel. 04444/1779
www.hartensbergsee.de

25 Zu den Großen Steinen von Kleinenkneten 20 km

Entlang der Huntepartie in Wildeshausen und am Rande der offenen Flusslandschaft erreichen wir die Geesthöhen und entdecken eindrucksvolle Zeugen der Vorgeschichte: die Reckumer Steine, die Großsteingräber bei Kleinenkneten und das von Heide bedeckte Pestruper Gräberfeld. Der Rückweg führt durch die Wildeshauser Innenstadt mit dem historischen Rathaus und der sehenswerten Alexanderkirche.

Gegenüber dem Kreishaus in **Wildeshausen** gelangen wir durch den Stockenkamp und über die Fußgängerbrücke zum Westufer der Hunte und radeln unter prächtigen Kastanien stadtwärts. Unterhalb der Alexanderkirche führt der Weg durch den Stiftsgarten und durch die Kokenstraße zur Evronbrücke.

Dort wählen wir den gegenüberliegenden Uferpfad Landskrone und erreichen über den nächsten Huntesteg den Kurpark mit der **Burgwiese**. Zu Füßen des Burgberges und der Pfarrkirche St. Peter passieren wir nach der Brunnenterrasse den Karpfenteich und treffen auf die einladende Kneippanlage.

Stattliche Rhododendren, hohe Buchen, Pappeln und Eichen entlassen uns in die offenen Auen. Vor den Moorwiesen lenkt uns der Huntesteg über den Marschweg zum besiedelten **Katenbäker Berg**. Am Forstrand biegen wir in den Hubertusweg ein und überqueren auf einer Holzbrücke die Katenbäke.

In der hügeligen, von Gehölzen und Wald durchsetzten

Das historische Rathaus in Wildeshausen

Schafstall am Pestruper Gräberfeld

Feldmark stoßen wir nach Einzelhöfen von Rüdebusch auf die **Reckumer Steine**. Das Megalithgrab aus der Jungsteinzeit liegt auf dem steilen Talrand der Hunte, nahe am Feldrain unter alten Buchen.

In **Hölingen** lenken wir abwärts zur Huntebrücke und genießen einen tiefen Einblick in die Flussniederung. Gegenüber führt der Radweg an der wenig befahrenen Straße nach Wildeshausen. Kurz darauf überqueren wir den Lohmühlenbach und schwenken beim Schützenplatz in die schattige Allee nach **Lohmühle** ein. Auffällig sind die üppig mit Baumreihen besetzten Feldränder.

In Ortshöhe zweigen wir rechts ab. An Einzelgehöften und Laubgehölzen vorbei erreichen wir kurz vor einer Kreuzung die Geländekuppe. Ein Unterstand mit schönem Ausblick auf die talwärts gestreckten Felder und Wälder bietet Gelegenheit zur Rast.

Anschließend halten wir uns links und folgen kurz darauf dem Hinweis zu den **Kleinen-**

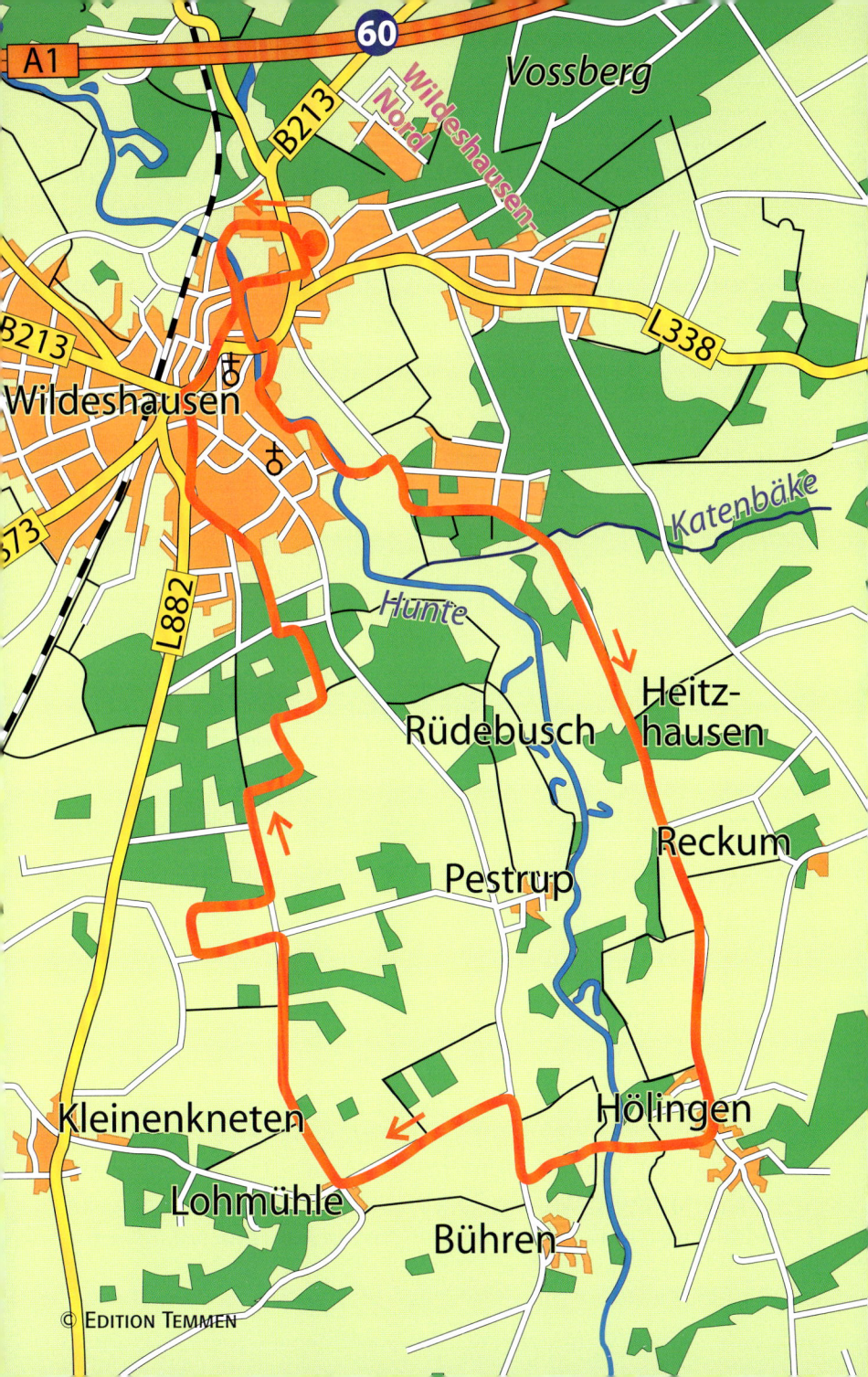

knetener **Großsteingräbern**. Die von Birken und Eichen umgebenen Hünenbetten aus der Zeit um 2500–2000 v. Chr. sind besonders beeindruckende Zeugen damaliger Bauleistungen.

Eines der beiden Gräber ist rekonstruiert und kann auch im Inneren begangen werden. Unterhalb der Steinsetzungen führt ein schmaler Pfad zum Forstrand und Lohmühlenweg. Im nächsten Kiefern- und Birkenwald folgen wir dem Weg zum **Pestruper Gräberfeld**, das mit seinen über 500 bronzezeitlichen Grabhügeln von einer geschlossenen Heidefläche bedeckt ist. Zur Erhaltung seiner Schönheit wird das Gelände zeitweise von Diepholzer Moorschnucken beweidet.

Unterhalb des reetgedeckten Schafkobens, nahe einiger Findlinge, nutzen wir den mündenden Feld- und Forstweg. Am Ende wählen wir die etwas nach links versetzte Kuhtrade, ein waldgesäumter Hohlweg, auf dem früher das Vieh zur Weide ausgetrieben wurde. Danach treffen wir wieder auf den Lohmühlenweg, schwenken dort in die Deekenstraße und folgen der **Geschäftsmeile Westerstraße** in die **Wildeshauser Innenstadt**, die mit offenem Wasserlauf, Restaurants und Straßencafés zum Verweilen einlädt.

Das **historische Rathaus**, ein Backsteinbau mit Treppengiebel, und das neue Stadthaus mit dem Glockenspiel (Figurenumlauf) sind eng benachbart. Gegenüber dem Marktplatz mit dem Brunnen von 1747 gelangen wir durch die Kirchstraße zur **Alexanderkirche**. Der dreischiffigen, kreuzförmigen Basilika mit Fresken aus dem 13.–15. Jh. schließt sich das aus dem 10. Jh. stammende Kapitelhaus an, der heute noch genutzte Remter.

In der Translatio Alexandri wird die Überführung der Reliquien des Hl. Alexander von Rom nach Wildeshausen im Jahre 851 durch den Enkel des Sachsenherzogs Widukind, Waltbert, dokumentiert. Wildeshausen und sein Stift wurden Wallfahrtsort.

Im Jahre 1270 verlieh der Erzbischof Hildebold von Bre-

men Wildeshausen die Stadtrechte. Damit ist Wildeshausen die älteste Stadt im Oldenburger Land.

An der Ostwand der Kirche verläuft nahe der Hunte eine hohe Stützmauer. Von hier kehren wir über die Brücke an der Heemstraße zu unserem Ausgangspunkt zurück.

Anfahrt:
A 1, Bremen – Osnabrück, Abfahrt Wildeshausen-Nord, B 213, Abzweigung Delmenhorster Straße; A 29, Oldenburg – Cloppenburg, Abfahrt Ahlhorn, B 213

Karten:
Radwanderkarte Wildeshauser Geest 1:75.000; Stadt- und Wanderplan Wildeshausen 1:20.000

Wissenswertes:
Reckumer Steine, Steingräber aus der Zeit ca. 2000 v. Chr.; *Kleinenkneterner Steine,* Megalithgräber aus der Jungsteinzeit; *Pestruper Gräberfeld* mit über 500 Grabhügeln aus der Zeit um 900–400 v. Chr.; *Wildeshausen,* Verwaltungssitz des Landkreises Oldenburg und staatlich anerkannter Luftkurort; *historisches Rathaus* (15. Jh.) mit spätgotischem Stufengiebel; *Alexanderkirche* (ev.,12./13. Jh.), älteste Kirche und einzige Basilika im Oldenburger Land; *Dampfkornbranntweinbrennereimuseum* in der Wittekindstraße.

Einkehrmöglichkeiten:
Vielfältiges Angebot in Wildeshausen

Auskünfte:
Verkehrsverein Wildeshausen, Historisches Rathaus, Tel. 04431/6564; Zweckverband Naturpark Wildeshauser Geest, Tel. 04431/85351, www.wildegeest.de; Dampfkornbranntweinbrennereimuseum, Tel. 04222/6517 oder 04431/3674

26 Von Bassum zur Hünenburg 36 km

Die Radwanderung zum frühmittelalterlichen Ringwall Hünenburg führt durch anmutige Bachtäler, hügelige Feldmark und idyllisch gelegene Bauernschaften. Auf der Route treffen wir auf die romanische Backsteinkirche in Neuenkirchen und auf das Museum der Strohverarbeitung in Twistringen. In der Lindenstadt erwarten uns die historische Freudenburg, das Damenstift und die altehrwürdige Stiftskirche.

Ausgangspunkt ist das Rathaus in **Bassum**. Auf der Friedrich-Ludwig-Jahn-Straße und über eine Fußgängerbrücke im Zuge der Eschenhäuser Straße verlassen wir die Lindenstadt und rollen in den schattigen Bachgrund nach Eschenhausen hinunter. Wir überqueren die Beeke und streben auf der Birkenallee dem Forst Lindschlag entgegen. Das Tal zur Rechten, in dem sich die Eschenhäuser, Nienstedter und Schorlingborsteler Beeke treffen, bietet mit seinen Gehölzen, Wiesen und Weiden einen überaus reizvollen Anblick.

Hinter dem Laubwald schwenken wir abwärts nach **Schorlingborstel**, passieren eine Schutzhütte und durchradeln unter hohen Pappeln das geschwungene Beeketal. Bauernhöfe mit Fachwerkgebäuden, Streuobstwiesen und Pferdekoppeln säumen den Weg. Dem Richtungsweiser »Apelstedt« folgen wir durch die bewaldete Senke der **Nienstedter Beeke** und biegen am oberen Forstsaum links ab. Entlang des malerischen Bachtals genießen wir das Panorama welliger Felder und saftiger, von Wäldchen gesäumter Wiesen und Weiden.

Das Turmtor zur Hünenburg

Ein Findling zur Rechten verkündet den Ortsnamen **Pannstedt**. Vor einem hübsch gelegenen, von Baumwipfeln umrauschten Bauernhof überqueren wir die Nienstedter Beeke und finden am Erlenbruch einen Rastplatz.

Dem verträumten Bachtal bleiben wir auch auf östlicher Seite treu und passieren nach Heusmanns Fischteichen eine mächtige Buche. An einer von stämmiger Eiche markierten Kreuzung radeln wir geradeaus ins idyllische **Nienstedt** hinab. Sowohl an der ersten Kreuzung als auch bei der Gabelung am Wetterhäuschen halten wir uns rechts und überqueren im Wald erneut die Nienstedter Beeke. Nach einem Bauernhof mit mächtigen Linden und Eichen treffen wir auf den für uns nur kurzen Radweg an der B 61 nach **Neuenkirchen**.

Am Hinweis »Zum Klosterbach« fädeln wir uns in die Neuenkirchener »Herrlichkeit« ein und folgen anschließend dem Schrägweg an Bauernhöfen und Obstwiesen vorbei zum Ortskern. Bei der Orientierungstafel im Park entdecken wir bereits die kleine, sehenswerte romanische Backsteinkirche **St. Katharinen** (12. Jh.). Für eine Innenbesichtigung der in alter Form und Größe erhaltenen Kirche hält die Küsterei einen Schlüssel bereit. Wir verlassen die Cantruper Straße zum Gödderner Weg, radeln durch den anmutigen Grüngürtel des **Klosterbachs** und steuern geradeaus. Rechter Hand grüßt die Wedehorner Windmühle.

Auch an der zweiten Kreuzung behalten wir die Richtung (Stocksdorf) bei, tauchen in den Wald und überqueren den **Kuhbach**. Auf dem Ochsendamm gelangen wir parallel zum Bruchgebiet Altes Moor und vorbei an den Häusern »Auf dem Barrel« nach Stöttinghausen. Hier stoßen wir auf die **Hünenburg**, heute bestehend aus einem eichenbestandenen, begehbaren Ringwall, der um 500–800 n. Chr. als Befestigungsanlage errichtet wurde. Die frühgeschichtliche Fluchtburg wurde wahrscheinlich von

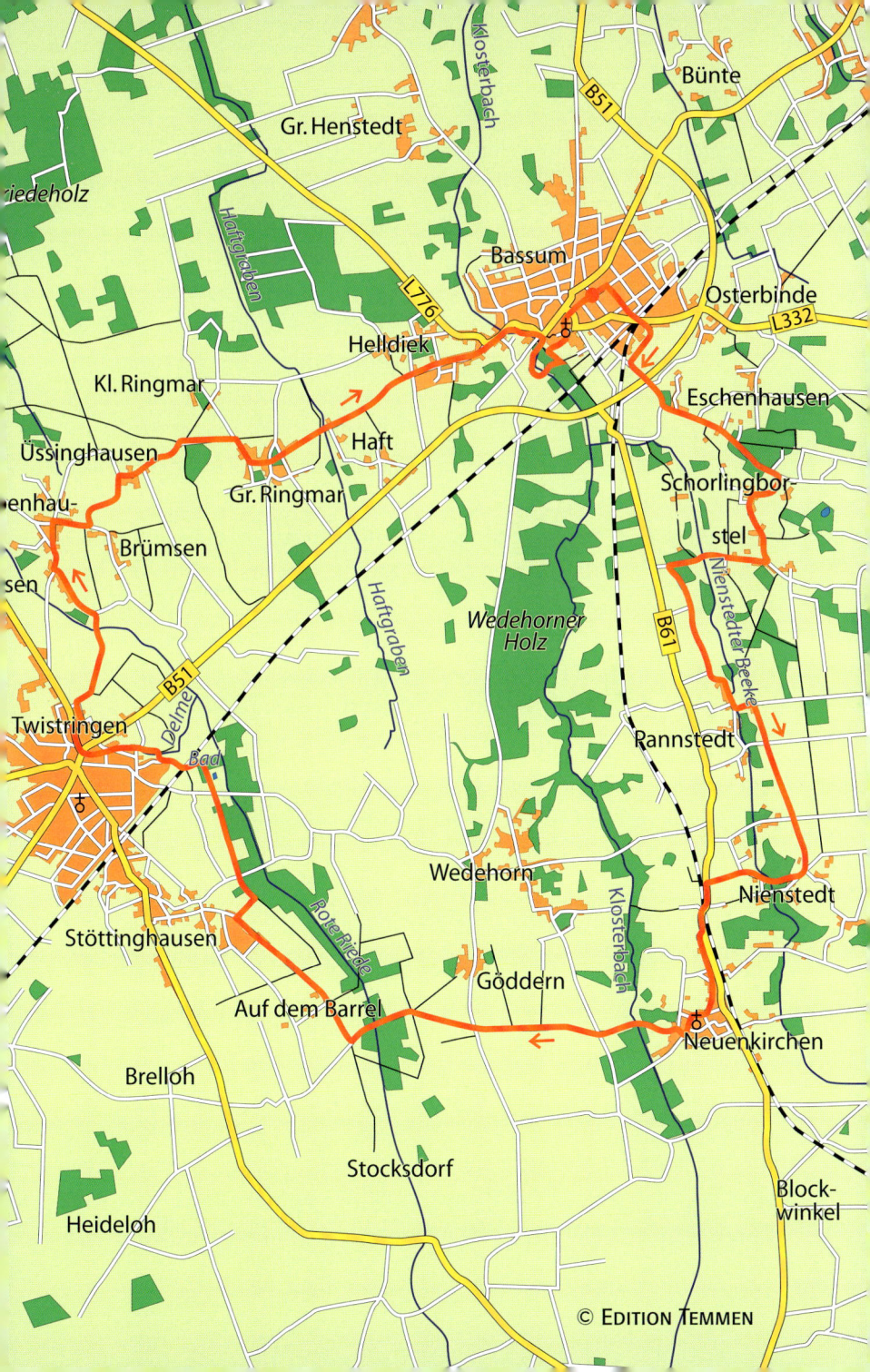

Heinrich I. zum Schutz der Bevölkerung gegen einfallende Ungarn genutzt.

Im Jahre 2004 wurde das Burgtor mit seinem Turm rekonstruiert, sodass die Ringwallanlage ihren burgähnlichen Charakter wiedererlangt hat. In Anlehnung an Ausgrabungen in den 30er Jahren, als man auf die Überreste eines 1400 Jahre alten Gebäudes stieß, ist im Inneren der historischen Ringwallanlage ein nach zwei Seiten offenes Holzhaus entstanden. Weiter denken die Aktiven des Heimatvereins an die Wiederherstellung des Burggrabens, die Fortsetzung der Palisadenwand und die Rekonstruktion einer Feuerstelle.

Bänke bieten heute Gelegenheit zur Rast. Dem Radweg Twistringer Ring folgen wir am Forst entlang zum Freibad und nach der Bahnunterführung über den Delmesteg zur Twistringer Innenstadt.

An der B 51 wechseln wir zur Harpstedter Straße und passieren den Kapellenweg. Hier befindet sich das in Deutschland einzigartige **Museum der Strohverarbeitung**.

In der Nähe befindet sich die **Quelle der Delme**, die 44 km durch die Wildeshauser Geest fließt und in die Ochtum mündet. Am »Limbusch« biegen wir ab und stoßen An der Sandkuhle auf den Weg Zur Poggenmühle. Hinter dem Delmetal halten wir uns »Am Bruch« links und radeln oberhalb von Teichen und Gehölzen gen **Abbenhausen**. Im Ortskern schwenken wir nach rechts und wählen in Brümsen den ausgeschilderten Fernweg Osnabrück – Bremen. In der Bauerschaft Üssinghausen erwecken parkartige Gärten unsere besondere Aufmerksamkeit.

Bald passieren wir einen kleinen Wald und das Freibad auf dem Campinggelände **Groß Ringmar**. Der Dorfkrug bietet Gelegenheit zur Einkehr. Mit Blick auf den Fernsehturm in Haft und den gewachsenen, inzwischen als »Bassumer Utkiek« genutzten Müllberg des Entsorgungszentrums Wedehorn nähern wir uns Bassum und rollen in Helldiek zum Park der auf einem Hügel gelegenen **Freudenburg** hinunter. Ein Pfad am Klosterbach verbindet die Anlage mit dem weithin bekannten **Damenstift** und mit der **Stiftskirche**. Durch die schmale Meierkampstraße erreichen wir die verkehrsberuhigte Innenstadt und kehren zum Rathaus zurück.

Anfahrt:
A 1, Bremen – Osnabrück, Abfahrt Bremen-Brinkum, B 6 – B 51 in Richtung Diepholz, Ausfahrt Bassum

Karten:
ADFC-Regionalkarte Bremen und Umgebung 1:75.000

Wissenswertes:
St. Katharinen in Neuenkirchen, gewölbte romanische Landkirche (12. Jh.) mit Chor und Apsis, im Innern spätmittelalterliche Malereien. Das *Museum der Strohverarbeitung* in Twistringen zeigt in einem historischen Überblick die heimische Verarbeitung des Rohstoffes Stroh zu Gebrauchsgegenständen. *Freudenburg Bassum,* um 1230 durch die Grafen von Hoya errichtet, heute Weiterbildungszentrum; *Adeliges Damenstift,* hervorgegangen aus dem vom Heiligen Ansgar, Erzbischof von Bremen und Hamburg, 858 gegründeten Kanonissenstift Birxinon (später Bassum). Das im Fachwerkstil errichtete Stiftsgebäude von 1751 mit Kapitelsaal (Besichtigung möglich) wird von heutiger Äbtissin bewohnt. Die *Stiftskirche*, ein dreischiffiger spätromanischer Backsteinbau mit Querhaus in Form eines Kreuzes, wurde um 1200 erbaut und ist das eindrucksvolle Wahrzeichen der Stadt Bassum.

Einkehrmöglichkeiten:
Ringmars Camping, Groß Ringmar, Tel. 04241-9711900, www.camping-ringmar.de; vielfältiges Angebot in Twistringen und Bassum

Auskünfte:
Stadtverwaltung Bassum, Tel. 04241/840; Museum der Strohverarbeitung, Tel. 04243/4492

27 Sager Heide – Ahlhorner Fischteiche – Urwald Baumweg

37 km

Idyllische Teiche und Seen, stiller Wald und bäuerliche Kulturlandschaft prägen diese beschauliche und abwechslungsreiche Radwanderung. Reetgedeckte Schafställe und der alte Hudewald erinnern an die ehemals verbreitete Schafhute. Der verwunschene Dianasee, die Lether Wassermühle und die Kratteichen in der Sager Schweiz bleiben uns nicht verborgen.

In **Sage** bei Großenkneten starten wir am Forstrandweg Zur Sager Heide, gegenüber dem ehemaligen Rasthaus B 69. An späterer Kreuzung wenden wir uns waldeinwärts zum Schafkoben. Ein kurzer Abstecher führt zur Eiche beim Schüttenkoben. Der mannshohe Stamm des schön gewachsenen Baumes, in dessen Nähe früher ein Schafkoben gestanden haben mag, gabelt sich imposant in viele Hauptarme und Äste.

Vom Hauptweg aus konnten wir kurz darauf den reetgedeckten Schafkoben Ritterhoff mit dem davor stehenden, eindrucksvollen Hutebaum entdecken. Gut einen Meter über dem Boden teilt sich der Hauptstamm der Traubeneiche in mehrere, weit überhängende Stämme mit ebenfalls vielarmiger Krone. Während die Eiche nach wie vor zu stimmungsvoller Rast einlädt, ist zu hoffen, dass der vor ein paar Jahren abgebrannte Schafkoben wieder aufgebaut wird und sich wie zuvor harmonisch in das romantische Landschaftsbild einfügt.

Bei der Abzweigung Blanker Schlatt halten wir uns rechts und überqueren anschließend

Am Helenensee

Schafkoben mit Huteeiche in der Sager Heide

die Autobahnbrücke. Die kleine Straße knickt ab, doch wir bleiben geradeaus auf dem Feldweg zum Wald. Am Saum passieren wir einen kleinen Wall und einen Findling mit dem Wanderwegzeichen. Der fortführende, von schönem Bewuchs flankierte und teils alleeartige Waldweg stößt am Ende auf eine befestigte Fahrbahn, die uns links unvermittelt zu den **Ahlhorner Fischteichen** führt.

Das von der Lethe durchflossene Gebiet der ursprünglich 64 Teiche, von denen heute noch 35 größere und kleinere Gewässer bewirtschaftet werden, hat sich zu einem Refugium für seltene Tiere und Pflanzen entwickelt. Viele Vogelarten finden sich zur Brut oder Rast ein. An den Ufern der von Laubbäumen und Büschen umschlossenen Seen wachsen Röhricht und Binsen.

Zwischen zwei Teichen radeln wir zu einer Gabelung und halten uns rechts abwärts. Am See zur Linken, gegenüber dem **Blockhaus**, finden wir eine Rastbank und genießen einen schönen Ausblick auf den von Wald umgebenen **Helenensee**, in dessen Wassersaum sich die Bäume spiegeln.

Im Mai, wenn die Brutzeit des Pirols beginnt, ertönt aus hohen Wipfeln sein klangvolles »Düdlio«. Bei der Zufahrt zum Blockhaus bleiben wir geradeaus, passieren eine Schranke und radeln auf einem Damm zwischen den Seen bis zum querenden Fahrweg, dort links.

Nach einer Pferdekoppel biegen wir an der Kreuzung nach rechts und stoßen bei den »**12 Aposteln**«, einer heidebewachsenen Lichtung mit Find-

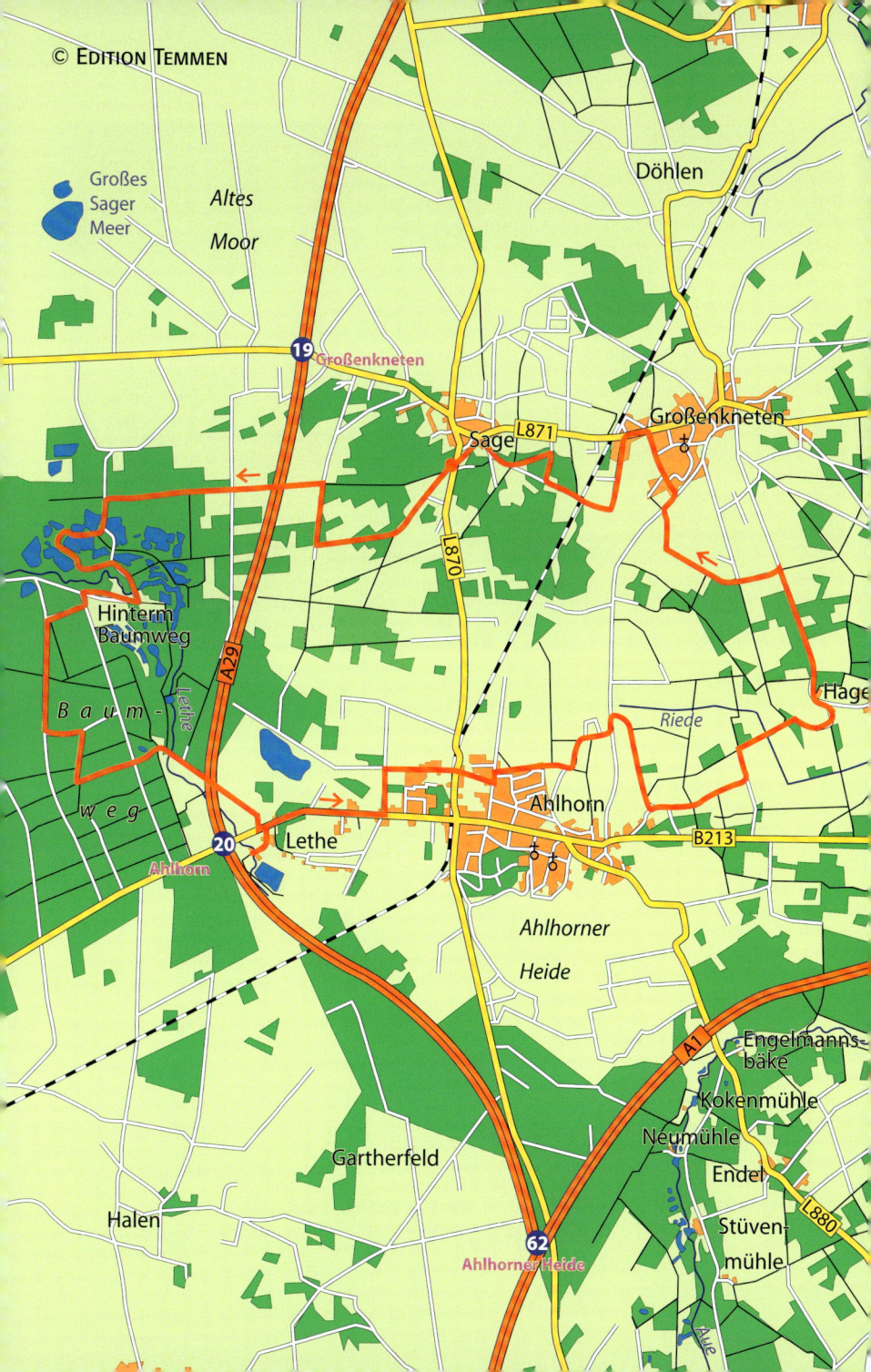

Bei den Ahlhorner Fischteichen

lingen, auf einen Rastplatz. Bevor wir uns an der Kreuzung hinter der Lethebrücke nach rechts zum Wanderparkplatz wenden, haben wir entgegengesetzt Gelegenheit, die **Teichwirtschaft Ahlhorn** mit Hofladen und Fischräucherei zu besuchen (200 m). Auch hier finden wir Ruhebänke.

Nachdem wir am Wanderparkplatz einen Blick auf die Informationstafel geworfen haben, schwenken wir von der Zufahrt zu den Fischteichen am ersten Weg in den Hochwald **Baumweg** ein, passieren bei einer Eiche einen Findling und biegen bei nächster Kreuzung nach links. Im Sommer säumen roter und weißer Fingerhut den Weg. An der zweiten Hauptwegkreuzung, bei einem großen Findling, halten wir uns wieder links. An dieser Stelle ist geradeaus ein Abstecher zum **Urwald** möglich, der mit seinen auffallend verwachsenen, gewundenen und gekrümmten Eichen, Hainbuchen und Buchen zu einem der eigenartigsten Wälder der Region gehört. Von dort bietet sich eine Abkürzung zum Dianasee an.

Der Wald am Baumweg diente in früheren Jahrhunderten aber nicht nur als Viehweide. Die heutige B 213 hieß damals Flämische Straße, sie verband die holländische Hansestadt Deventer mit Hamburg und Lübeck. Die hansischen Fuhrleute wie auch die Reisenden wurden von den Grenzwächtern des Bistums Münster kontrolliert, das dazu im Lethetal, der heutigen Kreisgrenze zwischen Cloppenburg und Oldenburg, das »Huysken tor Leet« unterhielt. Wer sich der Kontrolle entziehen wollte, überschritt die Grenze durch den »Bosch«, den Baumweg.

Nicht weit vor der Straße Zu den Fischteichen zweigen wir an einem Lärchenbestand rechts in den üppig von Gräsern bewachsenen, aber festen Weg des Mischwaldes ab. Wir passieren Findlinge, halten uns an der nächsten Kreuzung, bei hohen Fichten, nach links und überqueren die asphaltierte Bahn. Ein kleiner Weg führt uns zum verschwiegenen, waldumschlossenen **Dianasee**. Der Wurzelpfad begleitet das Seeufer eine Weile und stößt danach auf den Dianaweg, dem wir rechts an einem Teich vorbei und über die Lethe folgen.

Nach Unterquerung der Autobahn treffen wir auf den Radweg an der B 213. Schräg gegenüber mündet die Auffahrt zum **Gut Lethe**, das zurzeit nicht bewirtschaftet wird. Ein Abstecher führt auf linker Seite des ehemaligen Herrenhauses, heute Station der Autobahnpolizei, unter alten Kastanien zur reetgedeckten **Wassermühle** mit dem Mühlenteich und der rauschenden Lethe.

Richtung Ahlhorn lenken wir bald in den Lether Schul-

Folgende Doppelseite:
Waldverschwiegen – der Dianasee

weg und nach einem Gleis in den Weg Hemannshausen zur L 870. Durch **Ahlhorn** radeln wir auf dem Westerholtkamp, halten uns »Am Lemsen« kurz links und auf dem Triftweg zum »Lünshoop«. Nach dem Wasserwerk schwenken wir nach links und folgen kurz darauf der kleinen Straße Dünhoop.

An zwei Höfen vorbei stoßen wir auf den **Fahrenkamp**, biegen links ein und erreichen den gleichnamigen, von Buchen und Eichen umstandenen **Schafkoben**. Von der schönen, etwa 250-jährigen Buche, die in 2 m Höhe eine weit ausladende Krone ansetzte, ist nur noch der Stubben vorhanden. In Verbindung mit dem Schafkoben kam der Buche eine landschaftsbildprägende Bedeutung zu.

Am Ende des Weges halten wir uns links, durchradeln nach der folgenden Rechtskurve das Riedebachtal und erreichen oberhalb der Brücke **Hagel**. Dort lädt das Schafstall-Café zur Einkehr. Auf der Ortsdurchfahrt gelangen wir zum Rastplatz Hageler Eck und links hinunter zur waldgesäumten Straße, die in Richtung **Großenkneten** führt. Nach dem Gehölz folgen wir links dem nächsten (sandigen) Feldweg zum Waldzipfel Kneter Sand und stoßen dort auf die feste Fahrbahn. Kurz vor der Straße Ahlhorn – Großenkneten passieren wir einen weiteren Schafkoben.

Auf dem separaten Radweg nähern wir uns Großenkneten, durchradeln »Am Rieskamp« ein Neubaugebiet und lenken an der Hauptstraße in Richtung Sage. Am Kirchholz, kurz vor der Bahn, zweigen wir ab. Wir überqueren die Schienen, biegen danach rechts in den Rickensand und kurz darauf links in die **Sager Schweiz** ein. Hier begleitet uns rechter Hand der von urigen und bizarren **Kratteichen** aufgehaltene Dünenzug, der den Ort zu versanden drohte.

In Sage halten wir uns an einer Gabelung links und biegen anschließend »Bei der Friedenseiche« ein. An der Eiche und alten Gehöften vorbei treffen wir wieder auf unseren Ausgangspunkt.

Anfahrt:
A 1, Bremen – Osnabrück, Ausfahrt Wildeshausen-West, B 213 Richtung Ahlhorn – Großenkneten – Sage

Karten:
ADFC Radwanderkarte Oldenburger Land 1:75.000

Wissenswertes:
Ahlhorner Fischteiche, ab 1906 auf ausgedehnten Heideflächen angelegt.

Das *Ev. Blockhaus Ahlhorn* dient der Oldenburgischen Landeskirche als Schulungszentrum und Gästehaus. Der *Helenensee* ist zum Baden und Rudern freigegeben. *Urwald Baumweg,* Rest eines alten Hudewaldes mit schlangenhaft gewundenen Baumgestalten; *Kratteichen* in der Sager Schweiz mit bizarren Formen.

Einkehrmöglichkeiten:
Ev. Jugendheim Blockhaus Ahlhorn (jeweils ab 10 Personen nach Voranmeldung) Tel. 04435/9390, www.blockhaus-ahlhorn.de; Teichwirtschaft Ahlhorn, Tel. 04435/2811 und 0170/5708458, jeweils ab zehn Personen nach Anmeldung; in Ahlhorn: Altes Posthaus, Tel. 04435/971634, www.altes-posthaus-ahlhorn.de; Ahlhorner Krug, Tel. 04435/2914, www.ahlhornerkrug.de; Schafstall-Café in Hagel, Tel. 04435/1381; Gaststätte Am Rathaus, Großenkneten, Tel. 04435/97000, www.kempermann.com

Auskünfte:
Tourist-Information Gemeinde Großenkneten, Tel. 04435/600117; Zweckverband Naturpark Wildeshauser Geest, Tel. 04431/85351, www.wildegeest.de

28 Engelmannsbäke – Visbek – Großsteingräber – Wassermühlen
20 km

Urwüchsige, verträumte Bachtäler, idyllische Teiche, Misch- und Bruchwald, Megalithgräber und historische Wassermühlen prägen diesen reizvollen Ausflug.

Ausgangspunkt ist der Wanderparkplatz am Landgasthof **Engelmannsbäke**. Bevor wir uns aufs Rad schwingen, sollten wir nicht versäumen, die nahen und eindrucksvollen Großsteingräber zu beachten. Hinter dem Gasthaus gelangen wir in zwei Fußminuten zum **Heidenopfertisch** und von dort führt eine Holzbrücke im Bach- und Erlengrund zum gewaltigen, von 130 Findlingen eingefassten Hünenbett Visbeker Bräutigam.

Der »Visbeker Bräutigam«

Wer ist hier nach wem benannt? Die Familie heißt wie ihr Landgasthof, der heißt wie die Bauernschaft und die heißt wie der kleine Bach, an dem sie liegt: Engelmannsbäke steht für eine selten lange Tradition und ist weit über die Grenzen der Gemeinde Visbek im Landkreis Vechta bekannt. 1150 ist der Hof zum ersten Male urkundlich erwähnt und sei noch heute im Besitz seiner Familie, berichtet Juniorchef Ralf Engelmann.

Mit dem Rad starten wir unter den Hofeichen und folgen im Birken- und Kiefernwald dem nächsten Weg in Richtung **Varnhorn**.

Der Heidenopfertisch

Bald radeln wir oberhalb der Aue durch offenes Gelände, überqueren nach Fischteichen die Twillbäke, schwenken bei einer Schutzhütte rechts ab und folgen dem Meerweg. Zwischen dem Sumpfgürtel der **Twillbäke** und dem hügeligen, teils bewaldeten Geestrücken stoßen wir auf den idyllisch gelegenen, von Schilf und Erlen umsäumten Teich der früheren, 1474 erstmals erwähnten **Bullmühle**, heute ein Restaurant/Café. Vorhanden ist noch der Kollergang, zwei senkrecht stehende Mahlsteine der alten Ölmühle.

Auf schmaler Eichenallee kommen wir **Visbek** näher. An der Kreuzung lenken wir talwärts, passieren gegenüber dem Erlenbruch Forellenteiche und bleiben an der Straßenmündung rechts. Zur **Hubertusmühle** zweigen wir ab. Die 1501 erstmals urkundlich erwähnte Mühle, 1904 zusätzlich mit einem Sägewerk ausgestattet, wurde 1972 stillgelegt und 2007 durch einen Brand zerstört. Die schön gelegene Teichanlage ist noch vorhanden.

Auf romantischem Weg zwischen Bruch- und Hochwald radeln wir entlang der **Twillbäke**

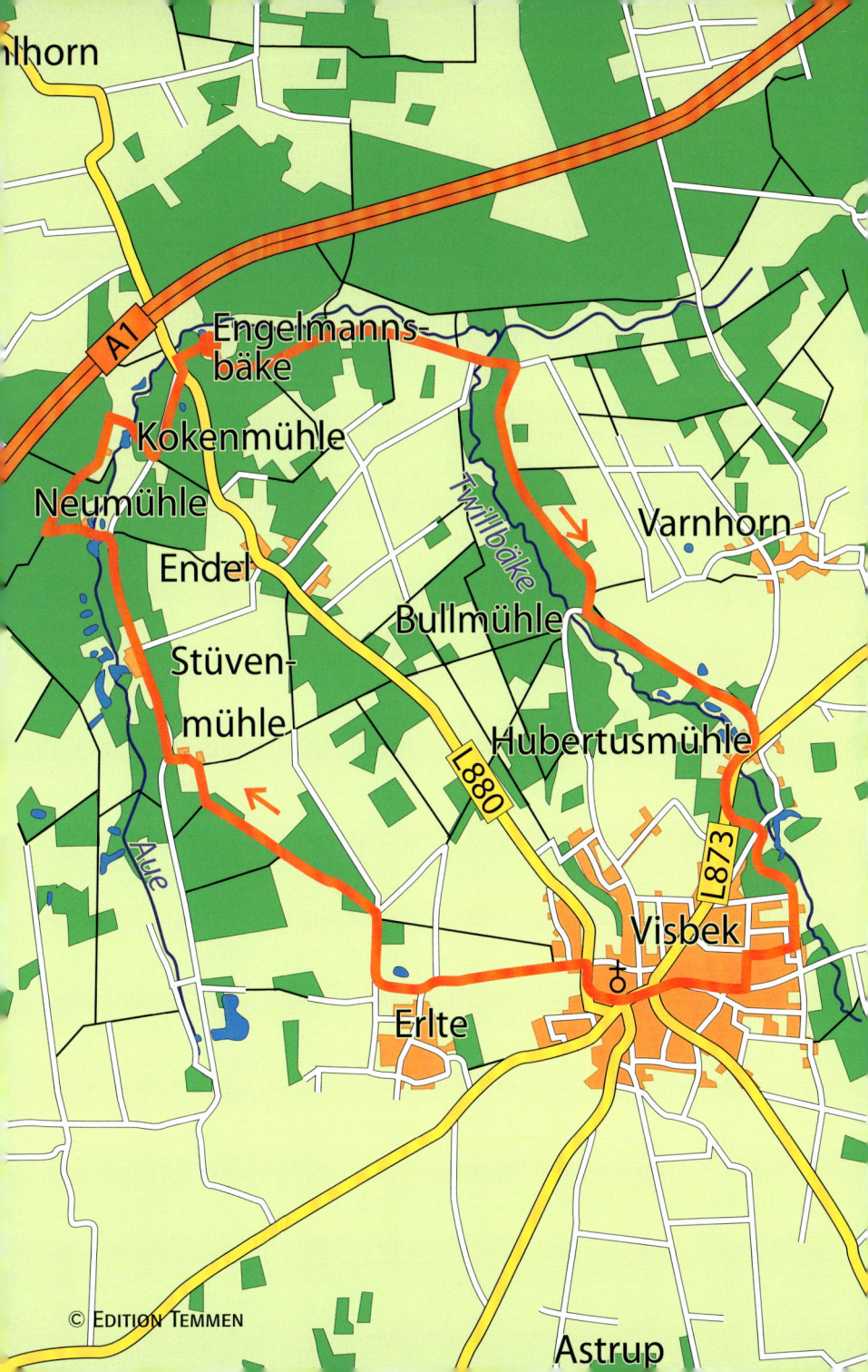

und schließen uns hinter dem Reitplatz dem Pickerweg an, der uns zur hoch aufragenden St. Vitus-Kirche führt.

Vom Klosterplatz, der auf einem 51,5 m hohen Geesthügel liegt, fahren wir die Kirchstraße und Vitusstraße abwärts, überqueren den Bruchbach und wählen an der Kreuzung Ahlhorner Straße geradeaus den separaten Radweg nach Erlte. In einer Kurve vor dem Ort folgen wir rechts der zweiten Abzweigung und halten uns danach wieder rechts.

Bei einer Eiche und einem Gehöft bleiben wir vor dem Hochwald. Feldrain und Forst wechseln sich beiderseits des Saumweges ab. Auf der kleinen Straße Meyerhöfen – Engelmannsbäke geht es im lieblichen Auetal abwärts. Dank der vielen Mühlenteiche und Bäche zeigen sich hier häufiger als anderswo Eisvogel, Wasseramsel oder Gebirgsstelze.

Während uns der Wald zur Rechten weiter begleitet, erreichen wir zunächst die **Stüvenmühle,** deren Vorgängerbauten bis ins 14. Jh. zurückgehen. Heute wird hier das bekannte Stüvenmühler Landbrot, eine regionale Spezialität des Oldenburger Münsterlandes, hergestellt. Die abseits gelegene Mühle befindet sich in Privatbesitz.

Wir passieren ein Schwarzwildgehege und fahren an Pferdekoppeln vorbei, die uns tiefere Einblicke in das Bruchtal erlauben. Nach wenigen Augenblicken erreichen wir die **Neumühle,** deren Wasserrad sich bis heute dreht. Seit 1501 in Besitz der Familie Niemöller, wurde das schmucke Fachwerkgebäude 1972 zu einem Restaurant ausgebaut und liegt mit seinen hübschen Außenanlagen unmittelbar am Mühlenteich.

Über den Hof von Neumühle, dann rechts, empfiehlt sich ein Schlenker zur traumhaften Idylle des eiszeitlichen **Seerosenschlatts,** das mit seinem urtümlichen Bewuchs und seiner Romantik seinesgleichen sucht. Vorbei am Teich und an den Gebäuden der **Kokenmühle** (1540 erstmals erwähnt) erreichen wir Engelmannsbäke und damit wieder unseren Ausgangspunkt.

Anfahrt:
A 1, Bremen – Osnabrück, Abfahrt Wildeshausen-West in Richtung Ahlhorn (B 213); in Ahlhorn abzweigen nach Visbek; kurz hinter der Autobahn Einfahrt zum Parkplatz Engelmannsbäke

Karten:
ADFC Radwanderkarte Oldenburger Land 1:75.000

Wissenswertes:
Der *Heidenopfertisch*, wohl wegen seines riesigen Decksteins im Volksmund so genannt, zählt zu den größten Steingräbern im deutschen Raum und wird der Zeit von 3400–2800 v. Chr. zugeschrieben. Auch Das Großsteingrab *Visbeker Bräutigam* stammt aus der Jungsteinzeit und stellt mit seiner Ausdehnung eine der eindrucksvollsten Megalithgrabanlagen in Nordwestdeutschland dar. Die *kath. Pfarrkirche St. Vitus* in Visbek, 1876 im neugotischen Stil als dreischiffige Hallenkirche errichtet, steht anstelle einer bereits um das Jahr 800 erbauten ersten Kirche, von der in frühchristlicher Zeit die Christianisierung in diesem Raum ausging.

Die *Mühlenteiche* werden heute von den Mühlenbesitzern zur Fischzucht genutzt. Einzig unterhält die Stüvenmühle einen modernen Mahlbetrieb mit Bäckerei und neuzeitlichen Gebäuden.

Einkehrmöglichkeiten:
Landgasthof Engelmannsbäke, Tel. 04445/2806, www.engelmannsbaeke.de; Restaurant/Café Bullmühle, Tel. 04445/9571385, www.bullmühle.de; mehrere Angebote in Visbek

Auskünfte:
Gemeindeverwaltung Visbek, Tel. 04445/890035; Zweckverband Naturpark Wildeshauser Geest, Tel. 04431/85351, www.wildegeest.de

29 Wildeshausen – Dötlingen – Ostrittrum   32 km

Durch die Bauernmarsch und Große Wiekau radeln wir entlang der Hunte ins Künstlerdorf Dötlingen. Das urwüchsige Poggenpohlsmoor, der Geesthügel Oltmanns Barg und das idyllische Ostrittrum sind weitere Höhepunkte dieser Tour. Vorbei an den Wassermühlen und Mühlenteichen in Moorbek, Heinefelde und Aumühle kehren wir durch die Kiefernwälder Großer Sand und Spascher Sand in die »Wittekindstadt« zurück.

Vom **Krandelbad** in Wildeshausen radeln wir zwischen Waldsaum und Tennispark in die Bauernmarsch hinaus und unterqueren neben der Hunte die Autobahn. Nach einem kleinen Bogen begleiten wir den sich schlängelnden Fluss auf dem Uferweg, der uns vor dem Wald über Altarme der Hunte und vorbei an Altwässern durch eine parkartige Auenlandschaft führt. In der reizvollen **Großen Wiekau** bringt uns eine Fußgängerbrücke zum **Dötlinger Ufer**.

Altarme stehen mit dem Fluss noch in direkter Verbindung, während man von Altwässern spricht, wenn Reste ehemaliger Flussläufe vom Fließgewässer abgetrennt sind.

Wir halten uns links und treffen beim Lopshof auf den Heideweg. Vorbei am Gierenberg, an reetgedeckten Häusern und dem Püttenhaus erreichen wir den malerischen **Dorfkern** mit der Feldsteinkirche (12. Jh.), dem Niedersachsenhaus Tabken-

Die tausendjährige Dorfeiche in Dötlingen

hof und der 1000-jährigen Eiche. Wer auch das Huntesteilufer und das von Heide umgebene Steingrab **Glaner Braut** kennenlernen möchte, sollte für einen späteren Besuch den **Huntepadd** in Erinnerung behalten.

Die ev. St. Firminuskirche mit sehenswerten Details ist auch innen zu besichtigen. Gegenüber steht das im letzten Krieg abgebrannte, aber in der alten Weise bewundernswert wieder aufgebaute Niedersachsenhaus Tabkenhof (58 x 17 m). Die unterhalb der Kirche und des Tabkenhofes aufragende Dorfeiche verlor während des verheerenden Orkans 1972 die Hälfte ihrer Krone. Das kleine, im Fachwerkstil errichtete und zum Gierenberg versetzte Püttenhaus diente früher als Spieker der Pastorei. Heute finden im Püttenhaus, das dem Heimatverein gehört, regelmäßig Ausstellungen statt.

Unsere Tour setzt sich über den Dorfring und Rittrumer Kirchweg »Zum Poggenpohlsand« fort. Hinter dem Birken- und Kiefernwald überqueren wir einen Wasserlauf und bleiben auf dem Hunteweg. Am Rande des von üppiger, urwüchsiger Pflanzenwelt beherrschten Poggenpohlsmoores verraten hohe Pappeln die Windungen des nahen Flusses.

Nach Wiesen und Weiden zieht ein Geesthügel, genannt **Oltmanns Barg**, unsere Aufmerksamkeit auf sich. Die von Heide und einzelnen Kiefern bewachsene Binnendüne erstreckt sich bis zum Huntesteg und bietet eine schöne Rundsicht. Auf schattiger Strecke gelangen wir in das idyllische **Ostrittrum**. An der Dorfstraße halten wir uns links und schwenken auf dem Hunteweg dorfeinwärts. »Am Brink«, bei einer Schutzhütte und dem Ortsstein mit der Jahreszahl 1069, biegen wir ab.

Reetgedeckte Häuser im Niedersachsenstil, Streuobstwiesen, Schaf- und Pferdekoppeln prägen ebenso das Dorfbild wie stattliche, von mächtigen Eichen umstandene Bauernhöfe, die wir rechts abzweigend umradeln. Ein Grasnarbenweg lenkt

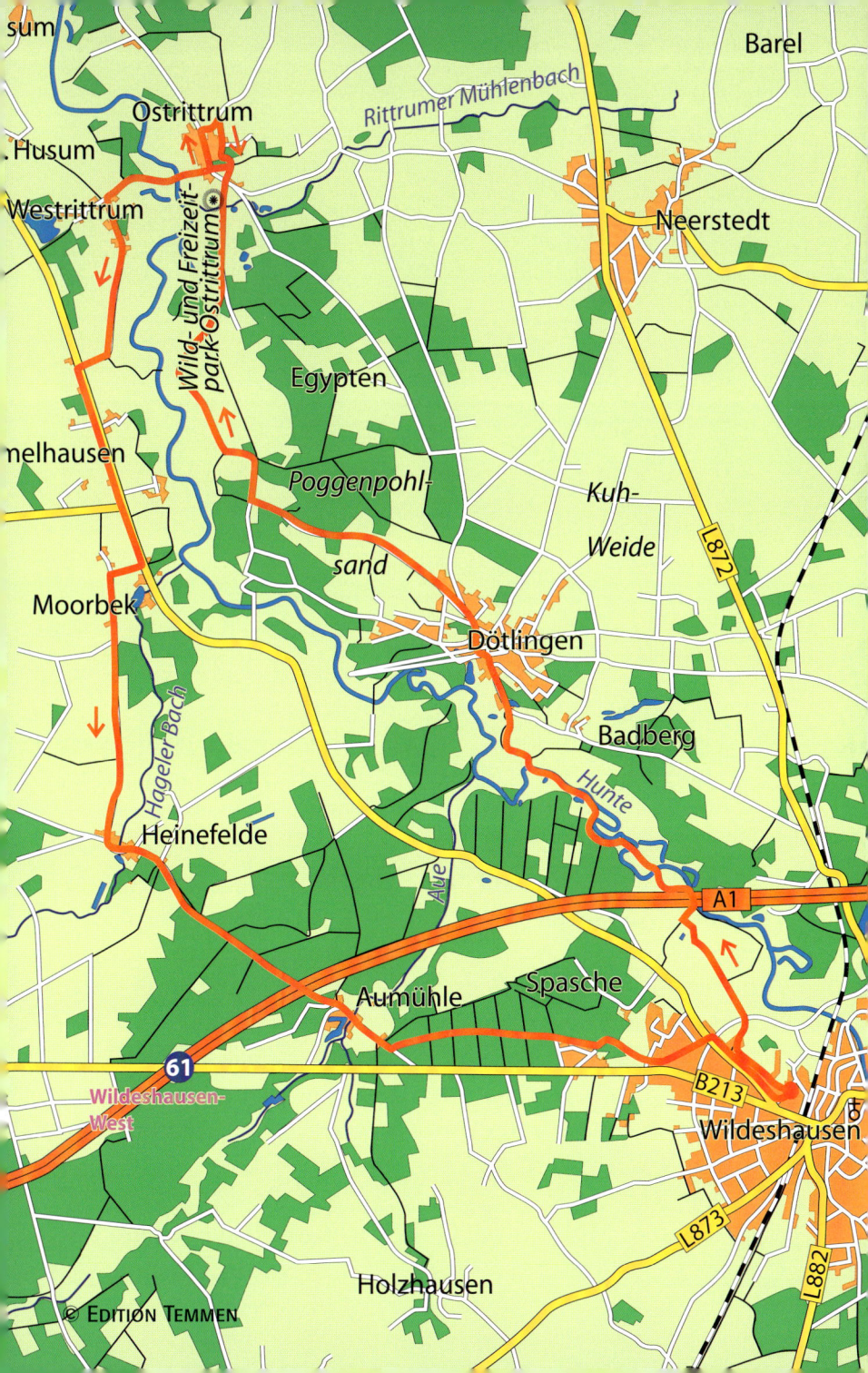

Der Mühlenteich und die Wassermühle in Ostrittrum

zur historischen **Wassermühle** mit dem Mühlenteich und zum Wild- und Freizeitpark.

Unser nächstes Ziel ist Moorbek. Wir fahren zur Hunte hinunter, durchqueren das liebliche Tal und wählen in **Westrittrum** die linke Abzweigung. Auch hier sehen wir schmucke Bauernhöfe, gepflegte Gärten und Fachwerkhäuser. Am bewaldeten Huntetalrand stoßen wir auf den Radweg nach Amelhausen und erreichen kurz darauf **Gut Moorbek**. Das Niedersachsenhaus von 1669, die Wassermühle und der große **Mühlenteich** laden zur Rast und zu einem lohnenden Rundgang.

Oberhalb der Heinefelder Bäke, vorbei am Campingplatz, radeln wir unter schattigen Bäumen durch die bunte, von Wald und Weiden aufgelockerte Feldmark nach Heinefelde. Gleich am Ortseingang, am rauschenden Bach, begrüßt uns unter Eschen und Eichen die verträumte ehemalige **Gutsmühle** mit dem gegenüberliegenden, von Erlen und Röhricht umsäumten Mühlenteich.

Nach Bauernhöfen und prächtigem Baumbestand passieren wir ein Wildgehege und gelangen durch den Kiefernwald Großer Sand nach **Aumühle**. Vom Wiesengrund, unterhalb der Pferdekoppeln, blinkt der große Mühlenteich herauf, in dem sich Erlen, Birken, Linden und Kastanien spiegeln. Die Auebrücke vor der **Wassermühle** fand 1418 erste urkundliche Erwähnung. Bis 1838 verlief hier der Handelsweg Flämische Straße (Vlaamsche Straat). Die Wasserkraft dient heute der Stromerzeugung.

Durch den Spascher Sand, vorherrschend von Birken und Kiefern bestanden, und durch den Stadtwald Krandel kehren wir zu unserem Ausgangspunkt zurück.

Anfahrt:
A 1, Bremen – Osnabrück, Ausfahrt Wildeshausen-Nord, B 213, Abfahrt Glaner Straße, stadteinwärts in Richtung Waldfreibad am Krandel

Karten:
ADFC Radwanderkarte Oldenburger Land 1:75.000

Wissenswertes:
Wildeshausen, auch Wittekindstadt genannt, ist die älteste Stadt im Oldenburger Land. Der Sachsenherzog Widukind (Wittekind) soll hier Besitzungen unterhalten haben. *Dötlingen,* reizvoll am nahen Steilufer der Hunte gelegen, besitzt ein stimmungsvolles Ortsbild.

Einkehrmöglichkeiten:
Reichliches Angebot in Dötlingen; Wild- und Freizeipark Ostrittrum, Tel. 04487/7166, www.freizeitpark-ostrittrum.de; vielfältiges Angebot in Wildeshausen

Auskünfte:
Verkehrsverein Wildeshausen, Tel. 04431/6564; Gemeinde Dötlingen, Tel. 04432/950135; Zweckverband Naturpark Wildeshauser Geest, Tel. 04431/85351, www.wildegeest.de

30 Vier-Täler-Fahrt zu historischen Stätten
 48 km

Allein die idyllischen Täler des Hombachs, Klosterbachs und der Delme sowie die »Ozeanbrücke« und der Harpstedter Wald verlocken zu diesem Ausflug. Doch die kulturellen Sehenswürdigkeiten kommen nicht zu kurz. Die schöne Kirche in Nordwohlde, die mächtige Stiftskirche sowie das Damenstift und die Freudenburg in Bassum werden von unserer Route ebenso berührt wie die Windmühle, Kirche und der schmucke Amtshof in Harpstedt.

In **Nordwohlde**, »An der (alten) Kirche« mit dem Fachwerkgiebel, starten wir und treffen oberhalb des Hombachs auf die nach Stütelberg führende »Herrlichkeit«. Im Buchengrund überqueren wir den Finkenbach und genießen vom Geestrücken schöne Ausblicke in beide Bachtäler. Dem Wegweiser »Döhren – Bassum« folgen wir abwärts, passieren nach einem Bauernhof und Rinderweiden den bewaldeten Grüngürtel des **Hombachs** und halten uns an der Kreuzung, bei einer doppelstämmigen Eiche, nach links.

Am Schullandheim Döhren und an Gemüsefeldern vorbei kommen wir über eine Brücke, schwenken an der Gabelung links nach **Bassum** und folgen der Syker Straße stadteinwärts. »Am Petermoor« und vor dem **Tierpark**, der einen Besuch lohnt, auf den Hinweis »Stadtmitte« achten und weiter im Zuge Bramstedter Kirchweg – Alte Poststraße – Querstraße zur Kirchstraße. Schräg gegenüber führt der schmale Pastorenweg zum Kirchplatz.

Am nächsten Weg halten wir uns links, am Ende rechts und

Der Amtshof in Harpstedt

Das Adelige Damenstift in Bassum

stoßen sogleich auf die über tausendjährige **Stiftseiche** oder »Kaffee-Eiche«, deren Hauptstamm sich in Mannshöhe teilt. Unter der Eiche, auf die wiederholt ein Brandanschlag verübt wurde, trafen sich die Stiftsdamen zum Kaffeekränzchen.

Vor dem Naturbad lenkt ein Pfad zum Klosterbachsteg. Das von Eichen, Eschen und Erlen gesäumte Flüsschen begleitet uns zum Mühlenteich und zur Brücke bei der **Klostermühle**. Einige Schritte weiter stehen wir dem weißen Fachwerkbau des historischen **Adligen Damenstifts** gegenüber, das nach wie vor von einer Äbtissin geführt wird.

Das Kanonissenstift Birxinon (später Bassum) wurde 858 vom Heiligen Ansgar, Erzbischof von Bremen und Hamburg, gegründet. Obwohl die Abtei reich begütert war, lebten die aus vornehmsten Adelsfamilien stammenden Stiftsdamen relativ

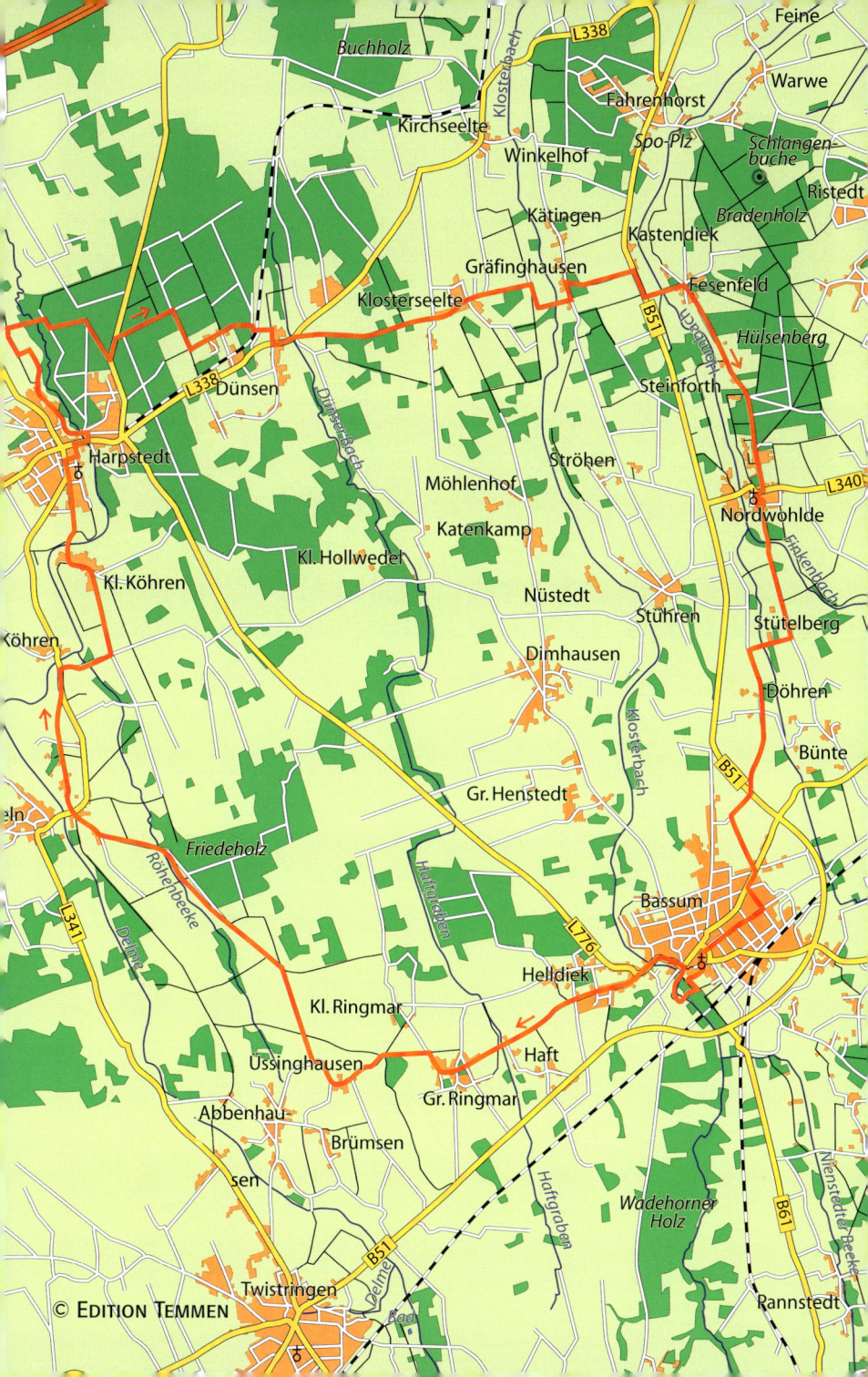

Die Stiftskirche in Bassum

einfach. Sie waren keine Nonnen, durften eigenen Besitz haben und das Stift vorübergehend oder im Falle einer Heirat ganz verlassen. Die heutige Äbtissin, Frau Isabell von Kameke, hat nicht mehr unverheiratete Frauen auszubilden und zu betreuen, sondern widmet sich vielmehr der Pflege des kulturellen Stiftserbes. Im Kapitelsaal, dem prachtvollsten Raum der Abtei, finden regelmäßig Konzerte statt.

Einige Schritte weiter ragt die altehrwürdige, prächtige **Stiftskirche** empor. Ursprünglich um 1200 in Holzbauweise errichtet, 1328 ausgebrannt und 1351 neu geweiht, ist sie das Wahrzeichen der Lindenstadt und eine der ältesten Backsteinkirchen in Norddeutschland.

Der Klosterbach führt zur nahen, auf einem Hügel gelegenen und von einem Wassergraben umgebenen »**Freudenburg**«. Das frühere Schloss

Die Freudenburg in Bassum

Freudenberg wurde um 1290 als Vogteifeste der Grafen von Oldenburg-Bruchhausen errichtet. Die verbliebenen Fachwerkgebäude des Amtshauses von 1730 und der Amtsschreiberei aus dem 16. Jh. stehen innerhalb der historischen Befestigungen und dienen heute der Kreisvolkshochschule Diepholz als Seminar- und Tagungshaus. Von der mittelalterlichen Burg ist heute noch die backsteingotische Amtsstube aus dem 14. Jh., das sogenannte Verlies, erhalten. Die um die Gebäude angelegte Parkanlage konnte durch Aufstauen des Klosterbachs jederzeit unter Wasser gesetzt werden. Neben dem Gelände befindet sich unter alten Buchen eine frühere Thingstätte. Durch den Park stoßen wir »Am Damm« auf die Verbindung zum Hafter Weg, der am nahen Fernsehturm und dem Bassumer Utkiek vorbei nach **Groß Ringmar** führt. Im Ort prägen Bauernhöfe, Schaf- und Pferdekoppeln die Idylle. Der Dorfkrug am Campingplatz und Badesee lädt zur Rast.

In **Üssinghausen** passieren wir ländliche Anwesen mit hübschen Gartenanlagen und biegen nach dem letzten Hof in Richtung Beckeln – Harpstedt rechts ab. Der mitunter etwas holprige Fahrweg führt an Äckern, Weiden, Gehölzen und Wald vorbei nach Beckeln. Dort bleiben wir geradeaus und radeln am Rande des grünen Delmetals gen Groß Köhren. Kurz vor dem Ort und der Delme schwenken wir rechts ab, passieren in der Senke einen Wasserlauf und biegen auf der Höhe zum Dorf **Klein Köhren** ab, das wir beim Shettyhof erreichen.

Wir durchradeln den Ort und überqueren die Delme. Vor uns taucht der 1880 errichtete Turm der **Harpstedter Christuskirche** auf. Die Saalkirche mit Kanzelaltar wurde bereits 1753 erbaut. Ihre Vorgängerinnen aus dem 13. und 17. Jh. fielen den beiden großen Bränden im Ort zum Opfer. In der Nähe des Kirchplatzes befindet sich die dreistöckige **Windmühle** (Galerieholländer, 1871), ein besonderes Wahrzeichen des Fleckens.

Durch die I. Kirchstraße und Grüne Straße rollen wir hinunter zum herrlich gelegenen **Amtshof**. Das schmucke weiße Fachwerkgebäude vor der Delme ist von einem Park und dem Burggraben umgeben. Auf dem Vorplatz, inmitten einer Gruppe von Findlingen, entdecken wir den Harpstedter **Sonnenstein**, ein vermutlich vorgeschichtliches Zeugnis germanischer Sonnenverehrung.

Die gegenüberliegende, früher zur Burg gehörende **Wassermühle** dient heute gastronomischen Zwecken. Von der Burginsel gelangen wir über eine Holzbrücke zur Grillhütte und halten uns vor der Liegewiese des beheizten Freibades links. Wir überqueren die »Amtsfreiheit« zum Redekerweg und schwenken am Waldsaum, noch vor der nahen Mooshütte und einem kleinen Teich, nach links zum Delmesteg. An Pferdekop-

Die »Ozeanbrücke« bei Harpstedt

peln vorbei treffen wir auf den Moorweg und die »Goseriede«. Die Anliegerstraße verläuft am Rande des Delmebruchwaldes und mündet vor Wald und Wiesen in einen befahrbaren Feldweg.

An einer alten Eiche krümmt sich der Weg und nach einem Bauernhof lenkt uns ein von Klein Amerika kommender Pfad hinunter zu einer Rasthütte und zur **Ozeanbrücke**, einem imposanten, 175 m langen Holzsteg, der sich durch den Sumpfwald und über die Delme windet.

Den urwüchsigen **Erlenbruch** erleben wir hier hautnah. Im Anstieg tauchen wir in den Laub- und Fichtenwald ein. Dem Radweg Osnabrück–Bremen folgen wir nur bis zur Schutzhütte am asphaltierten Waldweg, der uns rechts zur Delmenhorster Landstraße führt. Dort halten wir uns ein Stückchen links und schließen uns am Parkplatz wieder dem Radfernweg durch den Mischwald an.

Am Waldsaum, bei einer fünfstämmigen Buche, schwenkt der Weg nach links. Nach einem

Rastplatz und dem Landhotel Rogge überqueren wir die Schienen der historischen Kleinbahn **Jan Harpstedt** abwärts zum Landhaus Dünsen. An der Hauptstraße rollen wir hinab zum Dünsener Bach, biegen jenseits der Brücke in die kleine Straße nach Klosterseelte ein und passieren einen Eichenwald. In Klosterseelte durchradeln wir die Dorfgrabensenke und folgen bei einem Rastplatz in der Anstiegskurve dem »Geestweg« in das romantische **Klosterbachtal**.

Unterhalb eines Gehölzes halten wir uns rechts und entdecken in der Niederung einen Brückensteg, zu dem uns ein Pfad hinunterführt. Über dem dahineilenden Klosterbach genießen wir eine herrliche Aussicht in das verträumte Flusstal mit seinen Wiesen, Weiden und Bäumen. Auf der nächsten Kuppe, über die uns der Radfernweg von Gräfinghausen ins **Hombachtal** führt, grüßt die Kätinger Windmühle. Der einstöckige Galerieholländer mit Steert wurde 1864 errichtet und dient heute als Wohnung. Beim strohgedeckten Alten Rasthaus in Kastendiek überqueren wir die B 51 und anschließend den Hombach.

An der Kreuzung in Fesenfeld verlassen wir den Geestweg nach rechts und radeln am Rande des lieblichen Hombachtals und am Saum des hügeligen Waldgebietes **Hülsenberg** an Höfen vorbei durch die Bauernschaft Steinforth nach Nordwohlde.

Anfahrt:
A 1, Bremen – Osnabrück, Abfahrt Stuhr-Brinkum, B 6/B51 in Richtung Bassum, Abfahrt Nordwohlde

Karten:
ADFC Regionalkarte Bremen und Umgebung 1:75.000

Wissenswertes:
Dionysiuskirche in Nordwohlde (13. Jh.), romanische Saalkirche, Chor mit Fachwerkgiebel; der Bassumer *Tierpark Petermoor* zeigt mehr als 400 Tiere aus über 80 Arten von allen Kontinenten. Der Eintritt ist frei.

Stiftskirche in Bassum (um 1200), spätromanische, dreischiffige Hallenkirche mit Querhaus und Vierungsturm; *Damenstift* (gegründet 858), heutiges Gebäude 1758 im Fachwerkstil erbaut; *Freudenburg,* ursprüngliche Burganlage der Grafen von Oldenburg-Bruchhausen; im ehemaligen Verlies zeigt der Heimatverein Bassum historische Gegenstände, Fotos, Zeichnungen und Urkunden über die Entstehung der Freudenburg und die Entwicklung der Stadt Bassum. *Amtshof* in Harpstedt, nach dem großen Brand von 1739 auf den Fundamenten des alten Schlosses errichtet. 1979 entstand der Westflügel des Gebäudes, in dem die Samtgemeinde ihren Sitz hat.

Die Museumsbahn *Jan Harpstedt* verkehrt von Mai bis Oktober auf der 1912 gebauten Strecke zwischen Harpstedt und Delmenhorst.

Einkehrmöglichkeiten:
Ringmars Camping, Groß Ringmar, Tel. 04241-9711900, www.camping-ringmar.de
Zur Wasserburg, Harpstedt, Tel. 04244/93820, www.zur-wasserburg.de;
Landhotel Rogge Dünsen, Tel. 04244/81000; www.rogge-duensen.de;
Landhaus in Dünsen, Tel. 04244/346;
Altes Rasthaus, Kastendiek, Tel. 04249/212; Lüdekes Gasthaus Zum Hombachtal, Tel. 04249/327, www.luedeke-hombachtal.de, Nordwohlde

Auskünfte:
Stadtverwaltung Bassum, Tel. 04241/840;
Samtgemeinde Harpstedt, Tel. 04244/820;
Tierpark Petermoor, Bassum, Tel. 04241/5466, www.tierpark-bassum.de;
Historische Kleinbahn »Jan Harpstedt«, Tel. 04244/2380, www.jan-harpstedt.de

31 Berne – Brake – Harriersand

44 km

Die reizvolle, maritim geprägte Route führt von der Ollen zur Hunte, von Elsfleth entlang der Weser nach Brake und über die Insel Harriersand zur Fähre in Bremen-Farge.

Aus der Ortsmitte **Berne** kommend, parken wir kurz nach der **Ollenbrücke** und wählen die kleine, von schilfbestandenen Gräben begleitete Ahornallee nach **Bettingbühren**. Beiderseits erstrecken sich sattgrüne, von Storch und Fischreiher gern besuchte Wiesen und Weiden. Im verträumten Ort kräht vielleicht ein Hahn oder blökt ein Schaf – sonst hören wir kaum einen Laut. Doch unser Auge erfreut sich liebevoll gepflegter Häuser und Gärten, kleiner Streuobstwiesen und strohgedeckter Fachwerkhäuser.

Am Stedinger Landhaus, am Denkmal »Friedenseiche« – heute eine Birke – biegen wir nicht nach Dreisielen ab, sondern bleiben auf der schmalen Straße nach **Wehrder** geradeaus. Dort schwenken wir vor dem ersten Bauernhof ab und radeln durch die grüne Niederung. Graureiher lauern in Pfahlstellung, Frösche quaken und Möwen beleben die Szenerie. Gegen Ende August sammeln sich hier viele Störche, bevor sie zu ihrem Flug in den Süden aufbrechen.

Die Fähre »Guntsiet« verbindet Brake mit der Insel Harriersand

Die Ollen bei Berne

Die Friedenseiche in Bettingbühren fiel 1945, kurz nach dem Krieg, der Brennholzknappheit zum Opfer. In Ermangelung eines Eichensetzlings wurde an gleicher Stelle eine Birke gepflanzt.

Die Hubbrücke von Huntebrück liegt bereits in unserem Blickfeld, doch wir unterqueren die in Sicht kommende Bahnlinie, schwingen uns zum Huntedeich hinauf und gelangen über den Fußgängersteg an der Bahnbrückenflanke zum **Elsflether Ufer**. Am Fuße des Deiches, dessen Aufsätze die Seefahrerstadt 1962 vor verheerender Überflutung bewahrten, nähern wir uns der nächsten Auffahrt und folgen wasserwärts der Ausschilderung Sielroute/Weserradweg. Wir kreuzen die Bahnlinie, halten uns links und erreichen nach einem Grüngürtel die **Huntepromenade**. Gegenüber liegt die Insel Elsflether Sand und voraus erblicken wir die aufragende Klappbrücke des Huntesperrwerks. An der Kaje,

nahe den Sportbootanlegern, treffen wir auf den Liegeplatz der »**Großherzogin Elisabeth**«. Der Großsegler läuft zu Tages- und Wochenendfahrten aus und dient der Ausbildung junger Seeleute.

Elsfleth atmet die gemütliche Atmosphäre einer idyllischen Kleinstadt. Urkundlich seit 1220 erwähnt, erlangte Elsfleth durch den vom oldenburgischen Grafen Anton Günther eingeführten Weserzoll (erhoben von 1624–1820) einen bedeutenden Aufschwung. Die günstige Lage am Zusammenfluss von Weser und Hunte sowie die Nähe zur Nordsee begründeten seit jeher die Verbundenheit Elsfleths zur Seefahrt und zum Schiffbau. Weitere Impulse erhielt die maritime Entwicklung insbesondere durch die 1832 gegründete Navigationsschule, die spätere Seefahrtschule Elsfleth.

Zwischen Kaje und Rathausplatz erinnert ein Denkmal an Herzog Friedrich Wilhelm von Braunschweig-Lüneburg-Oels, den »**Schwarzen Herzog**«, der 1809 auf der Flucht vor Napoleons Truppen mit seinen Getreuen von hier per Schiff nach England aufbrach.

Wir folgen dem Fernradweg, vorbei am Ankerplatz mit historischen Schiffs- und Festungskanonen, passieren die Seefahrtschule und überqueren am Schöpfwerk den Lienekanal. Kurz darauf bietet sich ein kleiner Abstecher zum imposanten **Huntesperrwerk** an. Bald beachten wir den Hinweis auf die nach **Oberhammelwarden** abzweigende Sielroute und radeln auf herrlichem Weg an hübschen Häusern und Gärten vorbei gen Brake, entlang des von Schafen beweideten Weserdeichs.

Vor **Käseburg** müssen wir noch ein Stückchen zur Straße ausweichen, dann setzt sich unser Weg am Deich fort. Gleich am Anfang lädt eine reizvoll gelegene Schutzhütte zur Rast. Bald taucht der markante Wasserturm von Kirchhammelwarden auf und der Weg auf der Deichkrone eröffnet uns zwischen der Flutmauer und den

Hausgärten weite Ausblicke auf die Weser mit ihrem Boots- und Schiffsverkehr sowie zur Insel **Harriersand**.

Vor der Anlegestelle, wo die »Guntsiet« schon warten mag, treffen wir auf das Telegraphengebäude, das 1846 zur Weitergabe von Schiffsnachrichten zwischen Bremen und Bremerhaven errichtet wurde und heute dem **Schifffahrtsmuseum** dient.

»Das beste Stück Weser« nennen die Braker ihre Seehafenstadt liebevoll. Auch die Innenstadt wird vom maritimen Flair geprägt. Alte Handels- und Packhäuser, heute als Geschäftsgebäude, Cafés und Restaurants genutzt, verleihen der Fußgängerzone ihren besonderen Reiz. Das Braker Schifffahrtsmuseum zeigt seine vielfältigen Schätze außer im alten Turm für optische Telegraphie in einem nicht weit davon entfernten Kaufmanns- und Reederhaus aus dem Jahre 1808.

Strandleben auf Harriersand

Das Fährboot bringt uns hinüber nach **Harriersand**, wo an schönen Sommertagen reges Strandleben herrscht. Bänke laden zum Verweilen und die Strandhalle zur Einkehr. Nach einem Blick zurück auf die **Braker Pier** mit den höchsten Getreidesilos Europas queren wir einen Waldgürtel und radeln auf der schmalen Inselstraße in Richtung Rade. Eine weite, von Gräben durchzogene Wiesenlandschaft, unterbrochen von Bäumen und Baumgruppen, tut sich auf. Hin und wieder kommen wir an einem von ho-

Am rechten Weserarm bei Ebbe

hen Pappeln umrauschten Bauernhof vorbei, in dessen Nähe Rinder und Pferde grasen.

Schilf, Büsche und Bäume schützen uns vor dem Westwind, doch wir können zwischendurch auf die Weser schauen und auch einen Übergang zum weißen Sandstrand finden. Der Stromschifffahrt zur Orientierung dienende rot- und grün-weiße, verschieden gestaltete **Seezeichen** wirken auf den Wiesen nicht fremd. Ihr Anblick vermittelt vielmehr den maritimen Charakter der Tour. Als entfernte Landmarke grüßt die Aschwardener Windmühle. Am Ende der Insel überqueren wir auf einer Brücke den rechten Nebenarm der **Weser**, auch **Kleine Weser** genannt, die bei Ebbe fast trocken fällt und die Boote auf dem Schlick gefangen hält.

In **Rade** wenden wir uns gleich nach dem Siel wieder zum

Die Fähre zwischen Berne-Juliusplate und Bremen-Farge

Deich und umfahren mehrere Auffahrten, vorbei an Grünland, Getreidefeldern, Gehölzen und Teichen bis **Rekum**. Frisch gepflügte, glänzende Schollen verraten den fruchtbaren Marschboden. Alternativ können wir hinter Rade, bei der ersten Deichüberfahrt, zur Alten Weser ins Vorland hinüberwechseln und parallel die gleiche Richtung verfolgen. Vielleicht erleichtert uns der Wind die Entscheidung. In jedem Fall treffen wir kurz vor Rekum auf die ehemalige, aber nicht mehr fertiggestellte **U-Boot-Bunkerwerft »Valentin«**. Zur Erinnerung an das Leid Tausender am Bau eingesetzter Zwangsarbeiter wurde auf der Ostseite des 426 m langen Gebäudes ein vom Bremer Künstler Friedrich Stein geschaffenes Mahnmal errichtet.

Wir bleiben zwischen Weser und Bunker auf dem Deichweg

und radeln gen **Kraftwerk Farge**, vorbei am Sportvereinsheim und dem Fußballplatz. Der Farger Straße folgen wir abwärts bis zum Versflether Weg, um dort abzubiegen und sogleich links den Weg durch ein parkartiges Gelände zu wählen. Nach einem Seerosenteich stoßen wir auf den Zubringer zur **Weser-Fähre** und erreichen nach der Überfahrt wieder unseren Ausgangspunkt.

Anfahrt:
A 27, Bremen – Bremerhaven, Abfahrt Bremen-Burglesum in Richtung Bremen-Farge oder Abfahrt Schwanewede; A 1, Osnabrück – Bremen, Abfahrt Autobahndreieck Stuhr zur A 28 in Richtung Oldenburg, Abfahrt Ganderkesee-West, über B 212 nach Berne

Karten:
ADFC Regionalkarte Bremen und Umgebung 1:75.000

Tipp:
Die Radtour lässt sich zwischen Brake und Martianleger in Bremen bequem mit den Weser-Fahrgastschiffen der »Hal över«-Reederei verbinden.

Wissenswertes:
Aegidiuskirche zu Berne, dreischiffiger, frühgotischer Hallenbau, 1234 im gleichen Jahr errichtet, in dem das vom Erzbischof von Bremen geführte Kreuzritterheer die freien Stedinger schlug. Altar und Kanzel aus den Jahren 1637–1639 gehen auf den Hamburger Meister des Frühbarocks, Ludwig Münstermann, zurück. In Berne-Glüsing befindet sich die *Storchenpflegestation Wesermarsch. Elsfleth,* am Zusammenfluss von Weser und Hunte gelegen, entwickelte sich durch die Nähe zur Nordsee bis in die zweite Hälfte des 19. Jh. zu einer Seefahrerstadt mit Werften, Reedereien und wichtigem Hafen an der Unterweser; *Nikolaikirche* (14. Jh.); Denkmal »*Schwarzer Herzog*«; Huntesperrwerk; *Brake* mit Schifffahrtsmuseum, Kaje für Ausflugsschiffe und Fähr-

verkehr, Getreidesilos und Pier für Frachtschiffe. Die Personenfähre »*Guntsiet*« verkehrt in der Saison fast stündlich zur Insel Harriersand. Der Name der Insel, die hauptsächlich für die Landwirtschaft genutzt wird und auf der etwa 75 Einwohner leben, ist abgeleitet vom Ort Brake-Harrien. Mit 11 km Länge ist Harriersand, früher aus sieben Inseln bestehend, eine der längsten Flussinseln Europas. In einem ehemaligen Bauernhaus auf Harriersand lebt und arbeitet der bekannte Galionsfigurenschnitzer Claus Hartmann mit seiner Familie.

Einkehrmöglichkeiten:
Stedinger Landhaus, Dreisielen, Tel. 04406/920091; mehrere Angebote in Berne und Elsfleth; Strandgaststätte Schöne Aussichten, Oberhammelwarden, Tel. 04404-3028; Wiechmanns Weserhotel, Brake, Tel. 04401-85600; Restaurant – Café Strandhalle Harriersand, Tel. 04296/419; Fährhaus Farge, Tel. 0421/688600, www.faehrhaus-farge.de; Hotel Weserblick, Berne-Juliusplate, Tel. 04406/92820, www.hotel-weserblick.de; Landgasthof Beim Zeus, Ranzenbüttel, Tel. 04406/920192

Auskünfte:
Gemeinde Berne – Tourist-Information, Tel. 04406/9410; Elsflether Tourismus- und Wirtschaftsförderungsges. mbH, Tel. 04404/989081; Brake – Das beste Stück Weser e.V., Brake, Tel. 04401/19433; Fähre »Guntsiet«, Tel. 04401/920147 oder Schiffsführer 0172/4226525; Storchenpflegestation Wesermarsch, Berne-Glüsing, Tel. 04406/1888; Hal över-Reederei, Tel. 0421/338 989; www.hal-oever.de; Schiffahrtsmuseum Brake, Tel. 04401/6791 und 4383, www.schiffahrtsmuseumbrake.de

32 Blumenthal – Bremer Schweiz – Meyenburg 44 km

Die abwechslungsreiche Route beginnt am Fuße des Rönnebecker Weserhangs, führt zur Burg Haus Blomendal und folgt dem Tal der Blumenthaler Aue in die reizvolle Bremer Schweiz – bis an den Saum der Osterholzer Geest. Durch Felder, Wiesen, Wald und Moor erreichen wir das idyllische Meyenburg, erleben die Weite der Osterstader Marsch und radeln durch das grüne Weserdeichvorland nach Rekum und Farge.

Oberhalb des Fähranlegers in Bremen-Farge oder vor dem gegenüberliegenden **Weserufer** in Berne-Juliusplate parken wir und radeln auf dem östlichen Weserdeich flussaufwärts in Richtung Rönnebeck und Blumenthal. Am Fuße des Wesersteilhangs fahren wir unter schattigen Bäumen durch parkartige Anlagen direkt am Strom – vorbei an Gedenksteinen für die einstigen Anwohner Alma Rogge und Manfred Hausmann. Von den Villen und Gärten auf der Hochkante, die durch Baumkronen und Sträucher verdeckt sind, führen steile Treppen herab. Nach Seezeichen, Bojen, Anker und einem Kinderspielplatz treffen wir auf den **Rönnebecker Hafen**.

Auf komfortablem Radweg setzen wir unsere Route neben der Weserstrand- und Landrat-Christians-Straße fort, wo uns bis zur nächsten Kurve ein kleiner Deich begleitet. Wir kommen am Rathaus vorbei, biegen an der Kreuzung in die Lüssumer Straße und kurz darauf zum Haus Blomendal ab, einer von Wasser und einem Park umgebenen Burganlage aus dem Jahre 1354.

Die Wassermühle in Meyenburg

Haus Blomendal

Von den Rittern von Oumünde und Angehörigen der Familien Stedinge und befreundeten Rittern am Zusammenfluss von Aue und Beeke erbaut, wurde Haus Blomendal von den letzten Rittern, Johann und Otto von der Borch, 1436 »mit allen Gerechten« an den Bremer Rat für 1400 rheinische Gulden verkauft.

Bremen verpachtete das Haus mit seinen umfangreichen Einkünften an verdiente Ratsherren oder Bürgermeister auf jeweils 10 Jahre. Die Mitglieder des Bremer Rats und die Bürgermeister waren in jener Zeit nicht fest besoldet. Mit Beginn des 16. Jh. gab der Bremer Rat die Praxis der Verpachtung auf. Er bestellte zwei Drosten, die mithilfe eines Vogtes sämtliche Einnahmen direkt für den Bremer Rat eintrieben.

Ursprünglich war der jetzt noch bestehende Bau durch einen Wehrturm und Befestigungsanlagen gesichert. Eine Zugbrücke überspannte den

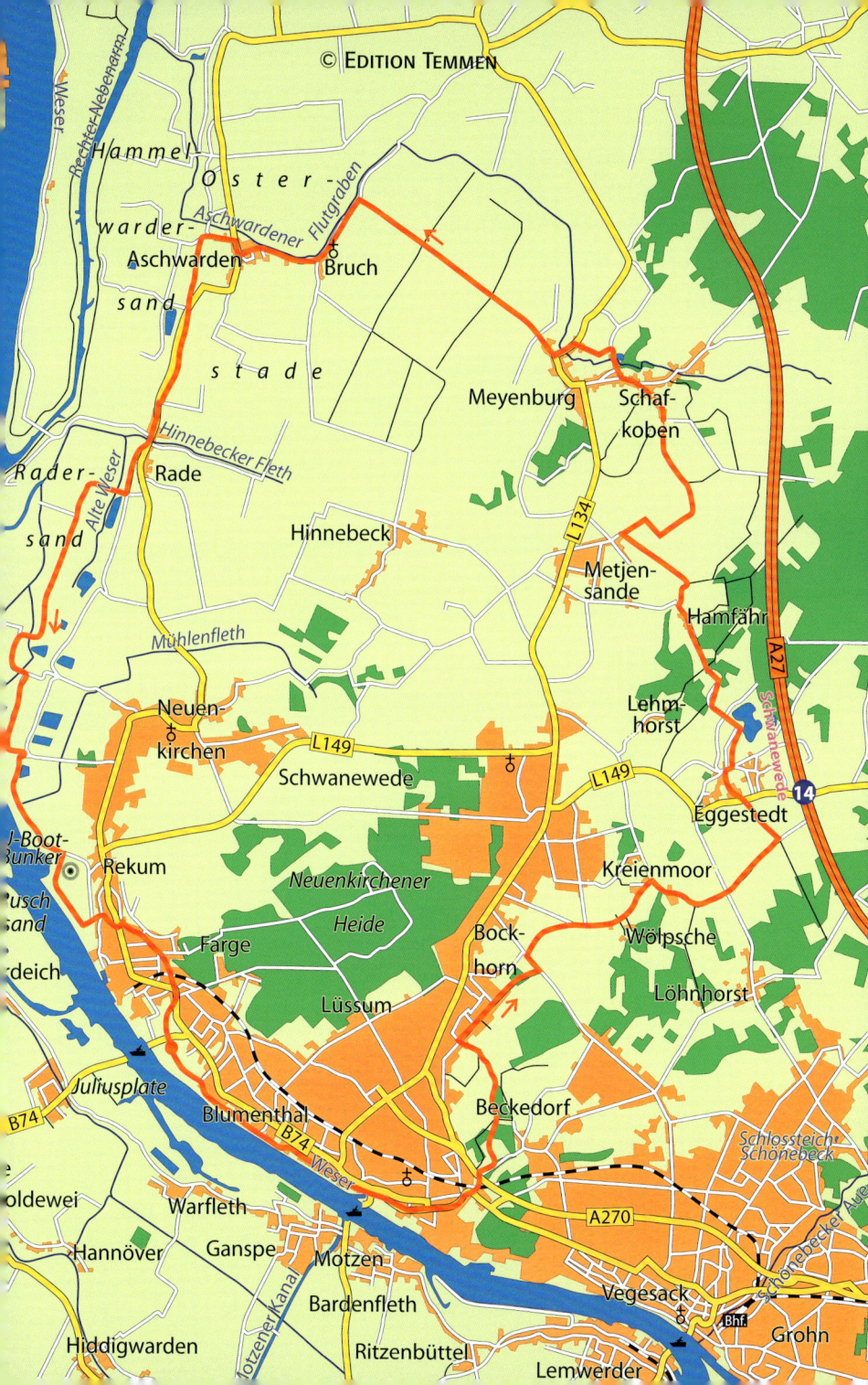

Burggraben. Unter dem jetzigen Hoyersaal führte eine Tordurchfahrt in den Hof. Die Sandsteinplatten auf dem Burghof markieren den Verlauf der Fundamente von Turm und Wehrmauer. Zur Burganlage gehörten eine Wassermühle und ein Torwärterhaus.

Heutige Bewohner und Nutzer der Burg sind der Verein Haus Blomendal, der Heimatverein, der Kindergarten und die Volkstanzgruppe De Blomendaler. In den Räumen finden kulturelle Veranstaltungen statt.

Auf der Weiterfahrt unterqueren wir die Autostraße und schwenken gleich links in den Wald, leicht aufwärts zum **Burgwallstadion**. Vor dem Eingang halten wir uns rechts und radeln nach den Spielplätzen auf herrlichem Weg durch schattigen Laubwald, durch parkartiges Gelände und durch eine Bruchniederung. Nach einem Teich passieren wir bald das Freibad und halten uns am **Bockhorner Weg** rechts. Wir fahren durch die Wohnsiedlung und bis zur Straße »Am Steding«.

Etwas weiter links beginnt die kleine, von Hecken flankierte Wölpscher Straße, der wir am Golfplatz vorbei nach **Kreienmoor** folgen. Dort zweigen wir nach einer Weide nicht in Richtung Schwanewede ab, sondern entgegengesetzt in Richtung Eggestedt und berühren das liebliche Wiesental der oberen Blumenthaler Aue, die wir sogleich überqueren.

Eine für die **Bremer Schweiz** typische Landschaft tut sich auf: mit sanften Hügeln, lieblichen Tälern, sattgrünen, von Hecken und Bäumen umsäumten Wiesen und Weiden, mit Bächen und Teichen, Gehölzen, Baumgruppen und Wald. Dem Liebreiz dieser Gefilde kann sich das Gemüt kaum entziehen. Hier auch Rehe zu entdecken, sollte nicht überraschen.

Nach Löhnhorst zweigen wir nicht ab, überqueren eine Landstraße und schwenken bei nächster Kreuzung links ab. In **Eggestedt** stoßen wir auf den Radweg an der L 149 und überqueren diese ein Stück weiter links zur Birkenhofstraße. Dort passieren wir den Birkenhof, ein Anwesen mit strohgedecktem Fachwerkbauernhaus.

An der »Ortstraße« halten wir uns nur Schritte nach rechts und schwenken dann in die Kapellenstraße ein. Hier informiert uns ein Wegweiser über die anstehenden 2,3 km bis Hamfähr und 6 km bis **Meyenburg**. Vorbei an der Friedhofskapelle und einem Rastplatz radeln wir durch eine wellige Ackerlandschaft mit Mais- und Getreideanbau.

Nach der Karte passieren wir große, durch Büsche und Bäume verdeckte Sand- und Kiesgruben und die entstandenen Baggerseen. Es ist geplant, die seit 1937 durch den Abbau zerklüftete Landschaft in ein Naherholungsgebiet zu verwandeln. Wir folgen unserem Weg durch Feld und Wald nach **Hamfähr**, kommen dort an Bauernhöfen, Pferdekoppeln und Rinderweiden vorbei, passieren das urwüchsige **Schwarze Moor** und das **Weiße Moor** und radeln bald zwischen Feldern und Bruchwiesen. Dann treffen wir auf einen Rastplatz mit kleinem Schutzpavillon.

Das Landschaftsbild mit seinen Gegensätzen bleibt reizvoll. Während sich rechter Hand hügelige Felder ausdehnen, erstrecken sich gegenüber Wiesentäler mit Pferde-, Schaf- und Ziegenkoppeln. Im Ortsteil Schafkoben halten wir uns nach links zur Ortsmitte von **Meyenburg** und dort nach rechts zur idyllisch gelegenen **Wassermühle** mit dem Mühlenteich, den auch Wasservögel und Gänse schätzen. Das »Café am Mühlenteich« befindet sich ein paar Schritte weiter.

Die erste Wassermühle wurde vor ca. 700 Jahren erbaut und war nach mehrmaligen Umbauten bis 1970 in Betrieb. Heute beherbergt die Mühle eine Heimatstube und wird für Ausstellungen und Veranstaltungen genutzt. Die Wasserburg, gegründet im frühen 14. Jh., ist der Ursprung des Dorfes. Das Rittergut, das der Öffentlichkeit nicht zugänglich ist, befindet sich seit jeher im Besitz der adligen Familie von Wersebe.

Die St. Nikolai-Kirche in Bruch

In der alten Dorfstraße, dem Meyenburger Damm, scheint die Zeit stehen geblieben zu sein. Viele liebevoll restaurierte Bauernhäuser, historisches Kopfsteinpflaster, alte Baumbestände, die kleine Dorfkirche und die fast geschlossene Reihe der zum Teil noch reetgedeckten alten Backsteinbauernhäuser fügen sich zu einem Bild wie damals.

An der »Zehntscheune« führt uns ein Wiesental zur Straße, der wir links über die Beeke folgen, um dann rechts abzubiegen. Vorbei am **Rittergut**, das heute noch landwirtschaftlich bewirtschaftet wird, radeln wir in die offene **Osterstader Marsch** hinaus.

Fast so weit das Auge reicht, erstreckt sich vor uns die flache, von Gräben durchzogene Ebene. Nur der weite Horizont wird von Bäumen begrenzt. Das Viehsteigfleth, hier und da mit Teichrosen und Rohrkolben besiedelt, begleitet uns. Felder und Wiesen, teilweise mit moorigem Untergrund, beherrschen das Landschaftsbild. Ein Mauswiesel dürften wir nicht immer zu sehen bekom-

Die Aschwardener Windmühle

men, wohl aber einen Möwenschwarm und den Fischreiher. In der Wolkenszenerie vollzieht sich ein ständiger Wechsel in oft faszinierenden Formen und Farben.

Noch vor dem **Aschwardener Flutgraben**, dem wir nach Bruch folgen, können wir in der Ferne die Silhouetten des Kraftwerks Farge und der Getreideanlagen sowie der Ladekräne an der Pier von Brake erkennen.

In **Bruch** passieren wir die St.-Nikolai-Kirche, eine alte Wehrkirche, die 1235 entstanden sein soll und deren Glocken auch heute noch mit einem Handseil geläutet werden.

Der Flutgraben schlängelt sich unter hohen Pappeln, Eschen und Weiden entlang der romantisch anmutenden Partie. Während sich linker Hand Häuser und Gärten aneinanderreihen, grasen am anderen Ufer schwarz- und rot-bunte Rinder auf den saftgrünen Weiden. Bis zur »Pferdewäsche«, wo wir einen Rastplatz finden, passieren wir hier und da einen Bootsanleger. Jenseits der Insel Harriersand und der Weser grüßt der Kirchhammelwardener Wasserturm.

Nach 1 km erreichen wir **Aschwarden**, halten uns im Ort, dem Schild Rade folgend, kurz rechts und setzen unseren Weg am Fuße des Deiches fort. Dort passieren wir die **Holländermühle**, ein weithin sichtbares Wahrzeichen des Ortes. Ein engagierter Mühlenverein nutzt das Gebäude für vielerlei Veranstaltungen.

Wir schwenken zum Radweg an der Straße nach **Rade**, wo wir uns gleich nach der Sielschleuse wieder dem Deich zuwenden. Bei der ersten Überfahrt wechseln wir hinüber in das weite Deichvorland und radeln durch die von Wiesen, Weiden, Feldern und schilfbestandenen Gräben geprägte Marsch. Beschaulich grasende Pferde und Rinder vermitteln eine friedliche Stimmung. (Bei etwaigem Westwind können wir auch im Schutz des Deiches bis Rekum weiterradeln.)

Wir erkennen die am Anfang der Insel Elsflether Sand aufragende Klappbrücke des Huntesperrwerks, die weithin sichtbaren Seezeichen, die der Weserschifffahrt dienen, und beobachten auf dem Strom fahrende Schiffe, die augenscheinlich durch die Wiesen gleiten. Bald stoßen wir wieder auf den Deich und folgen diesem in Richtung Farge. In Höhe Rekum passieren wir den »Denkort Bunker Valentin« in der Ruine des **U-Boot-Bunkers »Valentin«**. An der Stirnseite des 426 m langen und bis zu 33 m hohen Gebäudes erinnert ein vom Bremer Künstler Friedrich Stein geschaffenes **Mahnmal** an das Schicksal der Tausenden beim Bau eingesetzten Zwangsarbeiter.

Wir bleiben weiter am Deich, passieren unweit des Kraftwerks Farge das Vereinsheim und die Spielplätze des TSV Farge-Rekum sowie das Rathaus und treffen auf die Farger Straße, der wir abwärts nur bis zum Versflether Weg folgen. Dort biegen wir ab und schwenken sogleich in den links beginnenden Weg, der uns durch parkartiges Gelände und vorbei an einem Seerosenteich zum Fährzubringer leitet und damit wieder zu unserem Ausgangspunkt.

Anfahrt:
A 27, Bremen – Bremerhaven, Abfahrt HB-Burglesum in Richtung HB-Vegesack – HB-Farge; A 28, Delmenhorst – Oldenburg, Abfahrt Ganderkesee-West, B 212 in Richtung Berne – Juliusplate – Bremen-Farge

Karten:
ADFC Regionalkarte Bremen und Umgebung 1:75.000

Wissenswertes:
Haus Blomendal, eine Wasserburg aus dem Jahre 1354, dient heute als kulturelle Begegnungsstätte – Malereien an den Holzdecken; die landschaftlich reizvolle *Bremer Schweiz* erstreckt sich nördlich der Lesum zwischen Ritterhude und Schwanewede. *Meyenburg* mit Wassermühle, Mühlenteich und nahezu komplett erhaltener Reihe rot geklinkerter Bauernhäuser lädt zum Verweilen. Bunker *»Valentin«*, eine 1943 begonnene, aber nicht fertiggestellte U-Boot-Werft. Seit 2010 entsteht hier der »Denkort Bunker Valentin«, www.denkort-bunker-valentin.de.

Einkehrmöglichkeiten:
Landhaus Meyenburg, Meyenburger Damm 28, Tel. 04209/68896; Alte Genossenschaft Meyenburg, Café – Galerie, Butendoor 16, Tel. 04209/914190; Café am Mühlenteich, Mühlendamm 4, Tel. 04209/930468; Fährhaus Farge, Tel. 0421/688600, www.faehrhaus-farge.de; Hotel Weserblick, Berne-Juliusplate, Tel. 04406/92820, www.hotel-weserblick.de

Auskünfte:
Haus Blomendal, Tel. 0421/603839 oder 0170/2118066, www.burgblomendal.de; Touristikverein Schwanewede, Tel. 04209/7449 oder 0172/1851986

Durch die Hammewiesen ins Teufelsmoor und nach Worpswede　35 km

Der gemütliche Ausflug beginnt an der Hamme in Neu Helgoland, führt am Breiten Wasser vorbei zu den idyllischen Reihendörfern zwischen Altendamm und Heilsdorf, über Verlüßmoor und Bornreihe nach Teufelsmoor und durch die Hammewiesen in das Künstlerdorf Worpswede.

In **Neu Helgoland**, einer ehemaligen Torfschifferstation, parken wir nahe der Gaststätte Hammehütte und gelangen über die holländisch anmutende Klappbrücke zum **Breiten Wasser**, einem Feuchtgebiet, das sich im Bereich des Zusammenflusses von Beek und Hamme in der flachen Niederung ausgebreitet hat und zahlreichen seltenen Tier- und Pflanzenarten Lebensraum bietet.

Die Hammebrücke bei Neu Helgoland

Im Winter treten Hamme und Beek regelmäßig über die Ufer und überschwemmen die Niederung. Dann sammeln sich Tausende von Schwänen, Gänsen und Enten auf diesem riesigen Flachwassersee. Sie machen hier Rast auf ihrem Weg in die nordischen und arktischen Brutgebiete. Wenn im Frühjahr die Überschwemmungen zurückgehen, kommen die Wiesenvögel wie Kiebitz, Bekassine und Uferschnepfe. Sie sind mit ihren Balzrufen weit in der Niederung zu hören. Greifvögel wie die Wiesenweihe segeln flach über die nassen Auen, auf denen Sumpfdotterblumen und Wiesenschaumkraut blühen.

Unser Auge wandert über Röhrichte, Sumpf- und Weidengebüsche, schweift über die weiten Hammewiesen und bis zur Erhebung der Osterholzer Geest mit dem **Wister Berg.**

Der Wister Berg? – »Ein Phänomen«, sagen Einheimische. Aus der Ferne meine man, einen Berg zu sehen, doch je näher man käme, desto mehr würde dieser Eindruck schwinden. Doch immerhin liegt die mit hohen Buchen bestandene Erhebung 44 m über der Hamme – und in Wiste gibt es die »Bergstraße«. Am deutlichsten ist der Wister Berg vom 35 km entfernten Hohen Berg bei Syke zu erkennen – dem jenseits der Weser ansteigenden Geestrand.

Auf einer Brücke überqueren wir das moordunkle Wasser, treffen bei einer Bank auf die Abzweigung nach **Neuenfelde**, der wir vielleicht ein paar Schritte bis zum Brückensteg an der Beek folgen, sonst aber geradeaus auf unserem Weg bleiben. Auf dem Radweg der anschließenden Birkenallee radeln wir in Richtung Myle, passieren die Beekbrücke, werfen einen Blick hinüber zum Fernsehturm von Wallhöfen und schwenken nach dem Hof Wulfsburg in die kleine Altendammer Straße ein.

Auf der sich schlängelnden, beschaulichen Dorfstraße, an der sich wie Perlen auf einer Schnur die Orte Altendamm, Sandhausen, Ströhe, Spreddig und Heilsdorf aneinanderreihen, radeln wir an strohgedeckten, von alten Eichen umstandenen Fachwerkhäusern und an Wiesen und Weiden vorbei. Über den Gehölzen zur Linken können wir von **Altendamm** aus die Buchenkuppe des Wister Berges ausmachen.

Alte und neue Häuser, Naturgärten, stattliche Anwesen mit parkartigen Anlagen, Wiesen, Felder, Pferdekoppeln, Hofgehölze und immer wieder Eichen – Eichen und Birken charakterisieren den zunächst weiteren Verlauf unserer Rou-

Die Moorkate bei Spreddig

te. Ende **Sandhausen** passieren wir das Hofcafé Hermann's lütke Schüre und folgen der Dorfstraße über **Ströhe** nach **Spreddig**.

Die liebevoll gestaltete Museumsanlage des Heimatvereins überrascht mit der schnuckeligen **Moorkate** und dem Schäferkarren, der es dem Schäfer erlaubte, darin liegend auch nachts bei seiner Herde zu bleiben. Bänke bieten uns hier Gelegenheit zur Rast. Auch auf der Weiterfahrt schließen sich romantische Ortsbilder mit Niedersachsenhäusern, Naturhecken, Pferde- und Rinderweiden an. In Spreddig und Heilsdorf berühren wir das **Hamberger Moor**, bevor wir am Heißenbütteler Damm nach **Verlüßmoor** abzweigen und von Moorwiesen, Birken und dunklen Gräben begleitet werden.

Wollgras im Hamberger Moor

Bei einem Findling mit der Aufschrift **Verlüßmoor** orientieren wir uns in Richtung Friedensheim, radeln auf der Birkenallee an einem Bruchwäldchen vorbei und treffen in der nächsten Kurve, nahe einem Campingplatz, auf Rastbänke und einen Unterstand. In Verlüßmoor reihen sich links des Fahrdammes Bauernhöfe aneinander und gegenüber erstreckt sich das Grünland mit abgestuften Terrassen, die den früheren Torfabbau erkennen lassen. Frei laufende Gänse sehen wir auf den Höfen ebenso wie auf den Wiesen.

An der nächsten Kreuzung biegen wir in Richtung Worpswede ab. In **Bornreihe** wird der Fahrdamm beiderseits von Bauernhöfen und Gräben flankiert. Ein separater Radweg ist hier nicht vorhanden, doch die für das Teufelsmoor typische Birkenallee ist wenig befahren und in bestem Asphaltzustand. Nach Bornreihe tut sich eine weite Moorwiesenlandschaft mit Gräben, Bäumen, Baumgruppen, Gehölzen und Wäldchen auf.

Der anschließend erreichte Ort **Teufelsmoor** ist einer der ältesten der Niederung und stammt aus dem 14. Jh. Die Bauernhöfe, von Eichen umrauscht und weit von der Straße zurückliegend, stehen am Rande des Überschwemmungsbereichs der Hamme auf Wurten. Von hier ging die Urbarmachung sowohl der flussnahen Niedrigmoore als auch der rückwärtig gelegenen Hochmoore aus. Aufgrund seiner günstigen Lage zwischen den natürlichen Wasserwegen Hamme und Beek war der Ort **Teufelsmoor** lange Zeit der wichtigste Torflieferant für die Bürger der Stadt Bremen. Auf den abgetorften Weiden grasen heute schwarz- und braunweiße Rinder.

Der Name Teufelsmoor ist abgeleitet von »duwes Moor« – das heißt taubes, unfruchtbares Moor: Im Sprachgebrauch wurde es zum Düvelsmoor. Die erste urkundliche Erwähnung stammt aus dem Jahre 1335, doch das Teufelsmoor wurde erst ab Mitte des 18. Jh. systematisch kultiviert. Unter der Leitung des Moorkommissars Jürgen Christian Findorff entstanden neue Siedlungen. Die zur Entwässerung angelegten Gräben und Kanäle dienten gleichzeitig als Verkehrswege.

Die Lebensbedingungen der ersten Siedler waren durchweg erbärmlich. Die ärmlichen Verhältnisse gibt der plattdeutsche Spruch wieder: »Den Ersten sien Dood, den Tweeten sien Not, den Dritten sien Brot.« Die Lebenserwartung in den dunklen und feuchten Moorkaten war niedrig und der Moorboden eignete sich nicht für die Landwirtschaft. Erst die dritte Generation durfte nach der Bodenkultivierung auf einen auskömmlichen Ertrag rechnen. Der Torfabbau war für die Moorsiedler lange Zeit die wichtigste Erwerbsquelle.

Vor nächster Kreuzung kommen wir zum Rastplatz, radeln einen knappen Kilometer auf dem beginnenden Straßenradweg weiter geradeaus und schwenken in den beschilderten Weg nach Worpswede ein, der uns durch die ausgedehnten, sattgrünen **Hammewiesen** führt.

An der Hamme genießen wir von der **Pionierbrücke** einen schönen Ausblick auf den Fluss und die weite Niederung. Entlang der Umbeck erreichen wir den Ortsteil Weyerdeelen und gelangen auf gleichnamiger Straße zur Ortsmitte von **Worpswede**.

Vor mehr als 100 Jahren kamen die ersten Maler nach Worpswede und gründeten eine Künstlerkolonie, eine Arbeits- und Lebensgemeinschaft, zu der Fritz Mackensen, Paula Modersohn-Becker, Otto Modersohn, Fritz Overbeck, Heinrich Vogeler und andere bekannte Künstler zählten. Diese Maler und die nachfolgenden Künstlerinnen und Künstler ließen Worpswede und das Teufelsmoor durch ihre Bilder bekannt werden.

Nach den vom **Moor-Express** befahrenen Gleisen treffen wir auf die Kreuzung Kattenpad, wechseln diagonal zum Bötjer-Weg und biegen sogleich in den Sophie-Scholl-Weg ein. Im urwüchsigen Park halten wir uns bald links und gelangen über eine kleine Brücke und »Auf der Wurth« aufwärts zur Findorffstraße. Hier schwenken wir rechts ab und kommen an **Galerien** und **Künstlerwerkstätten** vorbei zur ältesten Straße Worpswedes, der rechts abzweigenden Bauernreihe. Sie führt unter altem Baumbestand in den bäuerlichen **Ortskern** hinunter, der schon seit dem 13. Jh. existiert.

Vor dem jetzigen **Rathaus**, einem strohgedeckten Fachwerkgebäude, steht die Worpsweder **Dorfglocke** an dem Platz der einstigen »Bet- und Feuerglocke« des alten Dorfes. Das Rathaus, eine alte Hofstelle, wurde 1984 von der Gemeinde Worpswede erworben und vor dem Verfall gerettet.

Durch den Walter-Bertelsmann-Weg erreichen wir den

Abendstimmung an der Hamme

Hammeweg, der uns vorbei an der **Windmühle**, einem Wahrzeichen des Künstlerdorfes, nach Neu Helgoland und zu unserem Ausgangspunkt zurückführt.

Anfahrt:
A 27, Bremen – Bremerhaven, Abfahrt Bremen-Industriehäfen, Richtung Ritterhude – Worpswede oder Abfahrten Schwanewede bzw. Bremen-Burglesum in Richtung Osterholz-Scharmbeck

Karten:
ADFC Regionalkarte Bremen und Umgebung 1:75.000

Wissenswertes:
Das *Breite Wasser* ist als ty-

pische Flussniederungslandschaft am Zusammenfluss von Beek und Hamme geschützt und bietet verschiedenen Vogelarten Brut- und Rastplätze. Die *Museumsanlage Moorkate* in Hambergen-Ströhe zeigt im Heimathaus Gegenstände des alltäglichen Lebens und vermittelt einen Eindruck vom harten Leben der Moorbauern. *Worpswede*, zu Füßen des Weyerberges gelegen, ist aus einem alten Moordorf zu einem »Weltort der Künste« und ein beliebter Erholungsort geworden. Besucher können heute Ausstellungen, Galerien und Werkstätten besichtigen.

Einkehrmöglichkeiten:
Melkhus Brinkhof, Teufelsmoorstr.4, Tel. 04796-263 o. 951095; vielfältiges Angebot in Worpswede; Gaststätte Hammehütte, Neu Helgoland, Tel. 04792/7606

Auskünfte:
Worpsweder Touristik, Tel. 04792/935820; Landkreis Osterholz, Tel. 04791/930205; Stadt Osterholz-Scharmbeck, Tel. 04791/170; Museumsanlage Moorkate, Besichtigungen: Werner Prigge, Tel. 04793/1201, www.stroehe.de

34 Wümmeauen – Bullenseen – Ahauser Mühle 45 km

Am Forstsaum der Wümmewiesen radeln wir bis vor die Tore Rotenburgs und nach dem Wümmesteg zu den waldumschlossenen Bullenseen. Von dort führt die landschaftlich abwechslungsreiche Route über Kirchwalsede zu der idyllisch im Wald gelegenen Ahauser Mühle.

Am **Großen Fährhof** parken wir unter Eichen am See und fahren ein kurzes Stück auf dem Straßenradweg gen Sottrum. An der Spitzkehre zum Kleinen Fährhof, einer Waldsiedlung, schwenken wir ab und radeln bald am Rande der Wümmewiesen. Dort mündet der von **Hellwege** herführende Schleusenweg, den man wegen seines tiefgründigen Sandes aber nur fußläufig – das Rad schiebend – nutzen sollte. Dagegen schlängelt sich unser Weg unter schattigen Bäumen und vorbei an Häusern und Gärten fort.

Nach Wochenendgrundstücken gewährt der Waldsaum immer wieder schöne Durchblicke auf die ausgedehnten, leuchtend grünen **Wümmewiesen** mit hohen Gräsern, Büschen und Baumgruppen. Auch jenseits der Wümme laufen die Wiesen vor einem Waldgürtel aus. In einer Schleife drängt die Wümme nahe an unseren Weg heran, der vor Voßbergsmoor nach links verschwenkt und bei einer Schutzhütte wieder unsere Fahrtrichtung aufnimmt. Kurz darauf, im Wald- und Wümmebereich des Ortes Waffensen,

Am Großen Bullensee

treffen wir auf ein **Waldklassenzimmer** nebst Rastplatz und Wetterschutzdach.

Bald passieren wir eine Pferdekoppel, unterqueren die Bahnlinie Rotenburg – Verden und zweigen wenig später nicht nach Unterstedt ab, sondern folgen weiter dem festen Waldweg in Richtung Rotenburg. Kiefern, Birken, Buchen und Eichen, zum Teil efeuberankt, flankieren die romantische Partie. Zugleich gewahren wir im Bereich des **Kattenstertsees**, der Buschkuhle und der Ahewiesen den urwüchsigen Charakter der offenen Niederung. Noch im Wald stoßen wir auf einen **Abenteuerspiel- und Rastplatz**, der nebst Unterstand zum Verweilen einlädt.

Direkt am Ende des Freizeitgeländes schwenken wir zu den Wiesen hinunter und gelangen über den **Wümmesteg** zum Sternenweg und ein paar Schritte nach rechts in die Saturnstraße, die wir ebenso durchradeln, wie nach Querung der Verdener Straße den Glummweg. Am Ahbeek biegen wir vor den Wiesen und Rinderweiden ab und erreichen durch Eichen-, Espen- und Birkenspalier den **Grafeler Damm**, dem wir an Äckern und Wiesen entlang zum vor uns liegenden Forst Kleiner Hamerloh folgen. Gleich nach dem **Hof Grafel** entdecken wir rechter Hand den schönen, am Waldrand gelegenen Seerosenteich, ein ebenfalls ideales Plätzchen, um eine Pause einzulegen.

Im **Großen Hamerloh**, dem anschließenden Mischwald, folgen wir dem Schild »Bullenseen«. Aber nur wenn wir aufmerksam sind, nehmen wir nach knapp 2 km den zwischen Bäumen glitzernden **Kleinen Bullensee** wahr, dessen Ufer wir nach einem Schlagbaum erreichen. Der stille, von Kiefern umrahmte See, der Bäume, Schilf und Wolken widerspiegelt, entlässt uns nach halber Umrundung zum **Großen Bullensee**, der zwar belebter, aber ebenso von Wald umgeben ist und nicht weniger beeindruckt. Wir bleiben unmittelbar am urwüchsigen Ufer und gelangen zum südlichen Seezugang.

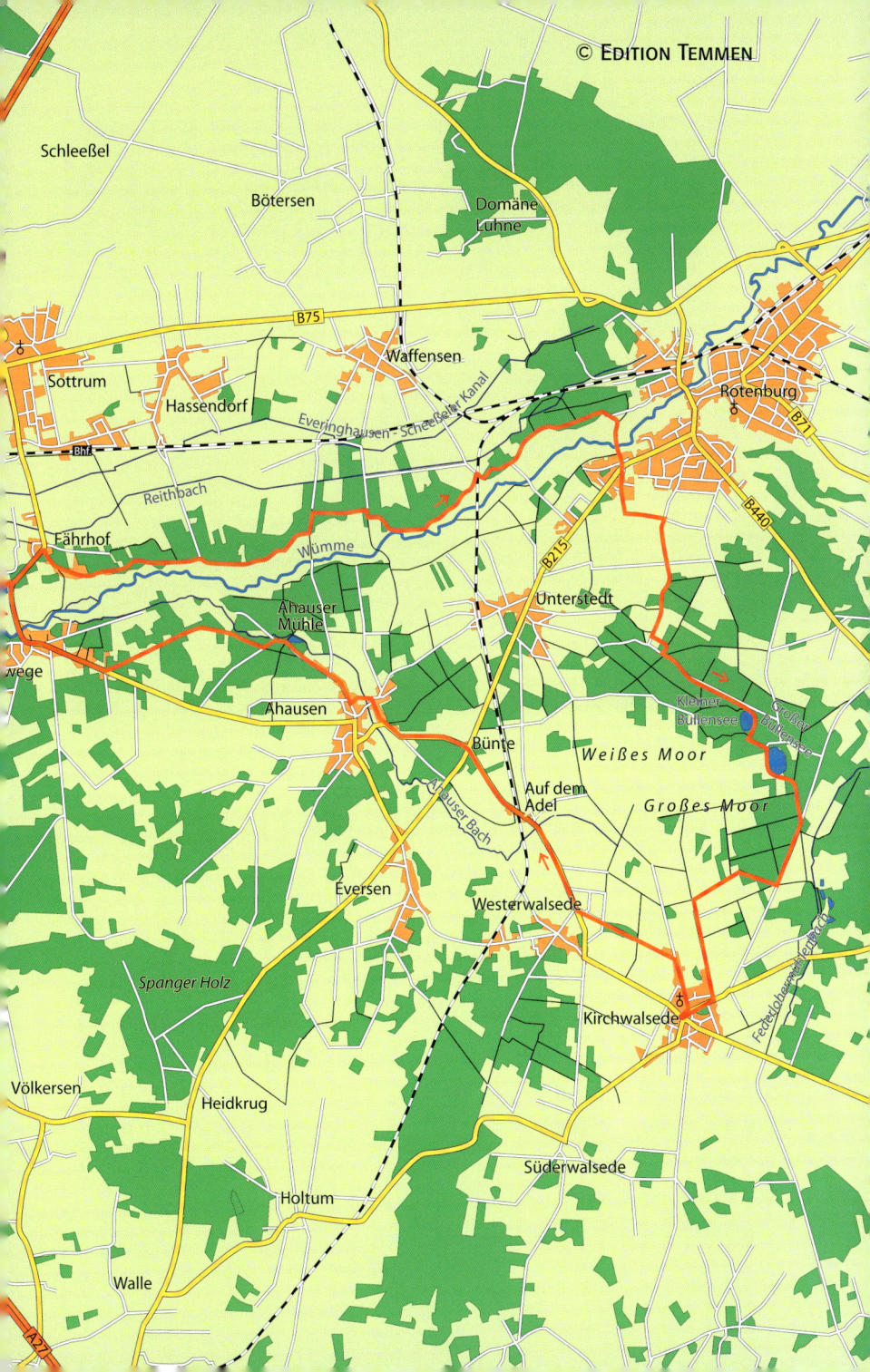

Die St. Bartholomäus-Kirche in Kirchwalsede

Die naturbelassenen Moorseen entstanden in der Eiszeit als Relikt eines Gletschers in der Wümmeniederung. Der Name leitet sich wahrscheinlich von dem niederdeutschen Verb »bullern« ab, was so viel wie Gepolter oder Getöse bedeutet. Danach könnten die Seen aus der Zeit des Aberglaubens mit Poltergeistern oder lärmenden Geisterschwärmen in Zusammenhang gebracht werden.

Aufgrund der moorigen Umgebung und infolge hohen Säuregehalts leben in den beiden Seen keine Fische. Das dunkle Wasser und die weiten Flachwasserzonen lassen die Temperatur bei Sonneneinstrahlung schnell ansteigen. Im Sommer gibt es dadurch in Ufernähe nicht selten »Badewassertemperaturen« bis zu 30 Grad. Je nach Abstand vom Ufer und der Wassertiefe gibt es dann Temperaturunterschiede bis zu 5 Grad.

Durch den Wald gelangen wir zum Radweg an der Straße nach Kirchwalsede und atmen auch hier den würzigen Duft der Kiefern und der Bruchgräser. Im Graben begleiten uns Rohrkolben und Farne. Doch schon nach 1 km, am Ende des geschlossenen Waldes, zweigen wir vor einer Wiese rechts ab. Hinter einem Waldgürtel öffnet sich die weite Landschaft: Äcker, Rinderweiden, Bäume, Hecken und Baumgruppen beherrschen das Bild. Wir passieren Bauernhöfe und Pferdekoppeln, lenken vor einem Bachtal nach links und erreichen nach einer Senke **Kirchwalsede**. Die kurzen Straßen Kohlhoff und Zum Löh bringen uns zur Ortsmitte, die von der malerischen, im 11. Jh. aus Feldsteinen und Findlingen erbauten romanischen Kirche **St. Bartholomäus** geprägt wird.

Die Weiterfahrt beginnen wir wieder Zum Löh und biegen »Auf dem Kamp« in Richtung Westerwalsede ab. Äcker und sattgrüne Rinderweiden begleiten uns bis zu der nach Unterstedt führenden Straße, einer beeindruckenden **Eichenallee** mit alten und mächtigen Bäumen, wie wir sie hierzulande in der Geschlossenheit kaum an anderer Stelle finden. Zwar entbehrt dieser Abschnitt einen separaten Radweg, doch der einwandfreie Asphalt, die Wiesen- und Weidelandschaft und das faszinierende, altehrwürdige Eichenspalier entschädigen uns. »Auf dem Adel« zweigen wir ab, überqueren den Ahauser Bach, dann die B 215 und rollen »Auf der Bünte« an Wäldern vorbei nach **Ahausen** hinunter.

Wir radeln geradeaus bis zur Unterstedter Straße, halten uns dort nach links, überqueren auch hier den Ahauser Bach und schwenken in die Mühlenstraße ein. Vorbei an Gärten, Häusern und einem Hof mit frei laufenden Hühnern tauchen wir in den Wald ein und passieren eine alte, knorrige Buche. Plötzlich schimmert uns zwischen den Bäumen der märchenhaft gele-

An der Ahauser Mühle

gene Teich der von Wald umgebenen **Ahauser Mühle** entgegen. Der Gutshof mit der Mühle ist frei zugänglich. Von der Brücke an der gegenüberliegenden Zufahrt kann man im Schatten einer Kastanie auf den rauschenden Bach hinunterschauen.

An der Auffahrt zurück, folgen wir dem Radweg, wählen die zweite Abzweigung nach rechts und genießen die abwechslungsreiche, von Wald, Feld und Wiesen geprägte Landschaft. Wenn insbesondere gegen Abend Rehwild unsere Route kreuzt, sollten wir nicht überrascht sein. Am Ende erreichen wir den nach **Hellwege** führenden Straßenradweg.

Die Zeit zum Kaffeetrinken mag schon etwas fortgeschritten sein, doch wer ein leckeres, ordentliches Stück Kuchen mit nach Hause nehmen möchte, sollte im Gasthof Prüser einen Blick in die Tortenvitrine nicht versäumen. An der Kreuzung biegen wir in Richtung Sottrum ab und gelangen nach der **Wümmebrücke** wieder zu unserem Ausgangspunkt am Großen Fährhof.

Anfahrt:
A 1, Bremen – Hamburg, Ausfahrt Posthausen in Richtung Hellwege – Sottrum oder Abfahrt Stuckenborstel in Richtung Sottrum – Hellwege; A 27, Bremen – Walsrode, Ausfahrt Achim-Ost in Richtung Posthausen – Hellwege – Sottrum

Karten:
ADFC Regionalkarte Rotenburg / Wümme 1:75.000

Wissenswertes:
Großer und Kleiner Bullensee, naturbelassene Moorseen, die in der Eiszeit entstanden sind; romanische, mehrfach erweiterte *Feldsteinkirche St. Bartholomäus* in Kirchwalsede (11. Jh.). Die *Ahauser Mühle* gehört seit jeher zu einem imposanten Gutshof. Angetrieben wurde die Mühle mit dem Wasser des aufgestauten, 3 ha großen Teiches. Im Jahre 1974 wurde der Mühlenbetrieb eingestellt.

Einkehrmöglichkeiten:
Gasthaus Fährhof, Sottrum-Fährhof, Tel. 04264/2992;
Gasthaus Zum Grünen Jäger, Kirchwalsede,
Tel. 04269/1209;
Restaurant Prüser's Gasthof,
Tel. 04264/9990,
www.pruesers-gasthof.de;
Kaisers Gasthaus,
Tel. 04264/2973,
www.kaiser-deutschland.de, Hellwege

Auskünfte:
Samtgemeinde Sottrum,
Tel. 04264/83200 ; Stadt Rotenburg, Tourist-Information, Tel. 04261/71100;
Samtgemeinde Bothel,
Tel. 04266/93000; Verkehrsverein Kirchwalsede und Umgebung e.V., Tel. 04269/1237

35 Kirchdorfer Heide – Großes Moor – Große Aue 47 km

Die landschaftlich abwechslungsreiche Route führt auf ruhigen und beschaulichen Wegen von der Kirchdorfer Heide und den bewaldeten Kuppendorfer Höhen in die ausgedehnten Niederungen der Moore und der Großen Aue.

Am Naturfreibad in **Kirchdorf** starten wir ortauswärts und schwenken schon kurz darauf in die Kuppendorfer Straße ein. Nach Baumann's Hof halten wir uns bei der nächsten Kreuzung links und radeln ins Freie. Während sich die vor uns liegenden Wiesen und Weiden zur Niederung strecken, streben die Äcker dem hohen Waldsaum entgegen. Die vor den Kiefern auftauchenden **Heideflächen** sollten wir für eine spätere Fußwanderung im Auge behalten.

Der Dorfspeicher in Barenburg

Wir genießen den weiten Ausblick auf das Hohe Moor und über die hügelige Feldmark. Am Ende schlängelt sich unser Weg talwärts und an **Kuppendorfer Bauernhöfen** vorbei zur Dorfstraße. Dieser folgen wir ein Stückchen nach rechts und nehmen nach dem letzten Haus die kleine Straße aufwärts. Bei der nächsten Kreuzung halten wir uns nach rechts und biegen unmittelbar hinter einem Gewerbegrundstück links ab.

Der durch Wald und Feld verlaufende Weg mag den Ortsnamen Kuppendorf noch einmal leicht betonen wollen, doch überwiegend geht es bergab. Wir überqueren die B 61 und folgen der nächsten Abzweigung durch Forst und Moor zum **Rauhen Busch**. Dort schließen wir uns dem Fernradweg Weserlandroute in Richtung Darlaten an. Am Ende folgen wir dem querenden Sträßchen nach rechts und treffen am Großen Holz auf die idyllisch gelegene Rast- und Grillhütte **Grüner Jäger**, ehemals Jagdhaus der hessischen Kurfürsten.

Auf der Weiterfahrt nach **Gösloh** werden wir vielleicht Moorschnucken zu sehen bekommen. Vom Namen des Ortsteils kündet am Hochwald ein riesiger Findling.

Die Moorschnucke, eine genügsame, hervorragend an das nasse und unwegsame Gelände angepasste Schafrasse, zieht in Hütehaltung durch die Hochmoorlandschaft und hält die Moore und Heiden frei von Sämlingen der Birke und Kiefer, verhindert den Stockausschlag der Bäume und unterdrückt das Pfeifengras. Dagegen breiten sich Wollgräser, Moorheiden, Torfmoose und viele seltene Pflanzen wieder aus und sichern damit den Lebensraum vom Großen Brachvogel, von Kiebitz und Uferschnepfe.

Der Radwanderweg, auf dem uns kaum ein Auto begegnet, verläuft nun zwischen dem Darlatenmoor und dem **Großen Moor**. Wir durchqueren einen mit Farnen bestandenen Kiefern- und Fichtenhain und durchradeln einen Eichen- und Birkenbruch. Im offenen Gelände begleiten uns von Gräben durchzogene Wiesen, Felder, Rinderweiden und Pferdekoppeln.

Über unseren Köpfen ziehen im Herbst unzählige Wildgänse und Kraniche in ihrer typischen Keil- oder Kettenform fliegend, um in der Moor- und Dümmerniederung ihre Rast- und Futterplätze zu suchen. Während der leisere Ruf der Graugans ähnlich der Hausgans klingt, ist der weit tragende, trompetenartige Ruf der Kraniche unverwechselbar. Hoch über uns kreisende Kraniche suchen, von der Thermik getragen, günstige Luftschich-

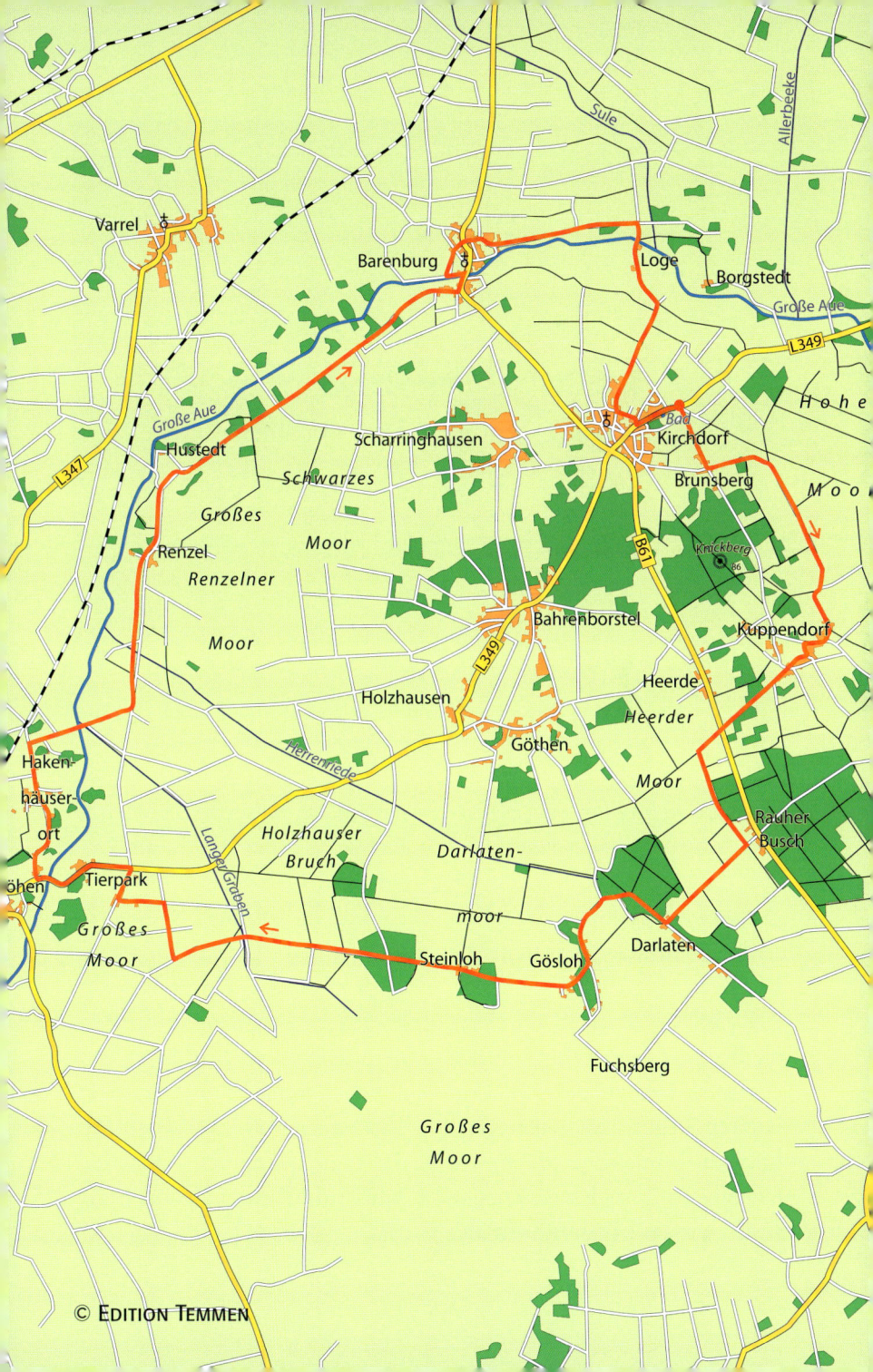

Das edle, vollblütige Araberpferd zeigt sich, wie hier bei den halbjährigen Fohlen, in vielen Farben

ten, um ihren Flug mit geringsten Kräften fortzusetzen.

Der Weg zwischen dem Holzhauser Bruch und dem urwüchsigen **Großen Moor** wird schmaler. Ein würziger Duft von Kiefern, Heide und Gräsern lässt uns tiefer atmen. Gegen Ende des Darlatener Weges, wo sich Reihen üppiger Rohrkolben in den Seitengräben angesiedelt haben, passieren wir zwei Bauernhöfe und nähern uns zwischen Birken- und Erlenspalier der Brücke am Langen Graben.

Südlich kommen Reihen hoher Pappeln in Sicht, doch wir schwenken am Wegen Moor in nördliche Richtung ab und radeln durch den Mittelweg und auf dem Renzeler Weg zur Tierparkstraße. Der Radweg führt direkt am bekannten **Naturtierpark** und Araber-Gestüt **Strö-**

Begegnung mit einer der schönsten und ältesten Pferderassen der Welt

hen vorbei, wo das Tierpark-Restaurant zur Rast einlädt.

Gleich nach der **Großen Aue** wechseln wir hinüber in den Varreler Kirchweg, der sich durch eine liebliche, von Gehölzen durchsetzte Wiesen- und Weidelandschaft schlängelt und anschließend an gepflegten Häusern und Gärten vorbeiführt. Zu »Hespos Wehr« biegen wir ab und stoßen wieder auf die **Große Aue**, die wir auf unserer Route viermal überqueren. Neben der **Fischtreppe** finden wir eine Schutzhütte.

Unterwegs fällt uns der Feldanbau von Weidentrieben auf, deren Verwendung nicht etwa zum Korbflechten vorgesehen ist. Vielmehr dienen die Anfang 2007 ausgebrachten Setzlinge der Gewinnung von Brennmaterial, das nach Ablauf von drei bis vier Jahren erstmals geerntet werden soll.

Der Renzeler Weg, dem wir nun in Richtung Barenburg folgen, führt uns durch die Niederung der Großen Aue und des Großen Renzeler Moores. Unter alten Bäumen durchfahren wir **Renzel** und orientieren uns bei einer Gabelung zum Fernradweg. Am urigen **Renzeler Moor** mit seinen Kiefern, Birken und Heideflächen begegnet uns vielleicht der Schäfer mit seiner Herde.

Ab **Hustedt** begleiten uns wieder zahreiche Gehölze und Wäldchen. Der Graureiher ist hier nicht selten. Nahe **Barenburg** verraten Markierungen, dass auf dem ruhigen Weg gern geboßelt wird. Gleich nach der Auebrücke bleiben wir »Zur Grünshorst« am Fluss und radeln durch den Teichgartenweg »Zur Bleiche«, um unter großen Linden beim Feuerwehrhaus den Durchgang zum **Dorfspeicher** zu finden, vorbei an der hölzernen Kirchbrücke und dem Dorfteich.

Der Speicher ist ein beliebter Treffpunkt für Jung und Alt. Das Untergeschoss dient Ausstellungen und anderen Veranstaltungen, während sich in der ersten Etage die »Kaffeestube« befindet. Im Dachgeschoss ist ein kleines Museum untergebracht, das durch Leihgaben Barenburger Bürger Arbeitsgeräte aus dem Alltag der Vorfahren zeigt. An jedem ersten Sonntag eines Monats finden seit 1989 »Speichersonntage« zum Klönen und Kaffeetrinken mit selbst gebackenem Kuchen statt.

Gegenüber dem Speicher radeln wir auf dem **Alten Damm** in Richtung Freibad, halten uns dort rechts und fahren unter Eschen- und Ahornwipfeln wieder ins Grüne. Begleitet von der Großen Aue, von Wiesen und Feldern genießen wir auch hier eine friedliche Stille. Am Ende überqueren wir den Fluss bei **Loge** und erkennen von dort aus bereits den Turm der Kirchdorfer St. Nikolai-Kirche, der uns zugleich die Nähe unseres Ausgangspunktes ankündigt.

Anfahrt:
B 61, Sulingen – Uchte, Ausfahrt Kirchdorf

Karten:
BVA Radwanderkarte Landkreis Diepholz 1:75.000

Wissenswertes:
Das *Naturfreibad* in Kirchdorf ist mit rd. 5000 qm Wasserfläche das größte seiner Art in Deutschland. Die *St. Nikolai-Kirche* in Kirchdorf wurde 1833 im klassizistischen Stil erbaut und von Konsistorialbaumeister Hellmer für 1200 Besucher konzipiert. Nur die Kanzel weist Verzierungen auf. Heute bietet die Kirche 800 Sitzplätze. Der Turm stammt aus dem 14. Jh. und hat seinen schlanken Helm 1805 erhalten. Im *Naturtierpark Ströhen* mit natürlichen Freianlagen und weitläufigen Gewässern leben über 600 Säugetiere und Vögel aus fünf Kontinenten. Das angrenzende, idyllisch gelegene *Araber-Gestüt* ist das größte private Araber-Gestüt Europas und kann kostenlos im Rahmen eines Tierparkbesuches besichtigt werden.

Die Heilig-Kreuz-Kirche in Barenburg (12. Jh.) besitzt mittelalterliche Deckenmalereien, einen barocken Altaraufsatz, eine reich verzierte, geschnitzte Renaissance-Kanzel und einen gotischen Taufstein.

Einkehrmöglichkeiten:
Baumann's Hof, Tel. 04273/93010, www.baumanns-hof.de, Tierpark-Restaurant, Ströhen, Tel. 05774/473; Gaststätte Aue-Grill, Barenburg

Auskünfte:
Samtgemeinde Kirchdorf, Tel. 04273/880, Kirchengemeindebüro Kirchdorf, Tel. 04273/336; Gemeinde Wagenfeld, Tel. 05444/98810; Tierpark Ströhen, Tel. 05774/505, www.tierpark-stroehen.de

Hermann Gutmanns Leitfaden für vergnügliches Radfahren

Ein Schuss Heiterkeit ist immer willkommen. Deshalb freut es mich, dass der bekannte und beliebte Bremer Autor Hermann Gutmann in seiner unnachahmlich humorvollen Art eigens für dieses Buch aus seinem Erfahrungsschatz als Radfahrer erzählt. Dabei mag es vorkommen, dass unsere Erinnerung an eigene Erlebnisse erwacht, über deren »Dramatik« wir heute vielleicht schon wieder etwas schmunzeln können.

Meine weiteste Radfahrt führte von Bremen bis zum Bodensee. Wenn ich mich richtig erinnere, waren das etwa 1000 Kilometer. Es können etwas mehr oder etwas weniger gewesen sein. Meine kürzeste Radfahrt führt von meinem Hause zum nächsten Glascontainer für Weinflaschen. Das sind etwa 500 Meter.

Ich möchte Sie jetzt darauf aufmerksam machen, dass mein erster Satz in der Vergangenheit spielt, mein vierter Satz aber in der Gegenwart.

Das lässt sich leicht erklären. Zum Bodensee bin ich nie wieder gefahren. Zum Glascontainer fahre ich jeden zweiten Tag, was aber keine Rückschlüsse auf die von mir geleerten Flaschen Wein zulässt – um das mal ganz klar zu sagen.

Die Grundvoraussetzung für Fahrradreisen von Bremen zum Bodensee und von meinem Hause zum nächsten Glascontainer ist gleich. Für beide Fahrten braucht man ein Fahrrad.

Technische Kenntnisse sind für beide Fälle nützlich, aber nicht notwendig.

Sollte ich auf meiner Fahrt zum Glascontainer einen »Platten« bekommen, schiebe ich das Rad in aller Ruhe nach Hause und ein paar Stunden später zu meiner Fahrradreparaturwerkstatt. Auf dem Weg zum Bodensee hatte ich zweimal einen »Platten« – und jedes Mal war es nicht weit zur nächsten Werkstatt.

Sie erkennen daran, dass ich nicht in der Lage bin, ein Fahrrad zu reparieren. Selbst ein »Platter« im Vorderrad bringt mich, wollte ich den Versuch unternehmen, ihn zu reparieren, an den Rand der Verzweiflung. Diese geistige und technische Unzulänglichkeit ist ein Erbstück von meinem Vater, der zwar ein Schiff nach dem Stand der Sterne und mit dem Sextanten über die Weltmeere navigieren konnte, der sich aber bei der Reparatur eines Fahrrades derart verzettelte, dass schließlich das Fahrrad in lauter Einzelteile zerlegt im Keller darauf wartete, wieder zusammengesetzt zu werden. Über diese Arbeit ist mein Vater hinweg gestorben.

Nun ist es natürlich selbstverständlich, dass einem Radtouristen, der technisch unbegabt ist, auf seinen Reisen immer etwas passiert. Es ist voraussehbar.

So bin ich einen Kilometer von Eichstätt entfernt an einem wunderschönen Sonntag auf einem ausgewiesenen Radweg auf einen sorgfältig ausgelegten Teppich aus Reißzwecken geraten. Nun hätte ich ja die Reißzwecken im Schlauch lassen können, was – wie ich später erfuhr – vernünftig gewesen wäre. Aber ich entfernte sie sorgfältig – und da war die Luft aus dem Schlauch raus.

Zurück nach Eichstätt wollte ich nicht. Ich war beleidigt. Die nächste Fahrradwerkstatt wartete acht Kilometer weiter auf mich. Ich war der letzte, der noch einen heilen Schlauch bekam. Die Fahrradwerkstatt hatte an diesem Sonntag sehr gut zu tun.

Ich kenne inzwischen Fahrradwerkstätten in Volkach am Main, in Kitzingen am Main, in Marktbreit am Main, in Trosdorf bei Bamberg am Main, an der Deutschen Weinstraße in der Pfalz und in Ostfriesland. Nur am Bodensee kenne ich keine Fahrradreparaturwerkstatt, weil wir, nachdem wir den Bodensee bei Friedrichshafen erreicht hatten, kein Quartier bekamen. Wir haben uns dann in einem Biergarten einen Humpen Bier gegönnt – mit Blick auf den Bodensee, sind in den nächsten Eisenbahnzug gestiegen und nach Hause gefahren. Meine Frau sagte, ohne eine Miene zu verziehen: »Der Weg war das Ziel!«

Doch nun mal ein ganz anderes Thema. Sagen Sie mal, haben Sie sich schon mal Gedanken darüber gemacht, wie man sich auf einer Radtour kleidet?

Also, ein schwarzer Anzug, das ist klar, kommt nicht in Frage, obwohl ich mal im Smoking mit dem Fahrrad zu einem elitären Festball ins Bremer Park Hotel gefahren bin. Der Direktor, der mich zufällig sah, war darüber so verblüfft, dass er mir eine Garage anbot.

Man sollte also Sportklamotten tragen, was manchmal allerdings zu unangenehmen Begleiterscheinungen führen kann. Ich trug auf einer Rheintour, die am Niederrhein begonnen hatte, eine sehr sportliche beige Hose, hatte aber nicht daran gedacht, dass mein Rad über einen Ledersattel verfügte. Das Wetter war heiß. Ich habe wie verrückt geschwitzt. Es war bei Wesel. Daraufhin fuhr ich bis Lahr im Schwarzwald mit einem schwarzen Hosenboden, der auch schwarz blieb, wenn ich abstieg. Mein wenn auch bekleidetes Hinterteil wurde viel bestaunt. Nach Lahr waren wir gefahren, weil es im Elsass zu schütten begann. Lahr war die für uns nächste Bahnstation.

Was lernen wir daraus: Man sollte immer eine Ersatzhose bei sich haben.

Wenn Sie mich fragen: Ich fahre seitdem in Jeans, was meine Frau überhaupt nicht verstehen kann. Die etwas deftigen Nähte stören sie. Mich nicht.

Im Übrigen fahren wir stets mit sehr wenig Gepäck. Zwei hintere Seitentaschen – das reicht. Für die wichtigsten Dinge haben wir einen Rucksack auf dem Gepäckträger, den man unter anderem mit in die Gaststätten nehmen kann.

Gelegentlich schicken wir uns Pakete mit sauberer Wäsche. Als Anschriften dienen uns bekannte Hotels oder Postämter – solange es noch welche gibt. Das gilt natürlich nur für längere Strecken.

Wer in unserer Region unterwegs ist, braucht weder einen Schrankkoffer, noch vollgeladene Radtaschen. Eines steht jedenfalls fest: Was immer man mitnimmt, hinterher ist es zuviel gewesen.

Das gilt aber nicht für Trinkwasser!

Und das ist nun wirklich ein sehr ernstes Thema.

Lassen Sie lieber ein paar Unterhosen zu Hause – aber mindestens eine Flasche Wasser gehört ins Tourengepäck, ganz egal, wohin sie fahren. Ob von Bremen nach Worpswede oder nach Bremerhaven oder nach Bruchhausen-Vilsen. Ohne Wasser sind Sie aufgeschmissen. Denn Radfahren, einerlei, ob man langsam oder schnell fährt, kostet Kraft, und wenn obendrein die Sonne scheint, fangen Sie an zu schwitzen, und es dauert nicht lange, dann lässt ihre Kraft nach, vorausgesetzt Sie trinken kein Wasser.

Wir sind mal von Bremen nach Quakenbrück gefahren. Als sich bei mir der Durst meldete, hatten alle am Wege liegenden Gasthäuser geschlossen. Mit solchen Misshelligkeiten muss man leben.

Da wir gerade beim Trinken sind, möchte ich Ihnen verraten, dass wir – meine Frau und ich – stets einen Flachmann bei uns haben. Man weiß ja nie, was passiert. Schnell kommt man zu einer Wunde, die mit Alkohol abgetupft werden muss. Oder es wird einem übel, so dass man unbedingt einen Schnaps braucht. Oder es ist so kalt, dass man sich nach einer inneren Wärme sehnt. Wir sind mal vor einigen Jahren am Tag vor Silvester mit den Rädern zur Thülsfelder Talsperre gefahren. Es war so kalt, dass wir uns alle zwei Stunden einen kleinen Schnaps gönnten. Geholfen hat er nicht.

Und wenn Sie bei Hitze in kurzen Hosen fahren, denken Sie daran, dass man sich nicht nur einen Sonnenstich holen kann, wenn man keine Mütze trägt, sondern dass man sich auch die Haut an den Beinen verbrennen kann. Sonnencreme! Nicht vergessen!

Ich habe es mal vergessen, merkte auch gar nicht, wie meine Beine rot und röter wurden, bis mich eine Bäuerin in der Rhön ansprach, mich auf meine Beine aufmerksam machte und meinte: »Des Menschen Wille ist sein Himmelreich!«

In der kommenden Nacht habe ich die Engel im Himmel singen hören.

Radfahren – um auch das zu sagen – macht Spaß, trotz gelegentlicher Misstöne.

Wenn Sie zum Beispiel zwischen Brake und Nordenham von einem Regenschauer überrascht werden und vergessen haben, Ihr Regenzeug einzustecken – dann ist das ein Misston.

Ein Misston ist es auch, wenn Sie versehentlich auf einer Autostraße landen, was uns mal bei Varel passiert ist. Nichts ist schlimmer als ständig von hupenden Großlastern überholt zu werden.

Es gibt Radwanderkarten, wenn Sie die lesen können, was eigentlich kein Problem sein sollte, kann Ihnen so etwas nicht passieren. Dann wissen Sie sogar, wann Sie die nächste unangenehme Steigung zu erwarten haben.

Radfahren macht Spaß, wenn man durch das Land fährt, durch kleine Dörfer, an Kornfeldern vorbei, an Kartoffeläckern, an Maisfeldern, wo man Mais naschen kann, und durch Alleen von Pflaumenbäumen. Aber passen Sie auf, dass Sie nicht zuviel Pflaumen essen.

Habe ich noch was vergessen? Ich weiß es nicht.

Ich rate Ihnen, sich vor einer Tour genau zu überlegen, was Sie mitnehmen müssen. Sonst geht es Ihnen wie uns. Wir wollten irgendwo zwischen Bremen und Rotenburg an der Wümme picknicken. Wir breiteten auf einer wunderschönen Wiese unser Tuch aus, legten das mitgebrachte, mit Mettwurst und Käse belegte Brot und die gekochten Eier darauf, stellten anschließend Gläser dazu. Ich zog die Flasche Weißwein aus der Tasche, wollte sie

An der Wörpe

öffnen und stellte fest, dass ich den Korkenzieher vergessen hatte.

»Man soll auch keinen Alkohol trinken, wenn man anschließend wieder aufs Fahrrad steigt«, sagte meine Frau.

Frauen haben immer recht. Sogar auf einer Radtour.

Und trotz allem – wenn Sie die richtige Einstellung zum Radfahren haben, wird jede Radtour vergnüglich sein und Sie werden hinterher sagen: Die armen Autofahrer!

Orts-, Namens- und Sachregister

A

Abbenhausen 228
Achim 97, 100, 132
Adeliges Damenstift (Bassum) 229, 253f, 261
Aegidiuskirche (Berne) 270
Ahausen 297
Ahauser Bach 297
Ahauser Mühle 293, 298
Ahewiesen 294
Ahlhorn 234f, 238
Ahlhorner Fischteiche 231f, 234f, 239
Ahsen-Oetzen 97, 100
Albrecht, Ernst 58
Albringhausen 169
Alexanderkirche (Wildeshausen) 219, 222f
Aller 141, 146
Altbruchhausen 199
Alte Aller 97
Alte Jagdhütte (Barneführerholz) 47f, 50
Altenbücken 185
Altendamm 283, 284
Altenesch 77f, 81
Alte Oberförsterei (Neubruchhausen) 197, 199
Alveser See 141f, 147
Amedorf 141, 146
Amtmannsteich 163
Anton Günther, Graf von Oldenburg 266
Apelstedt 225
Arboretum des Nordens 135
Arkeburg 217
Aschwarden 280
Aschwardener Flutgraben 279
Aschwardener Windmühle 268
Auetal 55, 58
Auf dem Flöth 180
Aumühle 247, 251

B

Badener Berge 97, 131, 134, 154
Bahlumer Bach 131
Bardenfleth 66
Bardewisch 63, 66
Barenburg 201, 306
Barkenhoff 106
Barneführerholz 47f
Barrien 113
Bassum 207f, 211, 225, 228f, 253, 260f
Bassumer Utkiek 228, 257
Bauernmarsch 247
Beek 283f, 288, 291
Beeke 150, 213, 225, 278
Beeketal 225
Behlingsee 123, 128
Bensen 169f, 174
Benser Schweiz 169f, 173
Beppener Bruch 131, 136
Berne 40, 63, 66f, 263
Berne (Fluss) 37
Bettingbühren 64, 263
Binneboommuseum 124
Blanker Schlatt 231
Blender 142
Blender See 141f, 147
Blockland 27, 89, 93, 95, 110
Blumenthal 273
Blumenthaler Aue 273, 276
Bockhorst 128
Bockstedt 216
Borgfeld 103, 123f, 126
Bornmoor 128
Bornreihe 283, 287f
Borsteler Moor 204
Böttchers Moor 23, 77, 83
Braake 81
Bradenholz 13f, 70
Brake 263, 266f, 271, 279
Bramstedt 210
Bramstedter Beeke 198, 207

Bramstedter Finkenbachtal 191
Braunschweig-Wolfenbütteler Herzöge 139
Breites Wasser 283, 291
Bremen 23f, 89f, 94, 113, 117, 120
Bremen-Nord 55
Bremer Schweiz 55, 273, 276, 281
Brookbäke 37f
Bruch 279
Bruchhausen 182f
Bruchhausen-Vilsen 177, 183
Brümsen 228
Buchholz 202
Bücken 185
Bückener Mühlenbach 185
Bullenkopp 137, 155, 163, 167
Bullensee 293f, 299
Bullmühle 242
Bultensee 123
Burg 30, 60, 273f, 281
Bürgerpark Bremen 24, 34, 89
Busen 136, 162
Butzhausen 63

C

Café Sand 24
Calle 185
Carrell, Rudi 136, 150, 163
Catharinen-Kirche (Martfeld) 181
Christuskirche (Harpstedt) 258
Christuskirche (Syke) 84, 199
Clues 150
Clueser Beeke 149, 156
Coldewei 63
Coldewey 201

D

Dammsiel 27, 90

Darlaten 302
Darlatenmoor 302
Daverden 97f
De Blomendaler (Volkstanz-
   gruppe) 276
Deichschloot 123
De Kaffkieker (Kleinbahn) 34,
   75, 84, 119, 138, 156,
   166, 182, 198, 211
Delme 19, 228, 253, 258f
Delmebruchwald 259
Deutsche Eiche 138f
Deutsches Pferdemuseum 147
Dianasee 231, 235
Dibbersen 132
Dionysiuskirche (Nordwohlde)
   260
Döhlbergen 141
Döhren 253
Doorgraben 66
Dörverden 141f
Dötlingen 247, 251
Douglas, David 53
Douglasie 50, 53
Douglasien-Pfad 155
Dreifaltigkeitskirche (Neu-
   bruchhausen) 195
Dreisielen 63f, 263
Dreye 114
Dünsen 260
Dünsener Bach 19, 260
Durchblickeiche 14

E

Ebbensiek 124, 126
Echterkamp 181
Eckershausen 202
Eggestedt 276
Einen 214
Eißel 131f
Eitzendorf 142
Ellenbäke 214
Ellerchenhausen 213
Ellernbruch 114
Elsfleth 63f 67, 263, 266, 270
Elsflether Sand 63, 65, 264,
   280

Emmasee 94
Ende, Hans am 110
Engelmannsbäke 241, 244
Erdmann, Friedrich August
   Christian 170, 174,
   197, 199
Erdmannsgrab 169f, 199
Eschenhof 150
Essemühle 216
Etelsen 97f
Europa-Union Deutschland
   157
Evers' Kamp 13
Eystrup 188
Eyter 131, 135, 162, 182
Eyterschöpfwerk 131f

F

Fahrenhorst 14
Farge 64, 263, 270, 273,
   279f
Fehsenfeldsche Mühle 181,
   183
Feldmark 13, 84, 207
Felicianus-Kirche (Kirchweyhe)
   114, 120
Fesenfeld 70, 260
Findorff, Jürgen Christian 110
Finkenbach 74, 191, 198, 208,
   210
Finkenbachtal 191, 207
Finkenberg 159, 210
Finkenburg 198, 207, 211
Finke, Wilhelm August 211
Fischerhude 123f, 126ff
Flämische Straße 251
Forsthaus Hasbruch 37, 41
Freudenburg 229, 253, 256,
   261
Friedeholz 138, 149, 155f, 163,
   198, 207
Friedeholz-Schlatt 155
Friedehorstpark 56
Friedensheim 287
Friedrich Wilhelm von Braun-
   schweig-Lüneburg-
   Oels 64, 156, 266

Fuchsberg 163

G

Gedenkstein Alma Rogge 273
Gedenkstein Manfred Haus-
   mann 273
Gehegeforst 169
Gehrden 109
Geografischer Mittelpunkt
   Niedersachsens 180
Gessel 19, 113
Gesseler Spreeken 13, 23, 77,
   83, 113, 119
Gierenberg 247f
Glaner Braut 248
Gödestorf 150
Goldenstedt 213, 217
Goldenstedter Damm 213
Goldenstedter Mühlbach 216
Gösloh 302
Gräfinghausen 70, 260
Grafschaft Bruchhausen 192
Graue 185
Grohn 55
Grohner Düne 17
Große Aue 201f, 301, 305f
Groß Eissel 141, 146
Großenkneten 231, 238
Großer Bullensee 294, 299
Großer Fährhof 293, 299
Großer Hamerloh 294
Großer Sand 247, 251
Großes Holz 302
Großes Moor 301f, 304
Großes Renzeler Moor 306
Große Wiekau 247
Groß Köhren 258
Groß Mackenstedt 73
Groß Ringmar 228, 257
»Großherzogin Elisabeth«
   64f, 266
Großsteingräber Engelmanns-
   bäke 241
Großsteingräber Kleinkneten
   219, 223
Großsteingräber Visbeck 241, 245
Gut Donnerstedt 132

Gut Hoope 149, 156, 195
Gut Lethe 235
Gut Moorbek 250
Gutsmühle (Heinefelde) 250

H

Hache 19, 23, 113f, 149, 155, 159f, 163, 166, 170, 174, 191f, 194f
Hachepadd 155
Hachetal 13, 23, 69, 74, 77, 85, 113, 149, 159, 169f
Hagel 238
Hallenkirche (Sulingen) 205
Hallstedt 169, 173
Halsebach 146
Hambergen 291
Hamberger Moor 286
Hamfähr 277
Hamme 28, 103, 108, 283, 288f, 291
Hammehütte 283
Harpstedt 253, 261
Harpstedter Sonnenstein 258
Harpstedter Wald 253
Harriersand 263, 267, 271, 279
Hartensbergsee 213f
Hasbruch 37f, 41
Hasenbüren 81
Haus Blomendal 273f, 276, 281
Haus im Moor (Arkeburg) 217
Hausmann, Manfred 273
Hegeler Wald 47, 51
Heide-Beeke 169
Heidenopfertisch (Visbek) 241
Heiligenfelde 137, 150, 155, 163
Heiligenloh 213, 217
Heiligenloher Beeke 216
Heiligenrode 69, 72, 75
Heilig-Kreuz-Kirche (Barenburg) 307
Heilsdorf 283f, 286
Heimathaus Irmintraut (Fischerhude) 126, 128

Heinefelde 247, 250
Heinefelder Bäke 250
Heinrich I. 228
Heinrich-Schmidt-Barrien-Gedenkstein 113
Heile, Wilhelm 157
Heißenbütteler Damm 286
Heisterort 136, 152
Helenensee 232, 239
Hellwege 293, 298
Helzendorfer Wassermühle 185
Henstedt 160, 195, 210
Henstedter Dorfmuseum 160, 195, 199
Herzog-Wilhelm-Denkmal (Thedinghausen) 135, 139
Hexenberg 124
Hiddigwarden 63
Hillmanns Buchen 13, 69, 198, 207
Hochwald 302
Hoetger, Bernhard 106, 110
Hof Grafel 294
Höftdeich 110
Hohenzollern 123
Hoher Berg 13, 16f, 19f, 83, 85, 119
Hohes Moor 201, 301
Hohes Ufer 55, 60
Hohnhorst 186
Hölingen 220
Holländermühle Rade 280
Hollen 182
Hollerdeich 123
Hollerland 89, 94
Holschenböhl 159, 162
Holzhauser Bruch 304
Hombach 13f, 19, 69, 70, 74, 119, 253
Hombachtal 74, 260
Homfeld 177
Hoope 195
Horster Kirche 28
Hoya 177
Hoyaer Weide 177, 182
Hoyerhagen 180

Hubertusmühle 242
Huckstedter Windmühle 204
Hude 37, 40
Huder Bachweg 40
Hudermoor 37
Hudewald 231
Hügelgräber im Papenhuser Sunder 170, 197
Hülsenberg 13f, 70, 260
Hünenburg 225
Hünenburg Stöttinghausen 225f, 228
Hunte 47f, 51f, 63ff, 67, 214, 219f, 223, 247f, 263f, 266, 270
Huntebrück 264
Huntepadd 248
Huntesperrwerk 65, 67, 264, 266, 271, 280
Huntetal 213, 250
Hunteweg 185, 216, 248
Huntlosen 47, 51
Huntloser Mammutbaum 51, 53
Huntloser Moor 52
Hustedt 306
Husum 52

I

Intschede 97, 100, 141, 146

J

Jagdhütte Hasbruch 37
Jan Harpstedt (Museumseisenbahn) 74, 260f
Jan-Reiners-Eisenbahnlinie 110
Jan-Reiners-Weg 89, 93, 95, 103, 109
Jeebel 114

K

Kaisen, Wilhelm 20
Kameke, Isabell von 256
Kampbruch 51
Kanonissenstift Birxinon 229, 254

Karbuch, Bertram 146
Karl der Große 146
Karrenbruch 210
Käseburg 266
Kastenbeinbuche 155
Kastendiek 70
Katenbäker Berg 219
Kätingen 70
Kätinger Windmühle 70, 75, 260
Katjenbüttel 63
Kattenescher Fleet 82
Kattenstertsee 294
Kelm, Jutta 18
Kimmer Bäke 40
Kirchdorf 201, 205, 301, 307
Kirchdorfer Heide 301
Kirche Zum Heiligen Kreuz (Bardewisch) 66
Kirchhammelwarden 266
Kirchwalsede 293, 297, 299
Kirchweyhe 83
Kirchweyher See 114, 119
Klageholz 170
Kleinenkneten 219
Kleiner Bullensee 294, 299
Kleiner Fährhof 293
Kleiner Hahnhorst 58
Kleiner Hamerloh 294
Kleine Weser 117
Kleine Wümme 27, 89f, 94
Klein Köhren 258
Klingenbergteich 38
Klosterbach 19, 69f, 73f, 229, 253, 256, 260
Klosterbachtal 260
Klosterholz Heiligenrode 73
Kloster Hude 40, 42
Klosterkirche (Lilienthal) 110
Klostermühle Bassum 254
Klosterseelte 260
Klünenmoor 213
Kneter Sand 238
Knief, Cord 195
Knoop, Ludwig 55
Knoops Park (Bremen-Nord) 55
Köbens 128
Koenemann, Edwin 107

Kokenmühle 244
Kolk Nobiskuhle 81
Königsmoor 123
Kraftwerk Farge 279f
Kränholm 56
Kreienmoor 276
Kreismuseum Syke 155f
Kreiß, Friedrich 98
Krummer Schneider 13, 16
Kuhsiel 93
Kuppendorf 201, 301
Kuppendorfer Heide 201
Kuppendorfer Höhen 301

L

Lahauser Spieker 114
Lange Moor 104
Langer Graben 304
Lankenauer Höft 81
Leerßer Berg 19, 23, 69, 74, 83, 119
Leeste 83, 119
Leester Marsch 23, 77, 83, 113, 119
Legenhausen 150, 163
Lemwerder 32, 60, 77
Lesmona 61
Lesum 30, 32, 55, 60, 77, 281
Lesumsperrwerk 60
Lethe 232, 235
Lether Wassermühle 231
Leuchtenburger Schweiz 55, 58
Lienekanal 266
Lilienthal 103f, 110
Loge 396
Lohmühle 220
Löhnhorst 276
Lopshof 247
Ludwig-Roselius-Museum (Worpswede) 106
Lüningsee 104

M

Maasen 204
Mackensen, Fritz 110, 289
Magelsen 142

Mallen 177, 180
Marcks, Gerhard 120
Martfeld 177, 181
Martfelder Feldmühle 181, 183
Martinikirche (Bremen) 120
Mesloh 204
Meyenburg 273, 277f, 281
Michaels-Kirche (Heiligenfelde) 150, 156
Modersohn-Becker, Paula 107, 110, 129, 289
Modersohn, Otto 107, 110, 128, 289
Moorbahnfahrten Arkeburg 217
Moorbek 247
Moorheide 74
Motzen 66
Mühlenbeeke 174
Mühlenhof Sudweyhe 114
Müller-Belecke, Friedrich 189
Münstermann, Ludwig 270
Museum Barenburg 306
Museum der Strohverarbeitung (Twistringen) 225, 228f
Museums-Eisenbahn Bruchhausen-Vilsen 183
Myle 284

N

Napoleon 64, 156, 266
Natenstedt 213
Naturtierpark Ströhen 304, 307
Neubruchhausen 160, 170, 172, 191, 195, 197, 199
Neuenfelde 284
Neuenkirchen 226
Neu Helgoland 103, 108, 283, 290
Neumühle 244
Niederblockland 89f, 92
Niedersachsenstein 106
Niedersächsisches Kutschenmuseum 109, 111
Nienstedt 159, 226
Nienstedter Beeke 169, 225f

Nikolai-Kirche (Bruch) 279
Nikolaikirche (Elsfleth) 67, 271
Noltesche Wassermühle 149, 153, 156
Nordenholzer Moor 37
Nordwohlde 74, 253, 260
Nottorf 100

O

Oberblockland 89, 92
Oberhammelwarden 266
Oberneuland 123
Ochtum 77, 82, 84, 119, 228
Ochtum (Ort) 81
Ohlensehlen 202
Oiste 142, 147
Oldenburger Münsterland 244
Ollen 63, 66, 263
Oltmanns Barg 247f
Ortheide 160
Osenberge 47, 48, 53
Ostdeutsche Heimat- und Trachtenstuben (Goldenstedt) 217
Osterbinde 210
Osterdeich 118
Osterholzer Geest 273, 284
Osterholz-Scharmbeck 16, 108
Osterhorn 213
Osterstader Marsch 273, 278
Ostrittrum 47, 52, 247f
Otto-Modersohn-Haus 126
Otto-Modersohn-Museum 127
Overbeck, Fritz 110, 289
Ozeanbrücke 259

P

Pannstedt 226
Papenhuser Sunder 169f, 197, 199
Pastorendiek 173
Pennigbeck 131
Pestinghausen 13, 74

Pestruper Gräberfeld 219, 222f
Petermoor 207f
Pingelheini-Museumsbahn 119
Poggenburg 131, 136, 139
Poggenpohlsmoor 247
Pot d' Or, Gottlieb 188f
Preußen, Louis Ferdinand von 123
Püttenhaus 247f
Püttenhütte 48

Q

Quellental 169, 172

R

Rablinghausen 81
Rade 269, 280
Ramminghausen 159, 210
Rauher Busch 302
Reckumer Steine 219, 220, 223
Reer 141, 146
Reiners, Johann 95
Rekum 269, 273, 280
Renzel 306
Renzeler Moor 306
Retzer Bach 159f, 162
Reventlow, Christian von 98
Rieda 141
Riedebachtal 238
Riethausen 178
Rilke, Rainer Maria 110
Rilke-Westhoff, Clara 107, 127
Ristedt 19f
Ristedter Kämpe 16
Ristedter Moor 13f
Ritterhude 281
Ritzenbüttel 66
Rogge, Alma 273
Röllinghausen 197
Rönnebeck 273
Rönnebecker Weserhang 273
Rotenbrande 180
Rotenburg/Wümme 293
Rüssener Heide 213

S

Saatmoor 104
Sachsenhain 141, 146
Sage 231, 238
Sager Heide 231
Sager Schweiz 231, 238f
Sandhatten 48
Sandhausen 284, 286
Sankt Jürgensland 103, 109
Sankt Marien (Heiligenrode) 73
Schifffahrtsmuseum Brake 267, 271
Schloss Etelsen 97f, 101
Schloss Schönebeck 55, 59, 61
Schlüterdeich 64
Schmetsort 180
Schmidt-Barrien, Heinrich 113
Schnepker Schlatt 155, 163
Schnitger, Arp 100
Schohusen 47
Schönebeck 55
Schorlingborstel 225
Schorlingborsteler Beeke 169, 225
Schröder, Hans 138
Schroeter, Johann Hieronymus 103
»Schulschiff Deutschland« 17, 23, 60, 77, 84
Schultz, Wolf E. (Bildhauer) 37, 40
Schwanewede 276, 281
Schwarme 159
Schwarmer Bruch 131, 136
Schwarzes Moor 277
Schwarzwildgehege 244
Schweringen 185f
Schweringer Kapelle 188f
Sellingsloh 136, 154, 162, 177f
Semkenfahrtkanal 95, 104
Semkenfahrtschleuse 92, 95
Shettyhof 258
Sieben-Berge 69
Siede 201f, 204

Siedener Bruch 201, 204
Siedener Moor 204
Skulpturenufer 37, 40
Sonnenberg 185
Sörhausen 14
Sottrum 293
Spascher Sand 247, 251
Speckmann, Diedrich 128
Spreddig 284, 286
Staatshausen 169
Stadtwald Bremen 27, 90, 94
Stadtwaldsee 27, 89f
St. Aegidius-Kirche (Berne) 63, 66
St. Andreaskirche (Verden) 141
Stapelshorn 178
St. Bartholomäuskirche (Barrien) 113, 120
St. Bartholomäus (Kirchwalsede) 297, 299
St. Briccius-Kirche (Huntlosen) 47, 52
St. Cyriakus-Kirche (Vilsen) 183
Stedingen 263
Stedinger Krieg 270
Stedingerland 63, 77
Steinforth 260
Stein, Friedrich 270, 280
St. Elisabeth-Kirche (Hude) 43
Stendern 185, 188
St. Firminuskirche 248
St. Gorgonius-Kirche (Goldenstedt) 217
St. Johann (Bremen) 120
St. Johanniskirche (Verden) 141, 147
St. Jürgen-Kirche 109f
St. Katharinen (Neuenkirchen) 226, 229
St. Laurentius-Kirche (Achim) 97, 101
St. Magnus 56, 61
St. Marien-Kirche (Warfleth) 66, 67
St. Marien (Lilienthal) 103

St. Materniani et St. Nicolai (Bücken) 189
St. Michaelis-Kirche (Intschede) 101
St. Nikolai-Kirche (Kirchdorf) 205, 306f
Stockdorf 226
Storchenpflegestation Wesermarsch 270
Stöttinghausen 226
St. Peter (Wildeshausen) 219
St. Petri-Dom (Bremen) 117, 120
Ströhe 284, 286, 291
Strom 82
St. Sigismund-Kirche (Daverden) 98, 101
Stühren 74
Stütelberg 69
Stüvenmühle 244
St. Vitus-Kirche (Visbek) 244f
Sudwalder Kirche 173
Sudweyhe 114
Sule 201
Sulingen 201, 205
Sulinger Bruch 201
Sulinger Moor 201
Süstedt 149, 153
Süstedter Bach 19, 23, 131
Süstedter Bruch 131, 136, 149, 152, 156, 159, 163
Süster Kring 153
Syke 13, 21, 23, 69, 77, 84, 113, 119, 131, 139, 149, 156, 159, 163, 166, 191f, 194, 198f, 207, 210
Syker Amtshof 191
Syker Geest 18
Syker Vorwerk 163

T

Tabkenhof 247f
Taut, Bruno 107
Tecklenburg 81
Teufelsmoor 95, 103, 110, 124, 283, 287ff

Thedinghausen 131, 135f, 138f
Thedinghauser Marsch 97
Tierpark am Petermoor 207, 210f, 253, 261
Torfkanal 27, 89, 94
Truper Sielfleet 109
Twillbäke 242
Twillbeeke 160, 195, 207, 210
Twistringen 225
Twistringer Ring 228

U

Überthünen 216
U-Boot-Bunker Valentin 269, 280f
Uenzen 159
Uenzener Bruch 160
Unterstedt 294, 297
»Up'r Horst« Kirche 28
Urwald Baumweg 231
Üssinghausen 228, 258

V

Varenescher Bäke 216
Varnhorn 241
Varste 142
Vegesack 23, 32, 55, 61, 77, 84
Vegesacker Hafen 35, 59
Verden 141, 146f
Verdener Dom 147
Verlüßmoor 283, 286f
Viehland 108
Viehsteigfleth 278
Vielstedter Bauernhaus 37, 40, 43
Villa Lesmona (Bremen-Nord) 56
Vilsen 183
Visbek 241f
Visbeker Bräutigam 241
Vlaamsche Straat 251
Vogeler, Heinrich 106, 108, 110, 289
Vogeler, Martha 108
Voigtei 201f

Vorm Mallen 180
Voßbergsmoor 293
Voß-Enden 154

W

Wachendorf 137, 149, 155f, 159, 163
Wachendorfer Bruch 152, 156
Wachendorfer Geestrand 131, 136, 149
Wachendorfer Glockenturm 154
Waffensen 293
Waldklassenzimmer 294
Wallhöfen 284
Warfleth 65, 67
Warper Heide 185f
Wasserhorst 27
Wasserhorster Kirche 35
Wasserkraftwerk Dörverden 142
Wecholder Mühle 180
Wedehorn 228
Wehrder 263
Wehrenberg 180
Weißes Moor 277
Werder 134
Werdersee 23f, 117f
Weser 13, 18, 23f, 60, 63, 67, 77, 81, 97, 113, 117ff, 132, 141f, 147, 186, 263, 266ff, 273, 279
Weserdeich 65, 114
Weserfähre 64
Wesermarsch 78, 185
Weserstadion 24, 118
Westerburg 47, 51
Westermark 13, 69, 74, 159, 191, 198, 207, 210
Westerwalsede 297
Westrittrum 52, 250
Weyerberg 16, 103, 106, 108, 291
Weyerdeelen 289
Weyhe 114
Weyher Bruch 77, 83
Wickbranzen 159, 160

Widukind (Herzog) 222, 251
Wienbergen 142
Wiethoop 170
Wildeshausen 219f, 222f, 247, 251
Wildeshauser Geest 20, 228
Wildgehege 251
Wild- und Freizeitpark Ostrittrum 47, 250
Winkelhof 69
Wisloh 160
Wister Berg 16, 284
Wöpse 177
Wöpser Berg 177
Wöpelberg 153
Wörpe 103, 104
Worpswede 16, 103, 106, 108, 283, 287, 289, 291
Wümme 27, 30, 89, 95, 103, 109f, 123f, 126ff, 293
Wümmeauen 293
Wümmedeich 90
Wümmeniederung 128
Wummensiede 27
Wümmewiesen 123

Z

Zionskirche (Worpswede) 107